Editora: Lic. Elsa Taylor
Diseño de portada: Lupita Salas
Fotografía de portada: Jorge Loredo

Número de Control de la Biblioteca del Congreso de EE. UU.:   2012917024
ISBN: Tapa Dura   978-1-4633-3953-1
                         Tapa Blanda   978-1-4633-3955-5
                         Libro Electrónico   978-1-4633-3954-8

Para pedidos de copias adicionales de este libro, por favor contacte con:
Palibrio
1663 Liberty Drive
Suite 200
Bloomington, IN 47403
Llamadas desde los EE.UU. 877.407.5847
Llamadas internacionales +1.812.671.9757
Fax: +1.812.355.1576
ventas@palibrio.com
428185

MARTIN HEIDEGGERY ELEXISTENCIALISMO

JEAN PAUL SARTRE Y EL EXISTENCIALISMO

EL SER Y LA NADA DE JEAN PAUL SARTRE
Traducción del Dr. Adalberto Garcia de Mendoza

La Estación Radio México tiene el propósito de contribuir con los nobles lineamientos que sobre educación el Gobierno de La República se ha trazado.

Por ello abre una serie de platicas con el tema:

"POR EL MUNDO DE LA CULTURA."

En estas charlas se tratará de difundir las últimas manifestaciones del espíritu, de la manera más sencilla, con el objeto de dar a conocer las conquistas del pensamiento, de la belleza y de bondad, las cuales deben servir para forjar mejores hombres.

SOREN AABY KIERKEGAARD
Y EL
EXISTENCIALISMO

Soren Aaby Kierkegaard

PLÁTICA 1

La Filosofía Existencialista. Ambiente en que nacen estas ideas.

La Estación Radio México tiene el propósito de contribuir con los nobles lineamientos que sobre educación el Gobierno de la Republica se ha trazado. Por ello abre una serie de platicas con el tema: "POR EL MUNDO DE LA CULTURA". En estas charlas se tratará de difundir las últimas manifestaciones del espíritu, de la manera más sencilla, con el objeto de dar a conocer las conquistas del pensamiento, de la belleza y de bondad, las cuales deben servir para forjar mejores hombres.

LA FILOSOFÍA EXISTENCIALISTA

Uno de los pensamientos que en este momento está conmoviendo al mundo civilizado es la de la Filosofía Existencialista. No es una simple especulación de la inteligencia, ni tampoco una lucubración de aula o de gabinete solamente; tiene su raigambre en la vida social, en el momento histórico. Ciertamente, la historia la está forjando y los pensadores que la formulan, principalmente de Europa, ven en ella una solución al desaliento que está destrozando las almas después de las guerras catastróficas que han desecho tantas obras de belleza y anulado tantas vidas.

La explosión de esta tesis no tiene el objeto del proselitismo, sino simple y llanamente, el dar a conocer una teoría de la vida que debemos analizarla para aceptarla, si está de acuerdo con nuestra manera de pensar y de vivir o rechazarla, si ella no lleva el aliento vital necesario a nuestras condiciones espirituales.

AMBIENTE EN QUE NACEN ESTAS IDEAS

Las dos guerras últimas que ha sufrido Europa principalmente y el mundo entero, han amargado la existencia de los hombres. Millares se hallan en la miseria y en la ignorancia, sufren la vida con resignación y su horizonte no se despeja de los nubarrones cuando piensan que puede venir una nueva guerra más atroz y desoladora. Guerra que puede acabar con aquello que amorosamente nuestros antepasados han hecho en los campos del arte de la ciencia y de la filosofía. Catástrofe que puede ir cegando, sin compasión, las vidas de los seres más queridos.

Este espectáculo ha llegado a ser desolador en Europa principalmente. El hambre con sus garras se ha introducido en los hogares la desesperación ha conducido a los seres débiles al crimen, y el alma lacerada siente la desilusión de una vida trunca.

En este ambiente se crean en la actualidad los pensamientos más afines con una angustia que no llega a ser profunda y en muchos seres con un asco por la propia existencia.

No es de extrañarse, entonces, que los doctrinarios que investigan lo que es la vida y lo que es la existencia, lleguen a establecer teorías en que, por ejemplo, se halla la nausea como descifradora del enigma.

Tampoco es de extrañarse que se llegue a suponer que la Nada es la esencia de la propia existencia. Pues ha llegado a la negación de toda finalidad superior, la Nada se considera como refugio de la libertad y todos los ideales más caros del espíritu se ven envueltos en la Nada. Y esta Nada que no llega a tener la importancia que hace veinte años le diera un filósofo notable del existencialismo, como es Martin Heidegger (2); ahora constituye en la tesis de Jean Paul Sartre, un ambiente de desolación que sólo Dostoyevsky pudo haber concebido en novelas, en donde ni siquiera se tiene el aliento de una esperanza.

Pero, a pesar de su procedencia, y más tarde demostraremos de su nefasta influencia, no debemos dejar a un laso la argumentación de semejante doctrina. No es difícil que en cualquiera librería encontremos a la mano un ejemplar de una novela de Sartre. Que leamos su contenido y que sin la preparación suficiente, le creamos satisfactoria para forjar el derrotero de nuestra vida. Sobre todo si estas obras son leídas por nuestros hijos, por adolescentes y jóvenes ávidos de conocer y fácilmente influenciables. Es entonces un deber moral conocer el contenido de esta doctrina para formular nuestras críticas con serenidad y conciencia.

Hay muchas ideas que llevan el virus de una enfermedad para el espíritu. Los que tenemos ya experiencia no debemos cerrarle la puerta de nuestra inteligencia, al contrario tenemos la obligación de conocer e investigar estas ideas para aceptar sus argumentos sanos, y rechazar los perniciosos.

La salud de un pueblo no sólo está en la limpieza de la Villa sino fundamentalmente en la limpieza del corazón y de la inteligencia.

servirá descubrir una verdad llamada objetiva si para mi mismo y para mi vida no tuviera una profunda significación?".

Estas palabras están llamando poderosamente a una nueva concepción de la filosofía. Más cercana a la existencia, más alejado del conocimiento lógico sin referencia a la vida.

Ponernos de acuerdo con nosotros mismos, he aquí ese noble pensamiento que ha muchos siglos formulara San Agustín diciéndonos: Habita tecum, es decir, vívete, sé tú, realiza tu propia existencia.

Encontrar la verdad encontrar la idea por la cual queremos vivir y morir. ¿No es acaso la actitud del héroe, del hombre virtuoso del santo y del patriota? Indudablemente. Cuando nosotros hayamos descubierto la idea por la cual debemos vivir y morir, tendremos el sentido de todo lo existente y se abrirá la realidad a nuestra visión interior como una aurora en un nuevo día.

PLÁTICA 3

¿A dónde van los Existencialistas? Contra el Racionalismo.
El Gran Objeto de la Filosofía. ¿Y al Pecado Original? La Verdad en
la Vida. ¡Quéjate y Aúlla! Actitud de Admiración frente a Actitud de
Desesperación.
Una Visión Existencialista. En la Intuición Cristiana.

La filosofía existencialista tiene sus raíces en todas aquellas doctrinas que han tratado de descubrir la vida del hombre como fundamento de toda las manifestaciones de la cultura. Al decir vida, nos referimos a la existencia en toda su plenitud, es decir sus aspectos volitivos, intelectivos y emocionales. Preferentemente se acentúan aquellos momentos del espíritu que no son raciónales y significan los poderes intuitivos, pasionales, en que el hombre encuentra en muchas ocasiones, las más íntima manifestación de sus anhelos por el mundo y por la Divinidad.

¿A DONDE VAN LOS EXISTENCIALISTAS?

Es así como Kierkegaard trata de encontrar la naturaleza de la Fe, y con ello, las más profundas vivencias de la angustia, de la desesperación, de la preocupación. Claro es que otro filósofo tratará de encontrar el dominio de la tierra como la verdad de su filosofía, y cada uno de esos pensadores existencialistas irá descubriendo la más profunda pasión del hombre. Especialmente nace una filosofía existencialista cuando el imperio de la razón es más y más extenso. Viene siendo una reacción poderosa que trata de hacer valer esos datos íntimos que la conciencia en que han caído la mas profunda vivencias de saltos héroes y hombres intuitivos.

CONTRA EL RACIONALISMO

De esta manera la filosofía de Kierkegaard, que aparece a principio del siglo pasado, viene siendo una reacción contra esa gran filosofía del barroco, que después de Kant, había llegado a su cumbre en la portentosa mentalidad de Jorge Guillermo Federico Hegel. Termina la vida de este sabio en el año de 1831, y Kierkegaard es la "vox clamant is in deserto", en esta misma época. Mientras Hegel escribe su extensa obra con los títulos clásicos de Filosofía del Espíritu, Ética, Estética, etc, en cambio Kierkegaard da sus obras nombres que a primera vista nos parecen extravagantes. Una obra se llama "Lo Uno o lo Otro", otra "Temor y Temblor", la otra "La Repetición", las de más allá "La Astilla en la Carne", "Las Etapas en el Camino de Vida", "El Tratado de la Desesperación", "Los Discursos Edificantes" y tantos nombres más que sugieren, en nuestro espíritu, un nuevo mundo de especulación.

Cuando llega Hegel a concebir "todo lo real como racional", abre la puerta, a quien quiere estimar lo finito, lo contingente y lo pasajero como más íntimo de la vida. Porque las verdades para el filósofo racionalista son enteras y no son ni para una época especifica, ni para una región de la realidad.

EL GRAN OBJETO DE LA FILOSOFÍA

Gracias a esas mentes especulativas de profundidad conceptuación, el objeto principal siempre fue el Ser. Es decir, lo que está más allá de la existencia y tiene valor absoluto cuando llega a ser la propia Divinidad.

Ciertamente, los pensadores griegos, los romanos, los de las postrimerías del medioevo, los del Renacimiento tuvieron como preocupación máxima la naturaleza del Ser. Sólo los otros filósofos quisieron ver la existencia con el deleite de quien se embriaga en lo contingente y en la pasión.

Búsqueda insaciable de los primeros que quisieron descifrar, por la razón, todo lo que hay de verdadero en la vida y en la naturaleza tal parece que reafirmaban a través de los siglos esa actitud falta de fe y de confianza que relata la Biblia cuando en el paraíso comió el primer hombre los frutos del árbol del bien y del mal.

¿Y AL PECADO ORIGINAL?

Al pecado original van a referirse tres grandes filósofos de la vida: Kierkegaard, Dostoyevsky y Nitzsche. Tratan de descubrir la naturaleza de este primer atrevimiento del hombre y es sobre todo el primero el que identifica el pecado con este saber.

Una vez y para siempre, probó el hombre de los frutos prohibidos... Pero es que estamos en los linderos de la Biblia donde se relata que Dios crio al Universo y al hombre. Coloco a este en el Edén y en este paraíso supo cultivar dos árboles; uno, en del vida; el otro, el de la ciencia del bien y el mal. La serpiente aconsejó al hombre comer de la fruta prohibida para llegar a poseer el saber que sólo la Divinidad tiene.

El hombre con esto consiguió ser un Sapiente, un hombre de saber, pero su desobediencia le había hecho pecar y el mal, desde entonces, irrumpo sobre el mundo.

El pecado original consistió en el saber, en tener los "ojos abiertos"; y es natural, para los filósofos de la verdad especulativa llego a ser este hecho un verdadero bien. La serpiente no engañó al hombre. El conocimientos más profundo fue adquirido en los frutos del árbol de la ciencia, y este fue el origen del a filosofía. Clemente Alejandría, se propuso la elección entre dos cosas: la salvación eterna o el saber, y él optó por el saber. Para los filósofos de la verdad revelada la serpiente sí engañó al hombre y el saber vino a ser la infelicidad del hombre, la falta de sentido para vivir plenamente la existencia e intuir el fin supremo de la humanidad.

LA VERDAD EN LA VIDA

Es por ello que Kierkegaard recorre a estas primeras simbologías del Libro por excelencia. La verdad ya no está en la razón y ni en la compresión, esto no es pecado si no error. La verdad está en la desesperación y en la vida.

Empieza por encontrar dos columnas en una actitud espiritual: la de Job y la de Abraham. Llega entonces al campo de la Fe, al dominio de lo absurdo, a la plenitud de lo imposible.

Encuentra que no obstante de Job sufre todos los males posibles y que Abraham llega hasta el último para sacrificar a su propio y más adorable hijo Isaac, en uno y otro irradia el espíritu de la fe que recuerda la sentencia del profeta: el justo vivirá por la fe que es el abandono a la Omnipotencia.

Debe quedar atrás la tesis racionalista que es el eritis scients, la verdadera tentación peligrosa, la serpiente del mal. Esta actitud que viene desde Sócrates y Aristóteles y llega hasta Hegel no puede el poder que emana de todo sentimiento que es angustia en primer término.

¡QUÉJATE Y AÚLLA!

Que profundas suenan las palabras de Kierkegaard en su Tratado de la Repetición:

"¡Quéjate! Dios no te teme...habla, levanta tu voz, aúlla. Dios puede hablar todavía más fuerte; ¿No dispone acaso del trueno? El trueno es también una repuesta. Una repuesta dada por el mismo Dios, repuesta que, aunque pulverice al hombre, es más bella que todas las habladurías de la sabiduría y de la cobardía humana sobre la justicia divina"

ACTITUD DE ADMIRACIÓN FRENTE A ACTITUD DE DESESPERACIÓN

Y hora nos vamos a encontrar que el hombre ya no debe tener aquella actitud de admiración que en su calidad de filósofo tuvo siempre en la época helénica. Vale otra actitud: la de desesperación, la de la angustia que se encuentra en el relato bíblico.

¿Qué era la filosofía para los griegos?

Una bella y magnifica contemplación.

Los griegos llamaron a la verdad Aleteia que viene del verbo alantano, es decir, abrir. La verdad descubre lo que se hallaba antes de recubierto. La verdad es lo descubierto. En esta actitud espiritual la contemplación que sigue al descubrir la verdad es la máxima felicidad del hombre. Esperaba el espíritu griego que con "Los ojos abiertos" podía llegar a ver toda la región de las ideas o de la esencial, como nos dijera Platón.

La edad griega señala en la contemplación tres palabras sustanciales de enorme significación.

Dike, Fronesis y Logos.

Por ejemplo, ellas se encuentran en el arte ático que sabe compendiarlas admirablemente.[1] Por eso los módulos dominan las partes arquitecturales de los serenos templos griegos. El dórico, la obra maestra del entendimiento humano, que entraña la sencillez y la fuerza de la naturaleza masculina; surge radiante de belleza en los templos de Agrigentum y de Pestum en Sicilia, en los de Teseo y de Partenón en Atenas; mostrando su perfecto "equilibrio" en el triglifo; la "vida" en la métopa; el movimiento" en la filigrana del óvolo; y el "reposo" en el ábaco y en el collarino. El jónico con la hermosura y delicadeza de lo femenino, ofrece en las volutas el "misterio"; la "esbeltez" en sus fustes y la "cadencia" en sus formas. Y aun el corintio

---

[1] Articulo sobre la filosofía de Max Scheller, del año de 1931 en la Revista "Alba" del propio autor.

no se aleja del espíritu siempre tranquilo del griego, pues nos recuerda las flores del Loto en las riberas del Nilo.

La forma viviente se manifiesta en las cariátides del Erecteion de Fidias, en el ondulante velo de la Victoria de Samotracia o en las delicadas formas de la Venus de Milo. La fuerza del Apolo Saurectone o del Apoxioménes de Isipo, preludias las atormentadas figuras del Laocoónte de Atenedoro.

La plástica lleva en sí el sentido de la proporción. Los altos y bajos relieves dan la sabia de "lo viviente" a las formas "estables" de los templos; y la combinación de los claros y de los obscuros, de los colores y de las formas, nos recuerda a Apolodoro, A Zeuxis de Heráclea, a Parrasio de Efeso, a Timantes o a Apeles de Colofón.

La línea es tenuemente curva en el templo y deliciosamente ondulante en la estatua. Jamás en la historia ha "vivido" la línea los estados anímicos más serenos y significativos. No es la torturada curva del grifo o del gablete, ni de la inexpresiva de los edificios neoyorquinos. Es la silueta de quien ha llevado en su seno el esfuerzo de la gravedad y del anhelo de lo infinito. Es la línea de Fidias que a semejanza de Prometeo sugiere la voluntad potente del hombre ante la dureza del destino.

La melodía es sencilla y dulce en todas las formas griegas, Junto al Dórico atribuido a Polímneatre de Tracia se encuentra el Jónico de Pitermis de Mileto y el Eolío de Laos de Hermione. El Lidio, canto bucólico de Hiagnis y Marsias, tiene lugar al lado del Frigio de Cibeles y de olimpo. Y aun en los modos secundarios, el mixto-lidio, con las complicaciones de sus formas no olvida sin embargo la serenidad helénica. El "Ethos" de la melodía, ritmo y modo, encierra, frente al espíritu brillante del Ditirámbico el espíritu inquieto del trágico; frente al Diastático el Cómico, y frente al Encosmático el alma siempre tranquila del Hesicástico.

La poesía griega es esencialmente medible y la combinación de su ritmo con el sonido dulce de la lira satisface a la belleza de los versos de Homero o de Calino de Efeso, de Píndaro o de Simónides de Ceos.

Todo un mundo de formas proporcionadas, de sentimientos serenos y de una infatigable labor armónica. ¿Quién no recuerda el verso religioso de Terprando, el amoroso de Anacreonte y el sereno de Teócrito? ¿Quién no ha sentido las deliciosas estrofas? De Homero el divino ciego; de Píndaro, el que cantó la fuerza y la belleza física; de Anacreonte, que hizo versos al amor, en forma pérsica; de Teócrito, el que refinó la dulce y serena vida campestre; de Sófocles, que llevó a través de todas sus tragedias el alma caritativa y generosa de los fuertes; y de Eurípides, que desplegó la magnifica realidad de la vida frente a la vista del pensador y del filósofo".

En la filosofía, la referencia platónica es pináculo de esa misma visión del mundo y de la vida, siguiendo los pasos de esas tres palabras esenciales. ¿Y la ciencia, no continuó el mismo derrotero?

Y frente a esta actitud espiritual tan fina y honda, quien lo creyera, se levanta la voz de la angustia, de la desesperación, de la fe misma.

En el fondo de los lamentos de Job y de la resignación de Abraham, encuéntrase la tristeza y la angustia que embriagó siempre al corazón de Kierkegaard, el camino de la filosofía en el punto preciso de la desesperación.

PLÁTICA 3 – BIS

UNA VISIÓN EXISTENCIALISTA
EN LA INTUICIÓN CRISTIANA

Me referiré en primer término, al tratar de los orígenes de la filosofía existencialista a la tesis filosófica de San Agustín sobre la naturaleza de la existencia cuando se entregaba en el seno del dolor y de la angustia.

Visionario profundo, intuitivo genial, el filosofo de la Cristiandad en sus primeras grandes resonancias metafísicas y teologales, San Agustín de Tagaste nos abre su corazón a través de sus confesiones. Ciertamente s mi manera de pensar, todas las obras de San Agustín son Confesiones.

"Soliloquios" "De la Vida Feliz", "Sobre el Orden", "Del Libre Albedrío", "De la Naturaleza y la Gracia", "La Ciudad de Dios" y hasta las "Retracciones" tienen este carácter. Así como se elaboran cronológicamente, llevan también al espíritu transformándose en una vida excelsa y pura. Piénsese en una de estas gradas:

"Contra Académicos", "De Beata Vista", "De Ordine" (386); "Soliloquia", "Deimportalite Animas" (387-388); "De Música", (387-391); "De Quantitate Animas"(387-388); "De libero arbitrio"(388-395); "De magiatro"(389); "De deversis quaestionibus"(389-396) "De utilitates credendi", "De duabus animabus contra manichaeos" (391-392); "Disputatio contra Fortunatum"(392); "De fide et símbolo" (393); "De Genesi ad litteram" (393-394) "Psalmus contra partem Donati" (393-396); "De diversis quaestionibus ad Simplicianum" (396-397); "Contra epistoloam (Manichei) quam vocant Fundamenti", "De doctrina cristiana"(397-426); "De Catechizandis rudibus", "Confesiones", "Contra Fausntum", "De opere monachorum", "De FIDE rerum quae non videntur", "Contra donatistas" (400); "De San Virginitate"(400-401); "Ad católicos (contra denotistas "epistola" (402); "De Trinitate"(400-416); "De actisacum Felice manicheo" (404); "De natura boni contra manichaeos" (405); "Contra Secundinum" (405-406); "Contra Cresconium grammaticum partis Donati"(406); "Sex quaestiones contra paganos"(408-409); "De pecatorum meritis" (412); "De civitate Dei" (413-426); "De bono viduitatis" (414); "De natura et

Evangelium tractuatus" (416-417); "In Espitolam Joannis ad Parthos" (416); "De gratia anima et ejus origine" (419-420); "Contra Julianum", "De cura pro mortuis gerenda" (421); "De gratia et libero arbitrio", "De corruptione et gratia", "Retractiationes" (426-427); "De Haerecsibus" (428); "Depraedestinatione Sanctorum", "De Únitate Ecclesiae", "De vera Religione", "De dono perseverantiae" (428-429); "Opus imperfetum contra Julianim" (429-430); "Sermones", "Epistolas"; son purificaciones que van ahondando el espíritu y mostrando la más esencial existencia de quien llega a la beatitud y mostrando las mas esencial existencial de quien llega a la beatitud suprema.

En el libro IV de las "Confesiones" se refiere al profundo sentimiento de dolor que sufriera por la pérdida de un amigo querido. Va a la naturaleza esencial del hombre cuando se encuentra a sí mismo. Se dice, y con razón, que al describir un pequeño hurto de peras cometido en la niñez, el filosofo ahonda el tema del pecado; que al referirse a un compañero inclinado a las luchas de gladiadores llega a ese fenómeno de la conciencia humana que prepara el hombre sumido en la masa; y ahora va a presentarnos como la muerte le lleva a descubrir su propia condición al encontrar que la vida mortal del hombre no puede ser su existencia, ni la existencia misma.

La muerte es ausencia presente que transforma al mundo entero en muerte. Pero, por la esperanza, por la fe, por la caridad llega a sentirse a sí mismo como una gran cuestión, como el objeto de una profunda búsqueda. Existencia que está patente y manifiesta. Factus eram ipse mihi magna quaestio.

Palpemos este tránsito y encontraremos la primera playa que descubre la filosofía de la experiencia.

"¡Qué dolor entenebrecía mi corazón! Cuanto miraba era muerte para mi. La comunidad me era un suplicio; y el hogar de mis padres me causaba un horror extraño. Todo el que yo tuve en común con él convertía en cruelísimo suplicio"

"Que dolore contenebratum est cor deum, et quidquid aspciebam mors eart. Et erat mihi patria supplicium et paterna domus mira infelicitas, et quidquid cum illo communicaveram, sine illo in cruciatum immanem verterat"

Ambiente de desolación. Pensamiento inicial de la filosofía cuando el alma dentro de la angustia y de la Nada. Pero ¿será de la nada lo que ocasiona en San Agustín ese encuentro de sí mismo? Es que "la metafísica no tiene por origen la nada que se revela en la angustia, sino la existencia que el Eros, el amor filosófico consigue asir", nos dice profundamente Landsberg. Y en el pasaje agustiniano se descubre la desolación que guarda la conquista de la primera virtud; La esperanza. Es así como leemos:

> "Mis ojos le buscaban por todos los lugares y en ninguna parte le veían; y aborreció a todos los objetivos que me rodeaban porque no me lo entregaban ni sabían decirme: he aquí que ya viene como cuando en vida se ausentaban para volver".

> "Expetabant e um indique oculi mei, et non dabatur; et oderam ommia, quod non haberent eum, nec mihi iam dicere poterant : "Ecco venit", sicut cum venirte, quando absens erat".

"Et si deceam: "Spera in Deum".

Espera, era el ansia suprema de ese amor filosófico. Por que "la esperanza constituye el sentido de nuestra vida y prolonga la afirmación contenida en la estructura íntima del ser en general; pues la esperanza es el más noble futuro del esfuerzo que realiza el pasado para hacerse futuro, es lo que en el más propio sentido produce el ser y le hace ser efectivo" nos vuelve a decir Landsberg.

La fe es la otra base para llegar al amor filosófico que fundamenta la supervivencia personal como actuación de un impulso ontológico. La supervivencia no esta en el egoísmo, ni en el capricho, ni en el ámbito histórico; sino en esta estructura anímica, ontológica fundamental que hace semejante la conciencia del hombre al ser profundo y eterno.

Por la caridad el nombre llega a la suprema conquista del Eros Filosófico, Uránico.

Y la spes, la charitas, la fides no son más que los profundos alimentos de un alma que, ante el abismo de la muerte, de la desolación, sabrán conducir, no a la nada, sino al ser consistencia de una conquista, la más profunda, del espíritu humano.

> "Y llegué a ser para mí mismo una magna cuestión".

> "Factus eram ipse mihi magna quaestio et interrogaban animam meam quare tristis esset et conturbaret me valde, et nihil moverat repodere mihi".

PLÁTICA 5

Vivir la Vida Hacia Adelante.
El Acento Rítmico de la Vida.
El Tiempo y la Existencia.

VIVIR LA VIDA HACIA ADELANTE

Uno de los pasajes más interesantes de Kierkegaard es el siguiente:

"La vida tiene que ser comprendida retrospectivamente. En cambio hay que vivir hacia adelante. Una ley que cuanto más se medite, más confirma que la vida nunca puede comprenderse del todo, porque no se puede conseguir un momento de completa serenidad para adaptar la posición del contemplador que mira hacia atrás".

Y rechazando toda interpretación sistemática de la vida, tal como lo hicieran los filósofos racionalistas del tipo de Hegel, Kierkegaard el conocimiento lógico que es esencial, del conocimiento existencial que es histórico, estético, ético y religioso.

El pensamiento no puede salir de sí mismo, es decir, como dicen los filósofos, no puede trascender de sí mismo. Por ello mismo el pensamiento no alcanza a la realidad, pues en cuanto pretendiera haberla alcanzado, la habría transformado en realidad pensada o en posibilidad. Existe un sistema lógico, pero en cambio no hay un sistema de la existencia.

Para Kierkegaard no existe el sistema de la existencia porque ésta se desarrolla en el tiempo y, por la tanto, nunca está conclusa.

La vida cuando tiende a ser comprendida, en otras palabras, cuando tiende a ser aprehendida por el intelecto, sólo puede hacerse si la vemos en su pasado. La historia es la "comprensión" de la existencia de la humanidad. Entonces los hechos se descubren como aconteceres que se deslizan en un tiempo ya realizado y significan algo, mucho o poco para la razón. En cambio,

41

hay que vivir hacia adelante, hay que palpar intuitiva y pasionalmente la existencia para descubrir su más honda significación en el tiempo.

EL ACENTO RÍTMICO DE LA VIDA

La filosofía existencialista de Kierkegaard, nos recuerda las de Nietzsche y de Splengler, con el acento de un sino, de una realización en el devenir que el intelecto jamás podrá descifrar. La existencia es un ser en el tiempo. Así como la melodía en la música tienen su acento rítmico, la existencia tiene sus acentos que afirman la repetición y nos entrega lo verdaderamente vital.

Hay belleza en esta concepción que tiene, en el acento de la realidad, la base de un fluir, perfectamente armónico y de ninguna manera insustancial. Si la vida se deslizace monótonamente, como un golpe sincronizado, entonces no podría hablarse de repetición en su más profunda acepción. Por eso mismo hay belleza en el ritmo que guarda la métopa y el triglifo en el establecimiento de los templos griegos; hay regocijo espiritual en la rima y el ritmo en el verso, hay divina armonía en las proporciones de una estatua de Escopas y hay fluidez de existencia en las melodías y en las cadencias de Mozart y Beethoven.

Así como no se puede definir ni sistematizar el ritmo en la pintura de los claro obscuros de Rembrandt, ni en líneas de sutilidad maravillosa de Botecelli; así también, la existencia que es bella por su misma angustia y por sus más hondas vivencias espirituales, tampoco puede acotarse en un sistema cerrado, o en una formulación ideológica.

Anthero de Quental, es el poeta exquisito portugués ha descrito magníficamente la comprensión romántica de la vida en un verso delicioso:

Voy soñando despierto, caminando
no ya entre formas y apariencias,
sino mirando el rostro inmóvil, las esencias,
entre ideas y espíritus pasando…

¿Qué es el mundo ante mi? Humo que hondea,
visiones sin ser, fragmentos de existencias…
Una niebla de engaños e impotencias
rastreando sobre un vacío insondable…

Contemplacao

Sonho de holos abertos caminhando,
nâo entre as formas já e as aparencias,
mas vendo a fece inmovel das essencias,
entre ideas e espiritus pairando…

Que è o mundo ante min? Fumo ondeando,
visoes sem ser, fragmentos de existencias…
Uma nevoa de neganos e impotencias
Sobre vacuo isodavel rastejando…

E entre nevoa e a sonbra universais
só me chega um murmùrio, feito de ais…
E a quiexa, o profudissmo gemifo.

das cousas, que procura cegamente
na sua moite e dolorosamente
outra luz, outro fim sò presentido…

En cambio, vivir para el futuro corresponde a una poesía real, a una interpretación que se extiende siempre en el tiempo y que satisface esa verdad que encuentra la idea por la cual se quiere vivir y a la vez morir.

Para llegar a comprender la vida, que ya ha pasado, se necesita serenidad que es la que posée al contemplador. Para vivir la vida hay que ir hacia adelante, tomar el ritmo de la propia vida, estar en el movimiento mismo y sentir el balanceo de quien navega sobre el vaivén de las olas. Es el sentido del acento rítmico, es la profundidad y riqueza de la vida que ninguna síntesis logra campar y que sólo la repetición puede fluir como una profunda vivencia espiritual.

EL TIEMPO Y LA EXISTENCIA

Si más tarde los filósofos, como Heidegger, Jaspers y Sartre van a hablarnos del tiempo como naturaleza íntima de la existencia; desgraciadamente olvidarán ese sentido místico y poético que guardan las intuiciones angustiosas de Kierkegaard. Es, éste filosofo, un dialéctico de concentración suma cuando trata la naturaleza de pecado y la significación de la inconciencia frente a la angustia. Pero es también, y sobre todo, un poeta y un místico que como Kempis sabe de las imitaciones de Cristo, que como Fray Juan de los Ángeles comprende el significado bello y esotérico de los símbolos y que como Fray luis de Granada no lleva por el deleite de su prosa al significado de la fe en mundos de la más tenebrosa realidad.

La vida hay que vivirla hacia delante. Esta es la sentencia que debe animar al hombre cuando siente el ritmo de la vida, pero también cuando descubre la esencialidad de la existencia que es, en último término, el descubrimiento de la propia beatitud en aras de un futuro trascendente e infinito.

PLATICA 6

Fijar Diferencias para Comprender La Existencia. La Dialéctica Cualitativa. Etapas de La Existencia. Concepción Estética. Concepción Ética. Concepción Religiosa.

Decíamos en la plática pasada; la vida debe vivirse para el futuro y sólo en la acentuación de su ritmo se encuentra el principio de la repetición. Pues la naturaleza última de la existencia está en el tiempo que nunca se termina.

Sólo Dios podría hacer un sistema de la existencia ya que está fuera de la misma y su eternidad está ya cabal y terminando para siempre.

Pero el hombre no puede tener un pensamiento sub specie aeterni de la existencia ya, que, para ello, tendría que prescindir del tiempo.

FIJAR DIFERENCIAS PARA COMPRENDER LA EXISTENCIA

Pero ahora vamos a referirnos como Kierkegaard lo hace, al precisar la naturaleza de la existencia. Para ello, en primer lugar, debemos señalar que la existencia consiste en fijar diferencias; en segundo término, mostrar que, en cierto momento de la existencia surge algo cualitativamente nuevo; en tercer lugar, la existencia acentúa sus tránsitos bruscos y sus cambios repentinos; y por último, la misma existencia marca límites infranqueables entre las diferentes esferas de la vida.

Ya no es el filósofo que cree que haya un proceso gradual, continuando y evolutivo en la existencia, ni un proceso dialéctico de opuestos, y síntesis a la manera hegeliana; ahora las diferencias van ha acentuarse para decidir: O lo Uno o lo Otro; van ha marcarse los limites entre diferentes esferas de la vida en los tránsitos y cambio repentinos, se interpretaran como una manifestación de esa repetición que es la continuidad de acentos, no sincronizados sino profundamente rítmicos.

LA DIALÉCTICA CUALITATIVA

Por ello Soren Kierkegaard nos presentan una dialéctica cualitativa, da valor a la distinción cualitativa, marca los límites fijos entre las diferentes etapas, sostiene la existencia como un cruce de caminos, y como una serie de saltos entre instantes sucesivos.

No acepta la unidad de los opuestos, ni menos la continuidad. Su principio fue siempre: "O lo Uno o lo Otro", "Entweder". Por eso rechaza aquella cómoda postura que identifica a los contrarios, destruyendo la variedad, y por ende la belleza de la existencia.

ETAPAS DE LA EXISTENCIA

El salto que debe darse de una etapa a otra de la existencia nos va a mostrar los estados de la existencia. Todo estado lleva una actividad y a una concepción de la vida. Tres estadios se encuentran en la vida del hombre: el estético que vé a la belleza en ese ritmo que hay en la acentuación y en la repetición; el moral que con fidelidad y firmeza de todo corazón vuelve a la misma cosa y acoge a la repetición como aquello que fundamenta el principio supremo de dar para recibir; por último, el estadio religioso en que el hombre unido al Ser Eterno por el camino de la Fe, transciende su más íntima existencia, aspecto espiritual descrito por Kierkegaard en su obra "Temor o Temblor".

La vida es el transito de ese sentido rítmico que es fuerza en plenitud de vivencia cósmica a la etapa en que el hombre consciente de su propio ser descubre un ritmo eterno y universal, tiene una vivencia interna y de plenitud, más que de belleza y de bondad. En el campo estético el hombre siente fluir su existencia como el ritmo en el movimiento de los astros, como la vitalidad en el fluir de los orgánicos; como la belleza rítmica en apetencias, goces y angustias.

En el estadio de lo moral, el hombre descubre su más íntimo ser se anega en su mónada, en su microcosmos y como pretende equilibrio, orden y plenitud, según la sentencia agustiniana de "No salgas fuera de tí", anhela la realización plena en concentración de su propio ser. Pero el ultimo estadio de la vida, el religioso, le hace salir de su propia esfera así un mundo transcendente, y descubrir en el horizonte de lo espiritual, la más bella realización de todo lo existente, porque entonces ya no es ritmo de belleza únicamente, ya no es repetición de conciencia individual; es una oración pletórica de contenido que el hombre lanza para abarcar en su existencia la inmensidad de un ritmo infinito y el sentido que tiene la afirmación de lo divino.

Tres son los estadios que Kierkegaard ha señalado en su concepción de la vida: el estético, el ético y el religioso. Entre el estético y el ético, la ironía es el puente de transición, como el humor lo es entre el religioso y el ético.

CONCEPCIÓN ESTÉTICA

En la concepción estética de la vida, introduce el filósofo la relación erótica entre el hombre y la mujer. En esta actitud la vida se transforma en puras posibilidades, y por ello la fantasía domina en extremo. Es objeto de fruición, pero no sensual, es de libertad arbitraria. Cuando decimos arbitraria no empleamos un término impreciso. "En la arbitrariedad está todo el secreto de lo bello, nos dice Kierkegaard, y continua: Se cree que ser arbitrario no es ningún arte; y, sin embargo, exige un profundo estudio ser arbitrario de tal suerte que no se yerre siéndolo y se tenga gusto en serlo".

Deben gozarse combinaciones casuales que se pueden crear arbitrariamente y la existencia se transforma en un kaileidoscopio que se muere constantemente para lograr este placer.

Por eso mismo el erotismo corresponde a este momento que va desde el ligero galanteo hasta la entrega rendida de todo el corazón.

Para la concepción estética de la vida, lo supremo consiste en ser una tangente al circulo de la vida, tener un momentáneo contacto, pero en seguida por virtud de la fuerza se centrífuga, apartarse oportunamente. No por esto puede creerse que el artista se convierta en planeta. A los más se permite rozar, por segunda vez como cometa en circulo.

CONCEPCIÓN ÉTICA

La concepción ética de la vida es más estética y permanente. La simboliza Kierkegaard con el matrimonio en que la resolución es definitiva. Mientras la actitud estética disuelve todas las situaciones reales en meras posibilidades, se juega arbitrariamente con la fantasía y el sentimiento; ya en el estadio moral, la realidad, la gravedad y la responsabilidad son los caracteres determinantes y supremos.

En el transito del estadio estético al estadio moral, la repetición ocupa un lugar preferente, pues repetición significa concentración, recogimiento y ahondamiento de si mismo.

CONCEPCIÓN RELIGIOSA

Por último la concepción religiosa de la vida nace en el momento en que el hombre establece la relación con Dios y con la felicidad eterna es decir, se propone un fin y un objeto absolutos.

Hay dos formas de concepción religiosa de la vida. La primera forma de la religiosidad considera lo eterno como fondo universal de la vida y de la existencia. Es Sócrates su principal representante. En la actitud de conservar la conciencia de la eternidad y la relación con el fin absoluto, en medio de tres elementos contingentes: el mundo, la finitud y el tiempo se descubre la tragedia de la vida religiosa. Fue el dolor y la angustia socráticos.

Hay otra religiosidad, aquella paradójica o trascendente. El objeto de la fe es la paradoja, lo absurdo: puede elevarse el hombre por este camino pasando de la conciencia de la culpa a la conciencia del pecado. Solo llega el hombre a descubrir la total modificación de su naturaleza, por medio de la revelación alcánzase la mayor hondura de la existencia en la conciencia del pecado. Esta segunda actitud nace a fines de la filosofía griega, es decir en el Neoplatonismo; y adquiere su mayor esplendor en la magnifica figura de Jesús.

Ahondar los estadios de la vida, señalados por Kierkegaard, es profundizar la existencia y descubrir nuevos aspectos de la preocupación y de la angustia, que son las fuentes mismas de inspiración en el existencialismo de Kierkegaard.

Es de notarse como el hombre no pasa por un estadio de conocimientos racional. Principia en la emoción, en la pasión por la belleza; continua en el campo de la moral y termina en el sendereo de la religiosidad. En todos estos momentos hay una integración de la personalidad, de la sabiduría y de ninguna manera un conocimiento simplemente; se resuelve el mundo y la vida en la plenitud del temor, de la fe y se llegan al estadio de la salvación.

En estos instantes recordamos la doctrina de Max Scheler sobre los tres saberes: el de dominio que es racional, el de cultura que sirve para integrar la personalidad y el de salvación que tiene un sentido esencialmente religioso.

Ahora bien, para Kierkegaard solo hay vivencias existenciales y por esto mismo, su epistemología no cuenta con el saber racional o sea, el de dominio. Vivir para el futuro realizar plenamente cada termino de la contracción y afirmar la existencia en elementos integrantes de una multiplicidad floreciente y pletorita de frutos, dentro de una actitud llena de angustias y de fe para lo imposible; constituye el existencialismo de Kierkegaard, ese solitario de la Filosofía eslava.

PLÁTICA 7

La Angustia como Actitud Preliminar a Todo Pensar Filosófico

LA ANGUSTIA COMO ACTITUD PRELIMINAR A TODO PENSAR FILOSÓFICO

La conciencia nace en el momento cumbre en que se le intercepta el mundo. Por la sencilla razón de que la característica fundamental del acto psíquico es la intencionalidad o sea el dirigirse hacia algo. En el choque de nuestra voluntad, de nuestro sentimiento, de nuestra inteligencia con el mundo, aparece la conciencia floreciendo más y más hasta llegar a los últimos valores de la cultura.

Pero, cuando el mundo llega a preocuparle al hombre en forma intensa; y la vida, el Universo, y los hombres son una preocupación honda de su propia conciencia, entonces la vida, el Universo y la humanidad llegan a ser las grandes cuestiones por las que el hombre empieza a dar su mejores frutos en su vida espiritual.

Pero hay un hecho profundo, enormemente misterioso: la muerte. Ante ella todos los seres humanos, desde las más tempranas Edades de la Historia, han quedado sorprendidos; el terror, el miedo, la pesadumbre, la tristeza les han invadido y ha quedado la sóla incógnita cruel y eterna.

Es el hombre el único ser capaz de superar este miedo y este temor ante la muerte. Es el único que toma el acto y se detiene ante él, con el asombro de la angustia. Y entonces, la angustia que no es temor, no es miedo, ni es terror; sino simplemente una profunda concepción espiritual, la que se precisa, no en la superficie, sino ahonda la más profunda conciencia hasta los linderos de la interrogación máxima y de la más penetrante vivencia, hace del hombre el ser philosophicus por excelencia.

¿Qué es la muerte? Es la primera y última pregunta del hombre. Es la sombra de toda realización plena y es la luz de toda actitud interrogativa.

Ciertamente, ante la muerte ha nacido el imperio de la nada. Y entonces, el hombre ha llegado a tener una vivencia de la nada como la tuviera de la muerte.

Para el existencialismo de Kierkegaard hay un estado comprendiente en que el Existir se descubre así mismo, de manera evidente. Este estado de la más alta psicología es el de la angustia. Es, para Kierkegaard un desear aquello que se teme, una antipatía simpática, que hace presa al individuo, el que se no se puede libertar de ella, por lo mismo que la teme y que al mismo tiempo que la teme, la desea.

En la angustia se presenta la nada y la muerte. La nada, indudablemente, no como un ente, tampoco al lado del ente en total, sino como una actitud con el hombre mismo. La nada no atrae, ella rechaza. Y en este rechazo indica hacia el ente en total que se hunde. La nada al llevar al anonadamiento aclara el ente, es, como dice Heidegger la posibilidad previa de la "potencia", de la revelación del ente en general. Existir es sosteniendo en la nada, es estar sosteniéndose dentro de la nada. El ser es por esencia finito y solamente se patentiza en la existencia que sobrenada en la nada.

El hombre frente a la muerte y frente a la nada y, por ende, frente al ser, se hace filósofo. No es ante la verdad, ante la ansia de la voluntad, ante el goce de la belleza y de la justicia; es ante la negación de la vida y del ser lo que hace florecer su más profunda vivencia y concebir sus más íntimas reflexiones.

Sólo el hombre que se preocupa ante el mundo, se hace un científico, tal vez un ser justo, moral o lógico. Llega a los límites de la ciencia y de la técnica y además de la sana manera de vivir. Pero el hombre que contempla y se angustia ante la muerte, hace variar su más profunda existencia; ese hombre piensa, siente, se conmueve filosóficamente. De su contestación brotará un sentido, el más profundo de su vida; y su existencia experimentará la honda renovación, ya sea un camino de beatitud si es religioso, en un sendero de bondad si es bueno, en una aspiración de nueva belleza si es artista; o en la negación absoluta de todo bien, si es escéptico.

Cualquier resolución al problema de la muerte da lugar a las más intensas revelaciones espirituales. En primer lugar a la actitud religiosa, que va desde la idea más primitiva del tótem hasta la más bella y sublime de la contemplación y del éxtasis; en segundo término: a la idea moral, forjadora de integridad personal; más tarde, a todos los valores culturales tan profundos como los sentimientos plenamente acabados sobre la belleza, la practica de la justicia y las concepciones del Universo y de la vida que forman la médula de toda filosofía.

Pero la angustia continúa forjando en si misma una actitud de reflexión, más que de simple asimilación de conocimientos; una vivencia más que una comprensión, un sentido como tao más que un simple derrotero de conciencia en el deber.

Y el hombre más profundo es el que concibe la muerte y la nada en una intuición que le hace gozar y angustiarse, con esa penetrante descripción que sólo Kierkegaard ha sabido iniciar y encausar dentro de una doctrina nueva del existencialismo.

Viene a nuestra mente los pensamientos del poeta que ha sabido penetrar estos dominios con singular fuerza: Reiner María Rilke. Oigamos su verso y su prosa, es el alma del pensador siempre ante la muerte:

"Porque somos nada más que la corteza y la hoja.
La gran muerte que cada uno lleva en sí
Es el fruto en cuyo rededor todo se mueve".

"Por ese fruto las doncellas un día
Se levantan como un árbol brotado de la música de un laúd;
Por él es que los mozos quieren hacerse hombres.
Por él la visión persistente eterna, hasta
Cuando ha desaparecido desde largo tiempo,
Porque todo creador de edificios e imágenes,
A causa de él, ha debido devenir un mundo:
Helar como un invierno, fundirse como un abril,
Abanicar ese fruto como una brisa y calentarlo como un sol."

Tales son los pensamientos de su libro sobre "La Pobreza y la Muerte."

"La muerte perdería su horribilidad trivial si el hombre hubiera pensado en ella por lo menos una vez en su vida. No le caería encima, entonces, como una teja, tontamente. El hombre debe por anticipado, aprobar su muerte, hacerla vivir en él con amor".

"El hombre que no ha sabido esculpir la faz de la vida, tiembla de miedo ante la muerte porque se le aparece sin rostro".

Tales son las palabras de Artur Adamov inspirándose y comentando el libro de referencia.

"Antes, se sabía - o quizá, solamente se sospechaba - que cada cual contenía su muerte, - como el fruto su semilla. - Uno tenía su muerte, ya esta conciencia daba una dignidad singular, silencioso orgullo. El deseo de tener una muerte propia es cada vez más raro. Se muere según viene la cosa, se muere de la muerte que forma parte de la enfermedad que se sufre. En los sanatorios, se muere habitualmente de unas de las muertes asignadas al establecimiento".

Nos dice el poeta en sus "Cuadernos" y más entona en la poesía:

"Esto es la nostalgia: vivir en la agitación
y no tener patria en el tiempo.
Y estos son los deseos: callados diálogos
de las horas diarias con la eternidad.

Y esto es la vida. Hasta que de un ayer
Surja la hora más solitaria de todas:
la que, sonriendo de otro modo que las demás hermanas,
guarde silencio hacia lo eterno."

Und das ist Lebel. Bis aus einem Gestern
die einsamste von allen Stunder steigt,
die, anders laechelnd als die andern Schwestern,
Dem Ewigen entgegenschweigt.

Y en una relación íntima con el ritmo que conmueve al mundo, también exclama el poeta:

Muchos, que vivieron antes que yo,
y se alejaron de mí,
tejen,
tejen
en mi ser.

Viele, die vor mir lebten
und fort von mir strebten,

webten,
webten,
an meinem Sein.

Por esto mismo en su libro de Imágenes se refiere a la Hora Grave y nos dice:

"Quien ahora llora en alguna parte del mundo,
sin razón llora en el mundo,
llora por mí."

"Quien ahora ríe en alguna parte en la noche,
sin razón ríe en la noche,
ríe de mí."

"Quien ahora muere en alguna parte del mundo,
sin razón muere en el mundo,
me mira a mí."

Es que la vida no se encuentra en la razón, y es que toda la existencia repercute en cada conciencia y es el ritmo del Universo y de la humanidad que sabe concentrarse y palpitar en el ritmo de cada corazón humano.

El hombre ante la muerte y ante la nada llega a la plenitud de la angustia, ese estado espiritual que tanta hondura muestra, no es la comprensión de la vida viviente de la propia existencia.

PLÁTICA 8

Kierkegaard y la Filosofía de la Vida.

KIERKEGAARD Y LA FILOSOFÍA DE LA VIDA

Al señalar Soren Kierkegaard con su estudio sobre la preocupación y la angustia, un nuevo derrotero a las investigaciones filosóficas, abre, por decirlo así, un horizonte en que ya no es la razón, sino son las otras facultades del espíritu, las que van a tener preferencia en la búsqueda de los principios de la Metafísica, del conocimiento y del valor.

Le seguirán otros filósofos afirmando las pasiones, las emociones, las voliciones, en primer término, y un aspecto nuevo se va a presentar del tipo que hoy se llama: romántico.

Pero el existencialismo va a tomar caracteres, desde entonces, absolutamente variables. Tan variables, que es la doctrina de la cual no se puede precisar un concepto definitivo para todas sus épocas. El platonismo permanece desde hace más de veinte siglos con sus mismos lineamientos y lo propio podemos decir de la filosofía de Epicuro. En cambio, en un solo siglo, el existencialismo va a variar desde la tesis más concentrada de religiosidad hasta la francamente atea, desde la confianza en la vida hasta la náusea de la misma.

¿A qué se debe este fenómeno? es indudable que se debe principalmente a que trata de sostener sus principios según una visión profundamente emocional, capta sus direcciones en el terreno de las íntimas y profundas pasiones del hombre. Es también indudable que esta modificación constante se deba a que en este mundo interno de lo emocional hay sorpresas y hallazgos que sólo se descubren a quien sabe vivir intensamente la existencia.

Mientras un principio basado en la razón obedece a una formulación estrictamente lógica y permanece intacto para todos los tiempos; y sólo se modifica levemente a través de los siglos, por pensamientos más penetrantes y de mayor abstracción; en cambio, la emoción, por ejemplo el amor, es tan variable y tan múltiple en sus aspectos, que ha dado lugar a infinidad de presentaciones y tiene por delante un Universo de vivencias. Por esto mismo en el arte, especialmente en el campo de las emociones, no se ha agotado y todavía sigue siendo nuevo y sorprendente. Así lo haya cantado Teócrito en la Grecia, Dante y Pretrarca en la Edad Media y tantos poetas en la época contemporánea. De esta manera, los postulados de la Geometría establecidos por Euclides llegan a transformarse, después de su vigencia, varios siglos antes de Cristo y muchos más después de El, en las tesis revolucionarias de Gauss y de Riemann. Este ejemplo que va también al parejo de los postulados establecidos por Aristóteles para la lógica, nos demuestran la permanencia del pensamiento lógico y su gran autoridad en cuanto a la visión universal del mismo.

Pero es indudable que una piedra angular se ha puesto con la lucubración que hiciera Kierkegaard sobre la angustia y el encuentro de la nada a través de esta profunda realidad psicológica y espiritual. Es también evidente, que más tarde Federico Niestzsche, va a ahondar otros aspectos de la existencia. Así ya no van a ser la muerte, la nada, la pesadumbre ni la tristeza; aquí va aparecer el ansia por la vida, la llamada ferviente a la fuerza vital, el deseo de crear una humanidad de superhombres que llenen su cometido enraizándose en la savia de la propia naturaleza.

Ya no encontramos las sutiles exclamaciones de Kierkegaard, los escarceos sobre la inocencia y el pecado original, las heridas que sangran en el espíritu y los brotes fervientes de dolor y pesadumbre. Ahora, es una pasión dionisiaca la que va a presentarse para impulsar a la humanidad a las más tortuosas y escalofriantes aventuras. Es aquel hombre llamado Zaratrusta que baja de las montañas después de haber libado demasiada miel de la inteligencia y va por las plazas entonando himnos a la vida primitiva y salvajemente erótica. Ahora se encontrará un cántico a los fuertes y, con ello, se tratará de crear una raza de hombres que ya no vean en la muerte: misterio, ni dolor; seno al contrario, descubran la vida como única realidad que debe existir en el mundo. Lo débil, lo quejumbroso, lo angustiado, todo aquello que es muestra en el sentido de la tristeza y agotamiento debe destruirse y el hombre debe ser un guerrero y la mujer una solaz y una fuente permanente de generación. Irá a través de las grandes multitudes con la fuerza inaudita de la voluntad de poderío, arrasando pueblos débiles destruyendo vidas frágiles, para realizar el destino de la fuerza que, como en la naturaleza, solo hace imperar al mejor dotado físicamente.

Es la exaltación de una vida fundamentalmente biológica. Es la pasión desorbitante que más tarde conducirá a los hombres a la guerra y al exterminio y que, carecen de espiritualidad, solo va a servir como un aliciente a las pasiones primarias y más rudimentarias del hombre.

A pesar de que estos himnos están hechos en las más bellas poesías, con el encanto de una prosa vigorosa y variada; va a encontrarse, a través del tiempo, las influencias de una tesis que solo sabe ver lo animal de la existencia humana y nunca puede comprender el significado de la angustia, la claridad de las virtudes cristianas de ese equilibrio espiritual de los éticos, aún el fervoroso anhelo de la fe religiosa en la Edad Media.

Quiere la exaltación violenta de la vida, trata de alentar las potencias glandulares de los hombres y sus corifeos llegan a encontrar el cántico de dominio, a favor de una raza y de un pueblo.

¡Qué diferencia tan enorme entre esa tristeza de Kierkegaard que, como una noche obscura presentaron el hallazgo de soles inmensamente luminosos llenos de fe. De espiritualidad; y la tesis de Nietezsche, aparentemente optimista al colocar al hombre en pleno día, bajo los rayos solares ardientes y luminosos, pero en el fondo sumergiendo al espíritu en las tenebrosas y lóbregas cavernas de la impiedad y de la ambición.

Dos aspectos de la existencia. Con lágrimas el primero, como la faz de Job, y en el fondo la idea luminosa de Dios. En el segundo caso, el vigor de los músculos, la plenitud de la fuerza vital, el empleo de la máquina exterminadora de vidas, el poder de dominio y en el fondo de ese corazón, un enorme desperdicio al espíritu.

Los resultados de estas dos actitudes se descubren en la historia en toda su plenitud. Es el siglo XIX el que sabe de las más bellas actitudes románticas. Por esto, hay en todas las manifestaciones artísticas la más pulida angustia, pero en último termino, el fervoroso decir de quien siente su más profunda contradicción. Así también el siglo XX en impulsado por la vida nietzacheana, las guerreras llevan la barbarie y la exaltación de la fuerza, aun cuando el fracaso a venido a confirmar el justo imperio de una vida que debe ser espiritual y por ende, superior.

No deja de ser interesante la manifestación de este poder que ya en otras épocas de la historia habíase manifestado, dominando al mundo, pero también cayendo en esas regiones que los mismos poetas han llorado por su esplendor aparente y su vanagloria.

¡Cómo recomendamos, ese sentido verso que sobre la Itálica famosa encontrara Rioja! ¡Cómo es para nosotros, altamente significativa la oración de Demóstenes ante el poderío turbulento e inicuo de Filipo de Macedonia!

¡Como suena ante nosotros la marcha fúnebre que limita el entusiasmo de Beethoven por el poder de la democracia y de los derechos del hombre, aparentemente enarbolados por Napoleón!

Y es que el existencialismo ha descubierto dos sendas nuevas en los rincones más profundos de la conciencia humana.

PLÁTICA 8 - BIS

La Visión de Dios en la Cumbre del Espíritu.
Por la Esperanza y la Existencia.

LA VISIÓN DE DIOS EN LA CUMBRE DEL ESPÍRITU

Soren Kierkegaard ha dicho: "Si el hombre no tuviera conciencia eterna, ¿Qué seria la vida sino desesperación? Si un vínculo sangrado no atase a la humanidad; ¡Qué vanidad y que desolación sería la vida!"

> "Pero no es este el caso, pues Dios ha formado al héroe, al poeta y al orador del mismo modo como creo al hombre y a la mujer".

Con estas expresiones, que son los acordes fundamentales de una armonía, despojados de sus más bellos adornos, hace el filósofo el elogio de Abraham:

> "Los grandes hombres han sido celebres en la historia; pero cada cual fue grande según el objeto de su esperanza: uno fue grande en los que atendió a lo posible; otro en lo de las cosas eternas; pero el más grande de todos fue quien esperó lo imposible"

> "Y hubo hombres grandes por sus energías, saber, esperanza y amor; pero Abraham fue el más grande de todos: grande por la energía cuya fuerza es debilidad, por el saber cuyo secreto es locura; por la esperanza cuya forma es demencia; por el amor que es odio de sí mismo"

Expresiones estas que ahondan más la personalidad del filosofo y que nos descubren al dialéctico identificando los contrarios y al metafísico que, a semejanza de Laotsé-Seu, llega a aparentes paradojas.

El hombre para ser hombre requiere como condición previa tener conciencia previa. Débele atar al hombre un vínculo sagrado. Sólo de esta manera la vida no se resuelve en la desesperación y la existencia se acerca a la divinidad. Es la conciencia de lo eterno lo que lleva el hombre como esencial de su existencia cuando aspira a ennoblecerla y realizarla plenamente.

Kierkegaard se presenta entonces analizando en los hombres esta existencia a lo trascendente. Si Dios ha formado al héroe o al poeta o al orador, del mismo modo que crío al hombre y a la mujer, esto quiere decir que cada uno de estos tipos de seres humanos debe realizar una misión suficientemente consciente.

El poeta canta al héroe, pues "el poeta es el genio del recuerdo", cuando sigue lo que su corazón ha elegido. Pero, al realizar su obra, entra en la compañía del héroe por la belleza de concepciones. Tal es también la misión del orador. Hay un dato común en todos ellos, el amor: "porque fue grande en su persona quien se amó a si mismo; y quien amó a otro dándose; pero fue más grande de todos, quien amó a Dios".

He aquí una situación psicológica y espiritual que hace del hombre un elemento esencial. El héroe ama la victoria terrestre, llena su misión en la lucha en donde la vida no tiene importancia frente al esplendor de la idea y de los fines. El poeta y el ordenador son los comentadores de estas obras realizadas por el héroe. Cuando han cumplido su alta misión saben colocarse a su lado, porque han sabido intuir la excelencia de la obra.

POR LA EPERANZA Y LA EXISTENCIA

Pero el amor; ¿para quién? Ciertamente, el amor para un objeto determinado que por su calidad divide a los hombres y los clasifica en una jerarquía de valores espirituales de la más profunda significación. "Cada cual fue grande según el objeto de su esperanza". Con esta expresión, el filósofo, nos presenta la distinción de los hombres según un criterio de gran intencionalidad, idea de origen escolástico y profundamente filosófico.

¡Ah! El hombre es grande por el objeto de esperanza. Uno es porque atiende a lo posible y aquí esta la "existencia banal"; otro es grande porque tiene esperanza en las cosas eternas, he aquí la existencia mundial. Pero el más grande de todos es quien espera la imposible porque ya no tiene liga con la razón limitada, y sólo posee la intuición del milagro que es la realización del absurdo, pero también la más profunda vivencia de su fuero en la conciencia eterna. Es la existencia que se encuentra a sí misma.

El primero que amo lo que es posible y espera de la vida lo que es posible, es digno de admiración. Es el héroe que conquista lo realizable y sabe entregar su vida por lo pasajero, aun cuando en ello exista la más bella floración de los valores humanos.

Es grande el hombre que tiene esperanza, y amor por las cosas eternas, ama lo imperecedero pero busca un refugio en esas cosas y logra su felicidad en su propósito supremo. Es el sabio, el artista y el filósofo, que va tras los hombres descubriéndoles las más bellas de la existencia para refugio de todos los actos de la vida. Encuentra la existencia del Universo y del hombre y en este descubrimiento se halla el goce y la plenitud de la felicidad espiritual.

Pero es más grande que todos quien ama y espera lo imposible. Su visión interna le muestra la importancia de su fin, su amor se pierde en la inmensidad y su propia razón descubre la locura de su pretensión. Pero entonces nace en él la fe y ella lo convierte en hombre superior, en santo, Es grande por la energía que presenta, su fuerza es debilidad porque está dedicada a lo imposible; es sabio, porque se da cuenta de la locura que es perseguir un fin imposible; guarda la esperanza, que ahora se convierte en demencia ya que lo hace obrar en el mundo de las cosas imposibles; y su amor que va hacia lo imposible le desliga de su propia materia y hace que reniegue de sí mismo.

He aquí una existencia, la mas alta y sublime. Lleva como fuente la más profunda angustia, es la absurdidad manifiesta del hombre que, ante la vista de los demás hombres es un demente en su esperanza, es un loco en su saber, es un débil en su fuerza y lleva odio de sí mismo en su amor.

Tal es la primera enseñanza que hemos descubierto en aquel hombre, que al principio del siglo pasado, fue el primer filosofo que recordó que existía y sintió la vida en sus más profundas preocupaciones y angustias.

GUILLERMO DILTHEY
Y EL
EXISTENCIALISMO

Guillermo Dilthey

PLÁTICA 9

HISTORICISMO DE DILTHEY

No nos detuvimos demasiado tiempo al relatar la tesis de Nietzsche. Bien sabemos que sus libros han sido demasiado leídos y que su doctrina ha sostenido la fe en determinadas luchas nefastas para la historia.

Pero ahora se nos va a presentar una nueva tesis existencialista, de más fina catadura. Ella va a descubrirnos un dominio nuevo de la inteligencia: la ciencia del espíritu. Es una interpretación soberbia sobre la historia y sus condiciones aprovechando un sendero de interpretación novedoso y fértil.

Guillermo Dilthey establece, esta nueva dirección. Descubre cómo el hombre ha concebido el mundo y la vida de diferente manera, conforme ha variado su naturaleza a través de los tiempos. Hace hincapié en que, hasta fines del siglo pasado, la ciencia se ha pulido en el dominio de la naturaleza. Ha llegado a formular leyes y principios sobre la evolución de los seres vivos y para la interpretación de la armonía de la naturaleza y del Universo. Pero se ha olvidado de establecer las bases de una verdadera ciencia del espíritu. No ha dado los lineamientos precisos de esas manifestaciones que están en el dominio de la belleza, de la bondad, de la religiosidad y de la justicia. En una palabra, de lo que constituye el espíritu y sus manifestaciones que forman la cultura.

Y es indudable, que para formular esta nueva ciencia, habría que ir a la historia, en donde el espíritu del hombre ha florecido, pero también ha señalado sus génesis prometedores y sus apocalipsis angustiosos.

La historia nos muestra como el espíritu de los hombres ha estado al contacto de las contingencias existenciales, que este mismo espíritu se ha forjado en esa multitud de fenómenos que no son propiamente lógicos, sino al contrario son arraigados en alas de las pasiones, de los sentimientos de los deseos y de las voliciones que cada época ha singularizado.

Dilthey ha sabido desligar la tesis de una cultura universal de principios absolutamente eternos, en donde las primicias del espíritu humano muestran al hombre como un ser siempre igual; y en cambio nos habla de aquella otra tesis con base existencialista, que muestra cómo el hombre ha ido forjando las culturas varias que han existido en la historia, al contacto de hondos procesos anímicos, de intensas manifestaciones vitales, de los más arraigado dolores y alegrías de la humanidad.

Y sobre estas bases, que podrían llevarnos aparentemente a un relativismo, como unos filósofos lo hicieran, Guillermo Dilthey, ha encontrado elementos esenciales en esta variante múltiple, ha cultivado poesías que llevan armonías, equilibrios y simetrías, hallazgos llenos de luminarias espirituales.

No en vano ha intentado y ha fundamentado la ciencia del espíritu. Esta no podría haber nacido de una contingencia siempre activa, de un cambiar y renovar eterno, pues es necesario recordar que toda ciencia requiere cierta estabilidad, cierta repetición, cierto ritmo, para poder formular sus leyes y sus principios.

Cuando Rickert nos habla de la diferencia entre ciencia natural y ciencia cultural hace mención a las diferentes generalizaciones que se ofrecen en ambos campos. Mientras el fenómeno físico se repite en las mismas condiciones, el acontecer histórico no ofrece más que similitud y analogía. Así también Oswaldo Spengler nos habla de la diferencia que hay entre una analogía del sino y una lógica de la naturaleza muerta. Pero son atisbos nada más. Dilthey, en cambio, va directamente al problema y empieza a desbordarse en un encuentro de esencialidades del espíritu humano a través de la historia.

Con qué honduras de pensamientos penetra las diferentes épocas de la vida de la humanidad, ve el paideuma de cada edad y, con ello, nos muestra los horizontes de la cultura helénica, romana, medioeval, renacentista, contemporánea. Es un kaleidoscopio en que todos los colores y todas las formas, todas las disonancias y sus resoluciones, todas las imprecaciones y beatitudes, todos los arrebatos y noblezas van a presentarse, en esa búsqueda insondable de lo que el hombre ha pensado y realizado al ir creando las culturas que son manifestaciones vivientes de la más profunda existencia humana.

Pero en este Kaleidoscopio no se van a entonar himnos diferentes para cada manifestación de la cultura, todo lo contrario, se va en la búsqueda y de confirmación del principio que lo esencial está en lo múltiple, la existencia está en la armonía de los elementos más contradictorios y más fugaces.

Por eso mismo, al buscar la esencia de la filosofía, Dilthey, nos va a pasear por entre las selvas frondosas de los pensamientos de Sócrates, Dante,

Santo Tomás de Aquino, Bacon, hasta llegar a los modernos representativos del pensamiento filosófico. Para saber lo que es filosofía, se investigan a los hombres de todas las épocas, se estudia al dialogo platónico, al escrito lógico de Aristóteles, a la exclamación fervorosa y beatífica de San Agustín, a la doctrina de Kant, a la dialéctica de Hegel, como manifestaciones auténticamente filosóficas. Nos va a decir que la filosofía, el pensamiento que vivió en tiempos pasados, vive y se realiza en tiempos presentes y seguramente seguirá realizándose, como la historia y la existencia del hombre en el futuro.

¿Qué es el arte? Indudablemente que es Fidias, Miguel Angel, Rodín, Cervantes, Proust, etc.. Ninguna definición podrá abarcarlos a todos. En cada una de estas obras, ya sean plásticas, musicales, literarias, está compendiado todo sentido de una supuesta definición, y a la vez está coadyuvando para llegar, a través de todos los tiempos, a un concepto cabal y completo de lo que es la belleza.

Porque la belleza, la santidad, la sabiduría, la filosofía, son infinitos y sólo llegarán a plasmarse a través de todos los tiempos y a pesar de que la humanidad es finita, tendrá tiempo suficiente para decir toda la belleza, toda la bondad, toda la beatitud, toda la verdad, en cada instante en que se manifiesta plenamente eso que se llama el espíritu. Ya que, a pesar de esta limitación, en cada obra cumbre está compendiado el infinito, como una mónada leibnisiana, como el alma que como la concibiera Aristóteles es el punto crucial de realizaciones y posibilidades, de actualidades y potencialidades.

Es indispensable hacer notar lo ajeno que está el pensamiento de Dilthey de un relativismo absoluto. Hay que buscar en el fondo de esta filosofía una razón suprema y directora que es la esencia de lo que es el hombre a través de la historia. Esta esencia va manifestándose poco a poco. Es como la belleza que apareciendo en el transcurso de las melodías que escribiera Mozart, Beethoven y Bramhs. Pero las melodías de estos enormes poetas de la música no constituyen el sentido universal de la melodía. Antes de ello, el canto gregoriano la empleó para entonar oraciones a la Divinidad, así como Palestrina la forjó para que en contrapunto magnífico elevara preces. Ahora, últimamente la melodía llega a expresar la nostalgia en Debussy, y la perplejidad del mundo contemporáneo en Stravinksy ¿Y cómo pensar que la melodía de Mozart no es completa y no extrae del espíritu humano la esencia más pura? ¿Y cómo podemos argumentar que Beethoven no supo decir lo que es el hombre en toda su grandeza, a través de cada una de sus melodías? ¿Cómo podemos imaginar que un claro-oscuro de Rembrandt no señala la belleza de toda la vida? ¿Y qué una Maddona de Rafael, llena de luminosidad y transparencia, no es la expresión completa del espíritu en el Renacimiento?

Estos hallazgos que están en lo múltiple y en lo diverso, que se manifiesta en lo contingente y variado, son la razón fundamental de la filosofía de Dilthey. En la ciencia del espíritu se descubre cómo el alma humana ha sabido integrar el todo pero también ha señalado la variedad afirmando la propia unidad.

Quién piensa que todo es igual en la historia y en el Universo, jamás podrá hallar la naturaleza última de esa multiplicidad que viene siendo la afirmación de la suprema arquitectura de un pensamiento que a través de los siglos, va manifestando su más honda naturaleza.

Ha dicho Paul Valery: "donde quiera que los hombres de Cesar, de Gayo, de Trajano y Virgilio, donde quiera que los nombres de Moisés y de San Pablo; donde quiera que los nombres de Aristóteles, de Platón y de Euclides hayan tenido una significación y autoridad simultánea, allí ésta Europa". "Toda raza y toda tierra que haya sido suavemente romanizada, cristianizada y sometida en cuanto a lo espiritual, a la disciplina de los griegos es absolutamente europeo". Y nosotros diremos: todo espíritu que ha florecido en las mentes de estos máximos genios, es la expresión, no solo de Europa, sino del mundo entero; no sólo de las épocas antiguas, sino de todos los tiempos y de toda la historia de la humanidad.

PLÁTICA 9 – BIS

La Visión de Dios en la Cumbre del Espíritu.

LA VISIÓN DE DIOS EN LA CUMBRE DEL ESPÍRITU

Soren kierkegaard ha dicho: "Si el hombre no tuviese conciencia eterna, ¿qué sería la vida sino desesperación? ¿Si un vínculo sagrado no atase a la humanidad; ¡Qué vanidad y qué desolación sería la vida!"

Con estas expresiones, que son los acordes fundamentales de una armonía, provistas de sus más bellos adornos, hace el filósofo el elogio de la visión de Dios en la cumbre del espíritu.

Porque lo más interno que el hombre tienen en su espíritu es la conciencia de lo externo. Todas las vivencias dejan estelas de luz y de belleza. Las intelecciones más profundas, los sentimientos de mayor sinceridad, las voluntades que distinguen los propósitos de suprema bondad; no igualan la plenitud de armonía que existe cuando el alma recibe esa claridad de lo Divino que tanta fuerza tiene en el corazón del hombre y le descubre la magnificencia de un sendero de purificación. Con mayor am-plitud el filosofo perfila su pensamiento y nos dice: "Si el hombre no tuviera conciencia eterna; si un poder salvaje y efervescente productor de todo lo grandioso y lo fútil, en el torbellino de las obscuras pasiones, no fuese el fondo de todas las cosas; si bajo ella se ocultarse el básico infinito que nada puede colmar ¿qué sería la vida sino desesperación?"

Sí en el fondo de todas las cosas se encontrara el torbellino de todas las pasiones obscuras en donde la fuerza salvaje y creadora de lo grandioso y de lo sutil reposara en el vació infinito que nada puede colmar, y el hombre no tuviese conciencia eterna; ¿no seria la vida una perpetua y escalofriante desesperación? Nada más desolador que imaginar como sostén de la vida el vació infinito sin una partícula del ser. Tal espectáculo nace cuando se concibe a la muerte con el dintel de semejante panorama. No hay después de la entrada más que la pérdida de toda esperanza, aún más, que toda fuerza que puede impulsar el designio del hombre después de la muerte. Una fuerza salvaje y semejante a un torbellino seria la creadora de auroras y crepúsculos, de Universos inmensos y de partículas infinitamente pequeñas y esta fuerza obraría en un torbellino de pasiones, en un mar embravecido y tempestuosos como un marco de tormento y de angustia en el Cosmos. Pero aún más, a pesar de que el espectáculo es triste y desolador llegaríase a la conciencia del hombre sin una visión eterna.

Sólo un poeta pudo imaginarse esta desolación. Sólo Dante supo plasmar en pulido verso las visiones del infierno del Purgatoria y del Paraíso. Pero las palabras de Kierkegaard son aún más amargas; porque no se purga ningún pecado y menos aún la esperanza de un paraíso. De un nacimiento en el torbellino de las pasiones, llégase a una conciencia desprovista de lo estreno. Es la imagen de la existencia fincada en el principio de la infinitud vacía y desolada. Sería el Universo un fantasma provocado por la naturaleza devastadora, una vida humana truncada en una mar oscuro, lóbrego e infinito por la carencia de algo que sirva de puerta y descanso. Sería, por último el espíritu del hombre sólo viviendo de las cosas pasajeras y sin la menor visión y fortaleza de Dios.

Por este mismo, y dando una visión de menor tenebrosidad al paisaje y llamando al corazón del hombre, con la dulzura de la imagen, con la placidez de un dolor menos cruel y, no por ello, menos angustioso, el filósofo danés exclama:

> "Sí un vinculó sagrado no atase a la humanidad; si no se renovasen las generaciones así como se renueva el follaje en los bosques; sí unas tras otras fuesen extinguiéndose como el canto de los pájaros en la selva; sí cruzasen el mundo como la nave el océano o el viento en el desierto, acto estéril y ciego; sí el eterno olvido, siempre hambriento, no se hallase como una potencia de la fuerza que fuese capaz de arrebatarle la presa que acecha, ¡qué vanidad y qué desolación sería la vida!"

Y es porque si las generaciones de los hombres se renovasen como el follaje de los árboles en los bosques, se extinguieran como el canto de los pájaros en la selva, se cruzase el mundo como una nave en el océano abatida por el viento y sin timón y agregando a esta desoladora visión, se poseyera el eterno olvido, la sed insaciable de algo que no se conoce ni se vislumbra, es indudable que llegaríase a considerar la vida como vanidad y desolación.

Sin embargo hay cuatro amparos a estos dominios: el amor, la esperanza, y la sabiduría. Según el objeto del amor los hombres llegan a peldaños de suprema jerarquía. La esperanza tiene también faros por los cuales los hombres se diferencian y se ennoblecen. El combate es la expresión de la energía y su fuerza depende de la calidad del hombre. Y la sabiduría es el refugio de una visión interna que los hombres al poséerla llegan a señalarse en grados de superación.

Por eso mismo Kierkegaard nos dice:

> "Los hombres han sido grandes por el objeto de su amor. Porque fue grande por su persona quien se amó así mismo; y quien amó a otro fue grande dándose. Pero el mas grande de todos, quien amó a Dios".

Qué profunda verdad lleva esta escalera de tres peldaños. Amarnos a nosotros mismos es dignidad y grandeza. Por este amor el hombre se hace digno a su propia vista interior. Cuando el hombre ama a su semejante y sabe entregarse a él para su bien, entonces la existencia del hombre ha descubierto un anhelo que es el propio, un bien que no es el mismo y la entrega es una ferviente dádiva a la humanidad. Pero cuando el hombre ama a Dios, la plenitud de la conciencia en absoluta. Se ha trascendido asimismo, ha trascendido a la humanidad y posée el sentido pleno de una luz guiadora y fertilizante de serenidades y goces espirituales. Ya no es el follaje pasajero del bosque, tampoco el canto del pájaro en la selva, la nave sin timón en el mar bravío y desolador, el viento en el desierto, el eterno olvido, el hambre siempre insatisfecha de una alma sin refugio. Ahora ha alcanzado la eternidad en el pensamiento, la fuerza en la visión del mundo y de la vida y sobre todo la plenitud de esa pasión que salva cuando es noble. Ha sido cantada en todos los siglos con la lira de la poesía de Platón, con el arrebato de la ilusión de Dante, con la sangrante existencia de Jesús en el calvario. Es el amor a Dios como un pináculo de todos los amores y el hombre qué lo posée llena de sentido su existencia como acontece con la esperanza, la voluntad y la sabiduría en esos peldaños que el filosofo nos entrega con el alma transida de angustia y el espíritu visionario de eternidades.

PLÁTICA 10

La Vida en la Filosofía de Dilthey.
La Historia en la Filosofía de Dilthey.
La Filosofía de Diltlhey y otra Tendencia. La Ciencia Histórica.
La Vida como fin. Horizontes. A la Vida más que a la Existencia.

LA VIDA EN LA FILOSOFÍA DE DILTHEY

Dilthey formula su nueva filosofía de la vida sacándola, como lo hiciera Kierkegaard de la mística. Ciertamente que no será la mística trascendental de la edad Media, sino la inmanente que tan profundo arraigo tuvo a fines de la propia Edad Media con la llamada Decadencia de la Escolástica y un reflejo magnifico en pensadores religiosos de la Alemania del siglo pasado.

La filosofía de Dilthey se dirige a la vida que se establece cuando el mundo y el alma entran en una relación completa. Cuando el Universo se revela en la vida, entonces aparece este concepto fundamental que se le llama la "vivencia" en alemán Erlebnis. Es natural que esta "vivencia" es una especie de iluminación interna, sale de la interioridad del hombre, reposa en la totalidad del las fuerzas emocionales y es lo que proporciona un sentido de la vida.

Este mundo interno de la vivencia, esta silenciosa interioridad es la expresión del alma. A él debe dirigirse la vista para descubrir la naturaleza y el objeto de las ciencias del espíritu. Con mucha razón se puede decir que mientras el mundo natural se "explica", el alma y el espíritu se "comprenden".

La tesis filosófica de Dilthey tiene, además de ese aspecto tan amplio de la vida y de la vivencia, que requiere un método psicológico especial, una segunda raíz: la historia.

LA HISTORIA EN LA FILOSOFÍA DE DILTHEY

Ya Edward Spranger ha hecho notar como Dilthey ocupa un lugar al lado de los inmensos historiadores alemanes: Jacob Burckhardt y Rudolf

Haym. Su punto de vista corresponde a la escuela Histórica, íntimamente ligada con el Romanticismo.

La Escuela Histórica fue una reacción contra la vigorosa validez de la Razón de la época del Iluminismo. En esta última tendencia se marca el poder de la razón interpretando toda la historia, ya no sólo desde el punto de vista filosófico, como en el caso de Hegel; sino también en el específico de la conciencia histórica como en Savgny, Grimm y Ranke. La reacción romántica, emocional, aparecen en Herder para quien "cada época lleva en si misma el centro de su bienaventuranza". Ciertamente que la escuela Histórica en todos sus aspectos siempre trató de encontrar una base súper individual de la vida de la cual, a su vez, nacen las creaciones espirituales que constituyen la cultura.

Estudiar la vida fue el tema primordial de Dilthey. Pero no bajo el aspecto relativista de lo contingente e individual, sino con ese espíritu superior en que el hombre se hacen conciente de la significación de las conexiones súper individuales.

Nuevamente se va contra de la razón qué exagerada trató de dominar todas las interpretaciones especificas y naturaleza. Y así como Heidgger llega a circunscribir su tema sobre la existencia del hombre, y Kant sobre una conciencia general; Dilthey va a referirse a la vida entregándonos una fenomenología y una morfología de la misma.

LA FILOSOFIA DE DILTHEY Y OTRAS TENDENCIAS

No hay el tiempo suficiente para establecer las relaciones que existen entre Dilthey y el Idealismo Trascendental de Kant, el Idealismo Dialéctico de Hegel y el Positivismo de Comte. Pero si podemos decir que, mientras Kant tiene como problema fundamental el de la posibilidad del conocimiento, en el caso de Dilthey, se investiga el conocimiento como aquel elemento útil para conocer la realidad humana y el acontecer históricos. Que mientras Hegel ve en el proceso histórico un desenvolvimiento de la razón y del espíritu para llegar a la libertad; Dilthey va primero a la vida para descubrir la idea. Y por ultimo, si el Positivismo mira la realidad con un completo desconocimiento de lo que es la vida espiritual superior; Dilthey afirma la realidad, y en el contacto con la misma, encuentra un último elemento esencial que fundamenta la historia y al hombre en la propia historia. La ciencia histórica a semejanza de Kant, Dilthey trata de encontrar la crítica de la razón histórica y las condiciones de la conciencia histórica.

LA CIENCIA HISTÓRICA

A semejanza de Kant, Dilthey trata de encontrar la crítica de la razón histórica y las condiciones de la conciencia histórica.

Ya Kant había formulado la critica de la razón pura para fundamentar las ciencias matemático-naturales; Dilthey ahora quiere el conocimiento del mundo espiritual. Nada más que éste no se entrega por la sola inteligencia, como tratara el Racionalismo; ni por los solos sentidos como lo pretendieran el Positivismo, sino por la vida entera. Vida en donde el espíritu tiene sus significados, sus valores y sus fines.

La existencia es un vivir interiormente, así como para los Kantianos se requiere un cambio lógico y racional para interpretar a mundo, y para los positivistas, la conciencia sensible.

LA VIDA COMO FIN

Dice, en términos claros: "nuestro afán es mostrar la vida como ella es. Describir la vida, este es nuestro fin." "Pues la vida es dirección, fuerza irracional, potencia creadora, elemento que da fuerza inagotable y nacimiento a la cultura, principio originario de toda realidad, conciencia lanzada a través de la materia".

Estas ideas matrices las extrae Dilthey de las tesis: vitalista que vienen de Aristóteles y llega a Von Hartman; psicológica de Herder y Bergson; histórica de Simmel y metafísica-racional de Schelling y Schopenhauer.

Para Dilthey, la vida significa la totalidad de la relación del yo y el mundo. La vida no es algo que influye en las profundidades caóticas y sin forma; es, al contrario, la totalidad del "orden interno" bajo leyes inmanentes a la existencia misma, que se desarrolla en el proceso histórico.

Trata de buscar la vida en los acontecimientos de la historia, en las vivencias de los hombres, en el historial de las Instituciones en los sistemas culturales y por ultimo en las objetivaciones de la vida.

HORIZONTES

He aquí en la filosofía más honda que la de Kierkegaard, llega a ser más profunda especulación del siglo XIX al entregarnos la fundamentación de las ciencias del espíritu.

Debemos hacer notar que la filosofía para Dilthey abarca estos campos de investigación:

1.- La vida.
2.- Las vivencias, expresiones, significaciones y comprensiones.
3.- Las valoraciones.
4.- La naturaleza del alma.
5.- Los fines para la voluntad.
6.- La naturaleza de la historia
7.- La naturaleza del tránsito del ser al deber ser.
8.- La fundamentación de las ciencias del espíritu
9.- Las relaciones de lo real e ideal, y
10.- Las condiciones del mundo.

A LA VIDA MÁS QUE A LA EXISTENCIA

Dilthey no sólo se refiere a la existencia humana, como lo hace Heidegger, sino que va a la vida en toda su plenitud. De la vida surge la ciencia, el arte, la religión, la misma filosofía. Pues la filosofía es una expresión del tiempo. Para comprender la filosofía es una expresión del tiempo. Para comprender la filosofía hay que estudiarla a través de la historia, ya que es un acontecer en el movimiento en el movimiento universal de la cultura.

Para poder profundizar el sentimiento de la vida hay que ser filosofo y a la vez poeta. Por esto mismo los intelectos cumbres que han descubierto el sentido de la vida para Dilthey, han sido: Platón, los moralistas estoicos romanos, Bruno, Montaigne; Pascal, Goethe, y en el siglo XIX Carlyle, Emersión, Ruskin, Nietzsche, Schopenhauer, Tolstoy y Masterlinck.

En este punto Dilthey se relaciona con el pensamiento de Holderlin. Es decir, muestra ese aspecto tan lleno de expresión que ya no es sistema, sino la poesía misma. Sabe ahondar la emoción el sentimiento, la volición y los poderes más íntimos y profundos del espíritu humano.

PLÁTICA 10 – BIS

Objeto de la Esperanza

OBJETO DE LA ESPERANZA

"Los grandes hombres han sido celebres en la historia; pero cada cual fue grande según el objeto de su esperanza; uno fue grande en lo que atendió a lo posible; otro en lo de las cosas eternas; pero el más grande de todos fue quien esperó la imposible."

"Cada cual fue grande según el objeto de su esperanza". Con esta expresión, el filósofo, nos presenta la distinción de los hombres según en criterio de gran intencionalidad, idea de origen escolástico y profundamente filosófico.

¡Ah! El hombre es grande por el objeto de la esperanza. Uno es porque atiende a lo posible y aquí esta la "existencia banal" otro es grande porque tiene esperanza en las eternas, he aquí la "existencia mundial". Pero el más grande de todos es quien espera lo imposible porque ya no tiene liga con la razón limitada, y sólo posee la institución del milagro que es la realización del absurdo, pero también la más profunda vivencia de su fuero en la conciencia eterna. Es la existencia que se encuentra a sí misma.

El primero, que ama lo que es posible y espera de la vida lo que es posible, es digno de admiración. Es el héroe que conquista lo realizado y sabe entregar su vida por lo pasajero, aún cuando en ello exista la más bella floración de los valores humanos.

Es grande el hombre que tiene esperanza, y amor por las cosas eternas, ama lo imperecedero pero busca un refugio en estas cosas y logra su felicidad en su propósito supremo. Es el sabio, el artista y el filosofo, que van tras los hombres descubriéndoles las más bellas realidades de la existencia para refugio de todos los actos de la vida. Encuentra la realidad del Universo y del hombre y en este descubrimiento se halla el goce y la plenitud de la felicidad espiritual.

Pero es más grande que todos quien ama y espera lo imposible. Su visión interna le muestra la imposibilidad de su fin su amor se pierde en la inmensidad y su propia razón descubre la locura de su presentación. Nace en él la fe y ella lo convierte en hombre superior, el santo.

Es grande por la energía que presenta, su fuerza es debilidad porque está dedicada a lo imposible; es sabio, porque se da cuenta de la locura que es perseguir un fin imposible; guarda la esperanza, que ahora se convierte en demencia ya que lo hace obrar en el mundo de las cosas imposible; y su amor, que va hacia lo imposible lo desliga de su propia materia y hace que renuncia de sí mismo.

"Y hubo hombres grandes por sus energías, saber, esperanza y amor; pero Abraham fue el más grande de todos: grande por la energía cuya fuerza es debilidad, por el saber cuyo secreto es locura; por la esperanza cuya forma es demencia; por el amor que es odio de sí mismo."

Expresiones estas que ahondan más la personalidad del filósofo y que nos descubren al dialéctico identificando los contrarios y al metafísico que, a semejanza de Laot-Seu, llegan a aparentes paradojas.

El hombre para ser hombre requiere como condición precia tener conciencia precia. Débele atar al hombre un vínculo sagrado. Sólo de esta manera la vida no se resuelve en la desesperación y la existencia se acerca a la Divinidad. Es la conciencia de lo eterno lo que lleva al hombre como esencial de su existencia cuando aspira a ennoblecerla y realizarla plenamente.

He aquí a una existencia, la más alta y sublime. Lleva como fuente la más profunda angustia, es la absurdidad manifiesta del hombre que, ante la vista de los demás hombres, es un demente en su esperanza, es un loco en su saber, es un débil en su fuerza y lleva odio de sí mismo en su amor.

Con cuanta razón nos dice Kierkegaard referirnos a la conducta de Abraham. De estos pensamientos ha de nacer aquella concepción filosófica de Heidegger a que hemos de referirnos al considerar tres clases de existencia, "la banal", "la mundial" y aquella que sabe internarse a sí misma. Por el objeto de la esperanza la angustia tiene variantes esenciales y el mundo se presenta ante el hombre en plenitud de realización.

PLÁTICA 11

Dilthey Frente al Problema de la Vida. La Vida Como Orden.
Categorías de la Vida. Otros Problemas.
In Interiori Homini Habitat Veritas.
El Espíritu que se Encuentra a sí Mismo.

DILTHEY FRENTE AL PROBLEMA DE LA VIDA

El anhelo de encontrar el sentido de la vida dominó en una forma pasional y fervorosa en kierkegaard. Este se detuvo en el campo religioso y creyó en la angustia como un pedestal para afirmar su propia fe. En cambio Dilthey, más filósofo que religioso, dió bases de investigación sobre la existencia, que aún a la fecha, no han sido suficientemente desarrolladas y comprendidas.

Así como kant trata de fundamentar el conocimiento de la naturaleza, en semejante forma Dilthey establece los primeros postulados de la comprensión de la vida y de la Historia. Así como Hengel va especialmente al proceso histórico y lo coordina con la razón, Dilthey formula las características de las vivencias al amparo de la historia. De la misma manera que el Positivismo se acerca a la realidad, Dilthey como Husserl, trata de llegar a lo originariamente dado.

En Dilthey se rechaza la exclusividad del pensamiento racional que los kantianos y neokantianos han procurado hacerla valer para todos los casos de la naturaleza y de la historia. Tampoco se basta de la experiencia sensorial, como lo pretendiera el Positivismo. Va a la vida, a la conexión vital que une el Yo y el Mundo en una unidad originaria. A la fundamentación de una Fenomenológica y morfología de la vida y, en una palabra, a la vida misma.

No de una manera fortuita, sino tratando de descubrir las bases más íntimas de la existencia, que viene siendo una fuerza irracional, un intento creador y un proceso dirigido a determinado fin.

LA VIDA COMO ORDEN

La vida es para Dilthey la totalidad del orden interno, orden sujeto a las leyes inmanentes de la existencia que se desarrolla en el proceso histórico y por lo tanto no es la vida, es un tumultuoso y caótico torrente, sin forma, sin determinación, ni encauzamiento.

Es natural que para Dilthey el problema fundamental de la filosofía es el de la vida, que es más extensa que la existencia humana. Está a través de la historia, da frutos como la ciencia, el arte, la religión y la propia filosofía.

CATEGORÍAS DE LA VIDA

Concibe Dilthey cuatro categorías de la vida: la vivencia, la expresión, la significación y la compresión.

La vivencia es una función total de la vida, y por lo tanto, comprende el pensar, el querer y el sentir. Es unidad indisoluble.

La expresión sirve para manifestar la vivencia; pues todo lo interno busca expresión en lo externo. "Lo que aparece sin reflexión en el vivir, dice textualmente, inmerge en la expresión desde las honduras más profundas del alma."

La significación es el compendio de los rasgos esenciales de un objeto captados por la corriente vital interior. Ya sabemos que para Husserl hay la identificación del significado y la idealidad, de la esencia y la significación. Para Dilthey, los rasgos esenciales sólo son captados por la vida. La significación de la vivencia sólo puede determinarse a partir de la totalidad de la persona o de un todo mayor. La significación debe verse siempre con respecto a toda la vida. No es un dato puramente intelectual como en el caso de la filosofía de Husserl. Sólo la vida puede aprehender la vida sin intermediación de conceptos. "La vida no puede ser llevada al tribunal de la razón", nos dice Dilthey.

Y, por último, comprender es el camino que nos da acceso al significado de la vivencia. En otras palabras, todo lo que puede comprenderse tiene significado. El comprender es la función espiritual en virtud de la cual, aprehendemos la significación en las múltiples manifestaciones de la vida. Sólo por el comprender podemos llegar a captar el contenido de las ciencias del espíritu.

La vivencia tiende a expresarse; la expresión lleva a la compresión. Todo comprender es sólo posible donde existe una vivencia que se expresa, con su propia significación en relación con el todo.

Los comentaristas han dicho: el método de la filosofía de Dilthey consiste en ir de la vivencia, que es un mero percartarse de algo, a la compresión que le confiere carácter científico a la vivencia originaria.

Serie encauzadora de una filosofía que llega a determinar la estructura anímica, la naturaleza del hombre y, fundamentalmente, la dimensión profunda del alma.

OTROS PROBLEMAS

Ya en una forma amplia estudia Dilthey, las concepciones del mundo a través de la historia y de los tipos psicológicos y trata de dar la fundamentación de las ciencias del espíritu, estableciendo categorías y la hermenéutica bajo una perspectiva histórica y al amparo de un pragmatismo humano.

De su obra procuraremos sacar unos cuantos pensamientos para descubrir su propia filosofía y el motivo fundamental de su existencialismo.

IN INTERIORI HOMINI HABITAT VERITAS

"Abordamos, dice Dilthey, el problema de cómo la estructuración del mundo espiritual en el sujeto hace posible el saber de la realidad espiritual". Esto es propiamente la critica de vivencia histórica. De la naturaleza del alma individual se deriva el sentido de la cultura. Y es natural. La cultura es la expresión del espíritu. Existe un orden supremo en que el espíritu va manifestándose a través de la historia. El contenido de las vivencias llega a ser significación cuando es una parte inseparable de la vida.

Así también, la significación de una vida individual es realidad cuando forma parte de la vida de la humanidad. Es como la nota en una frase musical, como la melodía en un encaje polifónico, como el timbre de un instrumento en una sinfonía. La vida es un todo armónico. Todo obedece a un orden superior. Por eso podríamos decir con San Agustín de Hipona "!Quam se ommia tenenti, quam ratis successiombus in nodos suos urgentur!" "!Cómo se relacionan entre sí en el Universo todas las cosas y con que ordenada sucesión van dirigidas a sus desenlaces!" Aún más, deberemos recordar esa frase luminosa que del mismo filósofo saliera: "In interiori homini habitad veritas". "En el interior del hombre existe la verdad".

Así también Dilthey dice:

"Yo y el mundo somos elementos correlativos; el mundo exterior en el correlato exterior". "La vida es la conexión eficiente entre el yo y el mundo."

EL ESPÍRITU QUE SE ENCUENTRA A SÍ MISMO

"La compresión es un encontrarse del Yo en el Tú: el espíritu se encuentra a sí mismo en etapas cada vez más altas de conexión; esta identidad del espíritu en el yo, en el tú, en cada sujeto de una comunidad, y en cada sistema cultural, finalmente, en la totalidad del espíritu y de la historia universal, hace posible la cooperación de las diversas aportaciones en las ciencias del espíritu."

Palabras que señalan un horizonte nuevo dentro de la filosofía. Para llegar a su plena realización hay que ir a la vida misma. En lo espiritual encontraremos conexión, que es la categoría que surge de la vida. Por último para comprender la vivencia, hay que ahondar las propias autognosis y encontraremos el sentido de eso que entraña lo básico en toda la historia. "El espíritu se encuentre así mismo cada vez en etapas más altas de conexión" es decir, de unidad.

Tal vez, en el último peldaño se realice la plenitud de lo Uno, que será la idea pletórica de contenido y de formas de expresión. Recuérdese que es la cumbre del pensamiento de Heidegger cuando señala como la más profunda existencia aquella que se encuentra a sí misma. Nada más que, en el caso de Dilthey se hace hincapié en las diversas etapas o gradas en que la conexión hacia la unidad vital va haciéndose más evidente, y por lo tanto el espíritu se va encontrando a sí mismo.

Conceptos que dan un sentido vital a la realidad de la vida y se alejan de la fuerza aparente de la razón.

PLÁTICA 11 - BIS

Dice Kierkegaard: Los Grandes Hombres, La Existencia, La Energía y el Saber.

DICE KIERKEGAARD: LOS GRANDES HOMBRES, LA EXISTENCÍA, LA ENERGIA Y EL SABER.

"Los grandes hombres sobrevivirán en la memoria; pero cada uno de ellos fue grande según la importancia de aquello que combatió. Porque quien luchó contra el mundo fue grande triunfando del mundo; y fue grande por su victoria de sí mismo quien luchó contra sí mismo; pero fue el más grande de todos quien luchó contra Dios".

Combatir es ennoblecer la fuerza con el ímpetu y la nobleza. El hombre que combate con el mundo y triunfa ha empleado la dignidad y por ello supera la bajeza del mundo. El hombre que ha luchado contra sí mismo ha descubierto una arma más noble como es la nobleza de quien siente su propia flaqueza e impotencia. Su victoria se lleva a superarse en su cuerpo y en su espíritu. Pero quien lucha contra Dios debe poseer las más nobles armas como el éxtasis ante lo eterno, la visión de lo perenne, el amor pletórico de sentido, la humildad en lo más profundo de su corazón. Sí vence adquiere belleza en la vida, conciencia de lo santo, grandeza de su humildad y éxtasis ante lo eterno.

Agregada al objeto al objeto del amor, al propósito de la esperanza, añade el filosofo danés el combate de la acción, pero no se detiene: una cuarta grada se enuncia con el Saber para el mundo, para sí mismo y para Dios y es entonces cuando se comprende la siguiente frase: (pero Abraham fue el más grande de todos; grande por la energía cuya fuerza es debilidad, por el saber cuyo secreto es locura; por la esperanza cuya forma es demencia; por el amor que es odio a sí mismo.)

Con idea congruente se refiere al héroe, al poeta y al orador y dice:

EL EXISTENCIALISMO EN KIERKEGAARD, DILTHEY, HEIDEGGER Y SARTRE

"Pero no es este el caso, pues Dios ha formado al héroe, al poeta y
al orador del mismo modo como creo al hombre y a la mujer."

Kierkegaard se presenta entonces analizando en los hombres esta
exigencia a lo trascendente. Si Dios ha formado al héroe o al poeta o al
orador, del mismo modo que creo al hombre y a la mujer, esto quiere decir
que cada uno de estos tipos de seres humanos debe realizar una misión
suficientemente conciente. El poeta canta al héroe, pues "el poeta es el
genio del recuerdo", cuando sigue lo que su corazón a elegido.

Pero, al realizar su obra, entra a la compañía del héroe por la belleza de
concepciones. Tal es también la misión del orador. Hay un dato común en
todos ellos, el amor: "porque fue grande en su persona quien se amó a sí
mismo; y quien amó a otro dándose; pero fue mas grande de todos, quien
amó a Dios."

He aquí una situación psicológica y espiritual que hace del hombre
un elemento esencial. El héroe ama la victoria terrestre, llena su misión
en la lucha en donde la vida no tiene importancia frente al esplendor de
la idea y de los fines. El poeta y el orador son los comentadores de estas
obras realizadas por el héroe. Cuando han cumplido su alta misión saben
colocarse a su lado, porque han sabido intuir la excelencia de la obra.

Nobles enseñanzas que más tarde ha ido a coronar en una nueva
revelación:

"Quien espera siempre lo mejor envejece en las decepciones;
quien aguarda siempre lo peor se gasta temprano; pero quien
cree conserva una eterna plenitud".

La decepción mata al optimismo, la caída de toda vitalidad y nobleza
corona al pesimismo, pero sólo la fe en un ideal firme y seguro conserva la
eterna juventud.

PLÁTICA 12

La Expresión de la Vivencia. La Música y la Vivencia en la Historia.

LA EXPRESIÓN DE LA VIVENCIA

Toda vivencia, que forma un todo, se manifiesta en el exterior por medio de la experiencia. Así dice Dilthey; "Lo que aparece sin reflexión en el vivir emerge en la expresión desde las honduras del alma."

Expresión es ofrecer conceptos, jurídicos y todas las manifestaciones del pensar. Esta manera es la primera del espíritu. Viene más tarde la expresión en las acciones, lo que llega a ser una forma mas autentica de la vida, ya que se realiza sumergida en al devenir del mundo y de la existencia. Pero la expresión más alta se encuentra en aquella que reproduce la vivencia, es propiamente la que manifiesta la vida interior en una forma auténtica.

Y aquí debemos detenernos un poco cuando Dilthey afirma que el arte es la expresión verdadera de la vivencia. "El arte se convierte en genuino órgano de la expresión de la vida". Indudablemente que le filosofo se refiere al arte que es espontáneo y no tienen ningún sus-tentáculo en la reflexión y en el sistema. Por eso mismo, Schiller no lo estima Dilthey como un artista de tan alto valor como lo hace con Goethe. En este, el alma sigue creación en un curso de creación artística el más espontáneo e inmediato.

> "La expresión que ocurre en las grandes obras, no puede llevar engaño de ningún especie, lo espiritual se emancipa de su creador, el poeta, el artista, el escritor. Ninguna obra de arte verdaderamente grande puede, a tenor de al relación que aquí impera, simularnos un contenido espiritual extraño a su autor".

Especialmente en el campo de la música es en donde la expresión emerge de las más profundas e insondables vivencias.

Sólo unas cuantas sentencias de Dilthey servirán para orientarnos en este vasto campo.

LA MÚSICA Y LA VIVENCIA EN LA HISTORIA

"El objeto del estudio histórico de la música no es el proceso anímico, lo psicológico que se halla detrás de la obra musical, sino lo objetivo, a saber la conexión sonora que se presenta como expresión de la fantasía. La tarea consiste por lo tanto, en encontrar comparativamente (pues se trata de una ciencia comparada) los recursos sonoros para los diversos efectos".

Pensando sobre estas frases, hay que hacer notar que el estudio de la Historia de la Música es la investigación del espíritu objetivo que se encuentra en las obras máximas de la música. Es decir, la fuga en la mano maestra de Bach, la Sonata en el pensamiento humanista de Beethoven, la angustia traducida en la inquietante melodía de Schumann, el ritmo vital contemporáneo en el ballet de Stravinski.

En todas estas obras, y en tantas otras más, debe buscarse las diferentes conexiones sonoras que se presentan como expresión de la fantasía. Son mundos de sonoridades que, por sí mismo, llegan a ser expresión. Pero expresión del espíritu a través de la Historia en donde el hombre va teniendo diversas concepciones del mundo y de la vida. Buscar los diversos recursos sonoros para llegar a determinados efectos es propiamente el contenido más bello de la historia de la Música.

¿Por qué la Edad Media en sus primeros siglos aprovecha la simple melodía cantada al unísono para expresar su más profundo sentimiento religioso? ¿Por qué la polifonía de los siglos XIII y XIV, en un alarde de combinaciones sonoras, llega a objetivar el principio de infinitud como lo hicieran las más bellas catedrales góticas de fines de la Edad Media? ¿Cuál es la razón de que Scarlatti hace uso, como los demás artistas de su tiempo, del clavecín para señalar en punteadas melodías la elegancia del espíritu rococó, continuación del arte barroco?

¿Por qué el principio de la armonía entrega la fuerza expresiva de los matices en las tonalidades y en la orquesta que tanto valen en la diestra batuta de Brahms? ¿Por qué el ritmo de instrumentos de percusión y los timbres característicos de los instrumentos de aliento han sido empleados por Ricardo Strauss y Soshtakowisch para señalar el dinamismo de la época que vivimos? Por dos razones fundamentales: Porque la obra es una expresión objetiva y, en segundo término, tienen su raigambre en la totalidad de la vida.

Es así como también nos dice Dilthey:

"En un sentido más amplio es la música expresión de una vivencia. Vivencia designada en este caso, todo modo de enlace de vivencias singulares en el presente y en el recuerdo, expresión de un proceso de la fantasía en que la vivencia aparece dentro del mundo históricamente desarrollado de los sonidos, en el cual todos los medios que sirven de expresión se han congregado en la continuidad histórica de la tradición. En esta creación de la fantasía no hay ninguna formación rítmica, ni ninguna melodía que no hable de lo vivido y, sin embargo, todo eso es algo más que expresión. Porque este mundo musical, con las posibilidades infinitas de bellezas sonoras y de significados de las mismas, está siempre allí, progresando en la Historia, siendo capaz de un desarrollo infinito, y en él vive el músico y no únicamente en su propio sentimiento."

"No tenemos una dualidad de vivencia y música, un mundo doble, un traspaso de lo uno al otro. Tampoco existe un camino determinado que marche de la vivencia a la música. Quien vive la música puede partir, una vez, de un descubrimiento rítmico, otra, de una serie armónica, pero siempre de la vivencia. El objeto del estudio del genio, de la obra musical y de la teoría musical no lo constituyen circunstancias psicológicas, sino musicales. Los caminos del artista son infinitos. El artista se agita sin ser notado en la oscuridad del alma y sólo en la obra se expresa la relación dinámica que gobierna en la profundidad de su espíritu. Los fundamentos existentes de la Historia de la Música deben ser completados por una teoría significativa de la música."

En esta última frase ya se encuentra una búsqueda de la significación, que es el sentimiento esencial del propio arte, como manifestación objetiva en la cultura.

¡Cuantos mundos de investigación se presentan a la simple meditación de estos conceptos! En realidad, cuantas interpretaciones falsas se dan de la Historia de la Música cuando no se sabe el valor de la expresión y el de la significación en ese amplio campo de la vida como un todo ordenado. Cuantas veces se da como Historia de la Música un simple recuento de fechas de nacimientos y muerte de los artistas, de opúsculos señalados a sus creaciones, y de acontecerse familiares insignificantes.

Cuando la historia de la Música se estudie al amparo de una idea noble y alta de lo que es la vivencia, de las manifestaciones expresivas de los contenidos significativos de la comprensión; y se relacionen estos aspectos con las concepciones que el hombre ha tenido a través de la Historia para presentar una verdadera imagen del alma humana, entonces habremos dado un paso definitivo en la estimación de ese arte que es la más autentica afirmación de la vida.

PLÁTICA 12 – BIS

La Abnegación en el Mundo del Espíritu.
El Amor es Fuerza y Coraje.
El objeto de la Fe. Las Grandes Cosas en la Sublimidad.
Movimiento Infinito para Encontrarme a Mí Mismo.

MOMENTOS ESTELARES
DE LA RELIGIOSIDAD DE KIERKEGAARD

LA ABNEGACIÓN EN EL MUNDO DEL ESPÍRITU

Siguiendo la sentencia de San Pablo: "Solo quien trabaja tiene pan", burila el filósofo las más bellas expresiones:

> "En el mundo del espíritu, donde reina un orden eterno y divino, no sucede lo mismo; allí no llueve sobre el justo y el injusto a la vez; allí no brilla el sol con indiferencia para los buenos y los malos; en verdad puede decirse allí: Sólo quien trabaja tiene pan, sólo el angustiado haya reposo, sólo quien desciende a los infiernos salva a la amada, sólo quien saca el cuchillo recobra a Isaac".

Y ciertamente, el orden en el espíritu es la justicia. Sólo la bondad se recrea en la placidez, sólo la belleza adquiere la plenitud de su perfección y solo la beatitud es dadiva en la concentración de Dios. La angustia llega al reposo, el dolor del castigo conduce a la purificación y a la abnegación; y la fe logra, en el último instante, la entrega de la felicidad.

Porque el sol es luz y plenitud de vida, y sólo corresponde al justo; porque el trabajo requiere recompensa de pan que es alimento espiritual; por qué, en una palabra, el espíritu es orden supremo, armonía sublime, y es el único capaz de realizarse en el mundo de lo finito con aquellas obras que tienen alimento divino y reflejan la plenitud de la bondad, de la belleza, de la justicia y de la santidad.

En cambio, como el placer mundanal parece que se esparce con preferencias sobre los hombres. Les lleva deleites que son pasajeros; les entrega voluptuosidades que son negaciones de lo espiritual y les sirve de sendero por esa selva tan sombría y lóbrega para la perdida de la infinitud.

Ciertamente el mundo del espíritu es el reinado de lo justo, de lo eterno y de lo divino.

EL AMOR ES FUERZA Y CORAJE

¿Quien tiene fuerza para cantar la fe? ¿Quién tiene las palabras más bellas y sublimes para esta pasión? En cambio, el amor ha sido la expresión y el motivo de muchos cantos e himnos, de formas las más bellas y de melodías las más sublimes. Por esto nos dice el filósofo danés:

"Entre los poetas haya el amor sus sacerdotes, y a veces se oye una voz que sabe cantarlo; pero la fe no tiene cánticos; ¿Quién habla en elogio de esta pasión? La Filosofía va más lejos. La Teología llena de afeites, se asoma a la ventana, y mendingando los favores de la filosofía, le ofrece sus encantos".

Ciertamente, la Filosofía aparentemente va más lejos que la fe. Porque trata de lo posible y busca la naturaleza de la esencia, del ser y de la vida. La teología se apoya en la verdad filosófica para querer demostrar la naturaleza de Dios. En cambio la fe es humilde en el argumento, es profundamente solitaria, va a lo imposible y descubre el espíritu sólo de quien lleva en su vida la angustia y ha sabido internarse en el movimiento del infinito. Se puede ser filósofo sin pasión, se puede ser teólogo sin la angustia; se puede amar y cantar el amor sin arrebato hacia lo imposible y hacia lo absurdo; pero sólo se puede tener fe cuando hay una visión interna de la sublimidad, conseguida en preces de la desesperación y angustia más profundas.

Cantar el amor sólo es dable a quien ha sido aguijoneado en su corazón. Encausar la vida por la filosofía sólo es dable a quien tiene la actitud de admiración y de vida para la verdad, la belleza, la justicia; seguir el derrotero de la Teología requiere una mente sana para encontrar los más sublimes argumentos alrededor de la Divinidad; pero seguir por el sendero de la fe es, ser un caballero de lo imposible, encontrarse después de haberse repudiado y ser capaz de dar el salto bienaventurado hacia la eternidad.

EL OBJETO DE LA FE

"No es la fe la que adivina su objeto, sino su más remota posibilidad la que lo descubre en el horizonte más lejano, aunque separado de él por un abismo en donde se agita la desesperación".

Por la fe se tiene la certeza del todo y se entrega el alma con libertad absoluta. Pero en ella no se encuentra más que la dádiva en lo absurdo, el sentido de quien escucha y obedece, anhela y ve la claridad de su deseo. En cambio la más lejana posibilidad, la más impenetrable obscuridad, la mínima certeza de realización están diciéndole al caballero de fe, que eso es posible, que hay allí luz diáfana y plenitud de existencia y de esencia.

Pero hay, para llegar a ese dominio un gran puente: el de la desesperación, el de la angustia. No puede llegarse con serenidad y blandura, no es posible acercarse como a las playas en donde las olas besan amorosamente las playas, como a las brisas que acarician los rosales o como el ethos de la melodía en dulce recogimiento. Hay, en cambio, un abismo inmenso donde las peñas resisten el embate de la mar embravecida, una soledad que causa terror por la desolación de su eterno y penetrante silencio, un cataclismo en que el rugido de los vientos y los ayes de dolor son el marco a una vida tempestuosa y cruel.

La desesperación forjará la más intensa luminaria en medio del terror, y, quebrándose a sí misma dejará en el corazón del hombre la certeza de lo imposible, la revelación de lo absurdo, el contagio de la mente en contradicción con el pensamiento, la paradoja y siempre la paradoja.

¿Quién ha llegado a los linderos de esta pasión que es más intensa que la de Hamlet ante la vida y la muerte, más honda que la de Fausto ante los dominios de la ciencia y del espíritu de la naturaleza, más llena de sacrificios que la de los condenados en el Averno de la Divina Comedia, y más elocuente que la fatalidad en la Antígona de la Hélade?

Puente de desesperación, de angustia que sólo el visionario de Dios pude intuir en la más pura excelencia de su propio espíritu.

LAS GRANDES COSAS EN LA SUBLIMIDAD

"Porque las grandes cosas jamás pueden dañar cuando se las encara en su sublimidad."

expresión se nota y sabe reproducir, y que es vivencia, la más profunda que opera en la conciencia del hombre.

Sí Kierkegaard supo llegar a los momentos angustiosos más profundos de su vida, fue porque supo descifrar la paradoja, el absurdo, que le llevara a la creencia de lo imposible en el sentimiento de la fe. Es la manifestación más intensa de lo emocional, de aquello que existe en el alma y no puede ser descrito y no lo será nunca por la razón, ya que es manifestación pletórica de lo que es la existencia en sus honduras espirituales.

Cuando llega Descartes a afirmar el ego por el camino del cogito, del pensamiento, desnaturaliza el más profundo sentido de la existencia humana. En cambio, cuando San Agustín demuestra la vida afirmando el pensamiento, la voluntad, la duda, el amor; está sentando la más firme base demostrativa de lo que es el hombre en su integridad. Junto a la existencia de la duda, (que más tarde sirviera de pivote a la construcción cartesiana) encuentra el Santo de Tagaste: "La vida, el recordar, el conocer, el pensar, el saber, el juzgar". "Porque quien duda vive". "Quien duda piensa". "Quien duda, juzga que no debe aquí ser sin recapacitar; quien duda, de algún modo, no puede dudar de nada de esto. Por qué si nada de esto existiera, no podría dudar nada". Es, como dice el maestro Scheler, un auténtico acto edificante, aquel velle, amare in Deo, aquel cognoscere in lumine Dei.

Nunca podremos dudar de la visión cósmica que refleja la cúpula concebida y construida por Miguel Angel, la profundidad que tiene el claro obscuro en la Ronda Nocturna de Rembrandt, el espíritu de nobleza oriental, en fantasías que encontramos en los mosaicos y en las miniaturas del arte bizantino; jamás podremos dudar de tantas vivencias expresadas en todas las épocas de la Historia y en todas las culturas que el hombre ha forjado a través de los tiempos. No cabe duda de que son fuerzas internas, expresiones auténticas en donde la expresión y la vivencia siempre descubren lo más recóndito en el corazón del hombre.

Ahora bien, junto a la vivencia y a la expresión están otras dos actitudes psíquicas y espirituales; la significación y el comprender. La significación intelectiva de Husserl, y la comprensión en el descubrimiento que el hombre realiza cuando halla el contenido espiritual y el sentido simbolizado que le entrega la realidad.

PLÁTICA- 13 – BIS

Todo tiene Eco en mi Corazón. La Fe en Dios.

TODO TIENE ECO EN MI CORAZÓN

Al decirnos Kierkegaard: "No ignoro las acciones que el mundo admira como grandes y magnánimas; todas ellas hallan eco en mi alma porque estoy humildemente seguro de que el héroe ha luchado por mí también: jam tua res agitur (como dijera Horacio en una epístola), me dijo contemplándolo".

Al meditar sobre estas profundas frases recordamos el pensamiento de Rilke en su bellísimo libro "Die Fruede Gedichte".

Hora Serena

Quien ahora llora dondequiera en el mundo,
sin razón llore en el mundo,
llora sobre mí.

Quien ahora ríe donde quiera en la noche,
sin razón ríe en la noche,
ríe de mí.

Quien ahora vaga donde quiera en el mundo,
sin razón vague en el mundo,
vaga hacia mí.

Quien ahora muere donde quiera en el mundo,
sin razón muera en el mundo,
me mira a mí.

Ernste Stunde

Wer jetzt weint irgendwo in der Welt,
ohne Grund wint in der Welt,
weint ueber mich.

Wer jetzt lacht irgendwo in der Nacht,
ohne Grund lacht in der Nacht,
lacht mich aus.

Wer jetzt geht irgendwo in der Welt,
ohne Grund geht in der Welt,
geht zu mir.

Wer jetzt stirbt irgendwo in der Welt,
ohne Grund stirbt in der Welt,
sieht mich an.

Y relacionando estos pensamientos con la frase de Kierkegaard que dice: "Sin embargo cuando se trata de la fe, quien la tiene y la practica, no está en mí, no llega a mí, no me fortalece ni me salva, no es para mí": descubrimos como el alma puede ser el eco de todas las más bellas acciones de la humanidad y sin embargo sólo la santidad, por su virtud individualizadora y existencial por excelencia, no puede repercutirse, ni ser un eco en quien no la vive.

"Entro en el pensamiento del héroe, pero no en el de Abraham". Con esta frese categórica, el filósofo danés llega a la esencia misma de la fe. Se puede tener como eco en el alma las cosas más espantosas y más sublimes, pero cuando se tiene la fe, es únicamente vuestra, es de mí, para mí, y sólo yo soy de ella. "La experiencia, la memoria, la imaginación jamás llegan al dominio de la fe. Ni el amor, ni la felicidad me aseguran su encuentro. Tengo la experiencia de las cosas terribles, mi memoria es una esposa fiel, y mi imaginación es lo que yo no soy; una niña valerosa ocupada durante todo el día en sus labores, de las cuales me habla en la noche con tanta delicadeza que me es menester cerrar los ojos aún cuando sus cuadros no siempre representan paisajes, flores, o idilios campestres.

He visto con mis ojos cosas terribles y no he retrocedido de espanto; pero sé muy bien que, si bien las he afrontado sin temor, mi valor no es el de la fe y no se le parece en nada. Poseo la certeza de que Dios es amor, este pensamiento tiene para mí un valor lírico fundamental. Presenta la certeza, me siento inefablemente dichoso; ausente, suspiro por ella mucho más ansiosamente que el amante por el objeto de su amor; pero no poseo la fe, no tengo ese valor.

El amor de dios es para mí a la vez en razón directa y en razón inversa, inconmensurable con toda su realidad. Pero no por eso tengo la debilidad de entregarme a lamentaciones, ni tampoco la perfidia de negar que la fe sea algo de elevación suma. Puedo acomodarme a vivir a mi manera, alegre y contento, pero mi alegría no es la fe y, en comparación, es una desgracia.

No importuno a Dios con mis pequeñas inquietudes, no me preocupa el detalle, mis ojos están fijos únicamente en mi amor, cuya llama virginal considero clara y pura: la fe en la seguridad de que Dios cuida de las cosas más insignificantes. Me siento contento de estar casado en esta vida, por la mano izquierda; la fe es demasiado humilde para solicitar la derecha."

Ni por el dominio de la razón, ni por el sendero de la imaginación más fértil y esplendorosa; ni por la senda de la experiencia de las cosas sublimes y terribles; ni aún por la vivencia del más profundo amor, puede llegarse a la fe, que es una pasión infinita bordada sobre la angustia, en donde sólo el hombre puede acallar los ayes de su propio corazón. Tal es esa primera visión existencialista de un hombre creyente y de un profundo filósofo entregado en aras de la fe.

LA FE EN DIOS

"Porque amar a Dios sin tener fe es reflejarse en sí mismo, pero amar a Dios con fe es reflejarse en Dios".

Con esta absoluta certeza de la vivencia y de la intuición en Dios, critica Kierkegaard todas aquellas actitudes que no llegan a la fe, son para él: "parodias que están dentro de la miseria de la vida y la resignación infinita las cubre con su desprecio infinito."

Jamás podrá amarse a Dios sin la fe, es decir, sin estar en el dominio y plenitud de la existencia. Jamás se logrará esa plenitud que es el regreso a la individualidad después de haber estado en el dominio de lo general o de la Ética. Pero para reflejarse en Dios, hay que tener fe en toda su plenitud. Si esta virtud no existe, entonces el hombre se refleja en sí mismo y no encuentra el sentido de su más íntima y auténtica existencia.

PLÁTICA 14

El Significado y el Comprender para el Existencialismo de Dilthey.
La Significación para Dilthey.
La Significación en la Totalidad de la Vida.
Primera Categoría. El Tiempo y la Vida.
¿Qué es el comprender? La Transferencia.

EL SIGNIFICADO Y EL COMPRENDER PARA EL EXISTENCIALISMO DE DILTHEY. LA SIGNIFICACIÓN PARA DILTHEY.

La vivencia se expresa, pero tiene un contenido, éste es el significado. Ya en Husserl significado e idealidad, esencia y significación se identifican, pues la significación de un objeto es el compendio de los rasgos esenciales de ese objeto captados por la corriente vital interior. Sólo es posible descubrirla en la relación que existe entre la vivencia individual y la totalidad de la vida. Es, pudiéramos decir, como una nota en una melodía o en una palabra en una frase.

LA SIGNIFICACION EN LA TOTALIDAD DE LA VIDA

Toda vivencia, y por lo tanto, su significación forma parte de la totalidad de la vida de un individuo. Pero también la vivencia de un individuo forma parte de la totalidad de la vida y de la humanidad de la Historia.

Hay una unidad tan profunda en todas las vivencias que son manifestaciones espirituales, que jamás se puede comprender el significado de una manifestación cultural desconociendo las demás que en la misma época aparecen y que se forman parte, a su vez, de un ritmo universal. Dice textualmente Dilthey:

> "La misma relación existe entre las partes y el todo del curso de una vida; los acontecimientos particulares que lo constituyen tienen como las palabras de una frase una relación con algo,

97

que ellos significan. Esta relación confiere sentido a la vivencia particular en relación con el todo. De la conexión de las vivencias resulta la significación del curso de la vida de igual modo que las palabras en la frase para cuya comprensión están unidas."

Significación del curso de la vida sobre la base de la conexión de vivencias. He aquí una manera de ver el mundo y la existencia como algo unido en un vibrar multiforme, pero siempre forjado en un campo de la más honda y profunda interpretación.

PRIMERA CATEGORÍA

La significación o sea el contenido de una vivencia, es la categoría fundamental de la filosofía de la vida. Hay que estudiar estas vivencias que es sus significaciones y en las relaciones tan íntimas que tienen para descubrir la totalidad de la vida.

Pero no será la significación entendida con la pura razón, requiéranse todas las facultades anímicas para descubrirla. Por esto mismo el tiempo viene a auxiliar la justa interpretación de la significación. La idea del presente comprende el pasado y el futuro y es el tiempo vivido lo que puede dar la clave en la búsqueda de la significación.

Ahora bien, tenemos la vivencia, la expresión en sus varias formas y la significación o contenido: ¿Cómo podemos captar este significado de la vivencia, este acontecer histórico? Por medio de otra vivencia que es propiamente la de comprender.

Antes de entrar a responder al interrogatorio sobre la naturaleza del comprender oigamos alguna frase del propio filósofo sobre el tiempo y la existencia:

EL TIEMPO Y LA VIDA

"Las representaciones en que apresamos el pasado y el futuro se hayan presentes para el que vive en la actualidad. El presente está siempre ahí, y sólo está ahí lo que transcurre en él. La nave de nuestra vida es llevada por una corriente progresiva, y el presente se haya ahí donde estamos sobre las hondas, donde sufrimos, recordamos y esperamos, en una palabra, allí donde vivimos en la plenitud de nuestra realidad. Pero sin cesar nos alejamos en la corriente y en el mismo momento en que lo futuro se convierte en presente ya que éste se sumerge en el pasado."

"La parte más pequeña del avance del tiempo encierra en sí un transcurso del tiempo. El presente no se da nunca; y lo que nosotros vivimos como un presente, encierra siempre el recuerdo de aquello que acaba de ser presente."

Intuiciones que nos recuerdan las frases de San Agustín en sus "Confesiones" sobre el tiempo y que tan hondas raíces llegan a tener en las doctrinas de Husserl sobre el tiempo primordial, en las de Bergson sobre la duración real, y sobre todo, en las de Heidegger sobre las diferentes clases de existencias en la relación con el tiempo que se vive.

¿QUÉ ES EL COMPRENDER?

Llegar al significado de la vivencia es comprender. Por eso en el comprender alcanza la vivencia su mayor claridad, conciencia y lucidez. Para ello consecuente con la tesis vitalista, hay en el comprender que revivir lo que se quiere comprender.

En la filosofía de esta naturaleza, existencialista, todo comprender justo es un hecho vital sobre elemento también vital. El órgano de comprender, de carácter espiritual, es aplicado en justa relación, con el objeto de su auscultación que debe ser algo viviente.

La simple observación la sencilla introspección no aprehende la significación de la vida. El hombre sólo llega a comprenderse así mismo cuando sabe descubrir la historia, es decir lo que fuimos, lo que somos, las magníficas producciones de la cultura, el sentido de nuestras aspiraciones, nuestras angustias y nuestros placeres, ideales y grandes propósitos.

Por eso mismo dice Dilthey: "Nuestra actitud frente a la vida, lo mismo la propia que la ajena es comprendiendo". Ya que comprender es revivir, reproducir, representar, en una palabra transferir la vivencia originaria.

Todo es una unidad vital y existencial. A las tres clases de expresiones, corresponden tres clases de comprenderes. Es decir, en primer término, sobre elementos intelectuales, en segundo lugar sobre acciones que son modos de ser. Y por último sobre vivencias.

"Comprender es un encontrarse a si mismo en el tú". Con esta frase recordamos el camino al infinito que llega a descubrir al individuo reencontrado en la fe y por el camino de la angustia; al hombre moral en el campo de lo general por la ruta de lo descubierto y a lo individual y sencillo que lleva el don de lo oculto si se interna en le campo de la Estética, como dijera Soren Kierkegaard.

Pero además "La vida se comprende así misma en el comprender gracias a la historicidad y carácter general de la naturaleza humana". Es decir, el hombre debe comprenderse por la Historia. La existencia está empapada de Historia. El mundo espiritual objetivo se determina por la comprensión de nuestra vida interior, y en esta se descubren todos los poderes de la Historia. Relación del microcosmos con el microcosmos. Existencia que, descubierta presenta el espectáculo asombroso de la Historia, de la cultura, del Universo y de Dios.

LA TRANSFERENCIA

"La posesión que adopta la compresión superior frente a su objeto consiste en encontrar una conexión de vida en lo dado". Con estas palabras Dilthey señala la necesidad de revivir la obra, de transformarla nuevamente en la vida en virtud de la intima, conexión que siempre persiste dentro de la vivencia de donde surgió la obra. A esto le llama la transferencia.

Nos dice en forma casi poética: "el alma recorre los caminos habituales en los que, alguna otra vez, gozó y sufrió, deseó y actuó en situaciones parecidas. Infinitos caminos se abren en el pasado y en las ensoñaciones del futuro; de las palabras leídas brotan rasgos incontables del pensamiento."

Sobre la base de esta transferencia surge el modo supremo mediante el cual se realiza el comprender, es decir, la reproducción y la revivencia.

Esta manifestación espiritual la sabe ilustrar de una manera general cuando nos relata la posibilidad de vivir estados religiosos ya pasados. Dice así:

"Al recordar y repasar los escritos de Lutero, las noticias de sus coetáneos los protocolos de las disputas religiosas y de los concilios y su actuación oficial, vino un proceso religioso de un tal poder, de una tal energía de vida o de muerte que se halla fuera de las posibilidades de vivencias del hombre actual. Pero lo puedo revivir. Me coloco en las circunstancias, y todo en ella empuja a un desarrollo extraordinario del ánimo religioso.

Veo en los claustros una técnica del trato con el mundo invisible que coloca la mirada de los monjes en dirección constante hacia las cosas del más allá: las controversias tecnológicas se convierten en cuestiones de la existencia interior. Veo como lo que de este modo constituye en los claustros, se expande por el mundo laico por innumerables canales, la enseñanza, las obra escritas; y me doy cuenta de cómo los concilios y los movimientos religiosos han extendido por todas partes la doctrina de la iglesia invisible y del sacerdocio general y cómo esa doctrina se pone en relación con la liberación de la personalidad en el mundo secular; y cómo lo que se conquistó así en la soledad de la celda, en luchas de la intensidad descrita, se afirma frente a la iglesia."

"Extrañas bellezas del mundo y de otras regiones de la vida que nunca podrán ser alcanzadas, se hacen patentes ante el poder de la revivencia. Hablando de la manera general podemos decir que el hombre atado y determinado con la realidad de la vida, es colocado en libertad, no sólo por el arte como se ha expresado a menudo, si no también por la compresión de lo histórico."

Y ciertamente para llegar a comprender, por ejemplo, las mas bellas creaciones del arte musical hay que revivir el momento histórico y de esa manera se llega a esa aspiración al infinito que tuviera el gótico y que se descubre en la naturaleza intima del canto llano; a ese lujo del barroco que lleva profundidad en la fuga de Juan Sebastián Bach, a esa ansia de libertad que anima la sinfonía de Beethoven, y aún, a esa placidez de la naturaleza que fuera la religión de lo natural en la época de las luces en el oratorio "La creación" de Haydn. Transferencia revivencia que aún debe hacerse en esas exquisitas manifestaciones del romanticismo de Sohumann y de esas flacideces del impresionismo de Debussy.

En todas estas manifestaciones descubrimos un nuevo existencialismo, no de carácter religioso como en Kierkegaard, ni cimentado en la angustia, sino fortalecido por una conciencia histórica y sobre el encuentro de las vivencias más profundas del espíritu humano.

PLÁTICA 14 – BIS

El Caballero de la Fe y de la Resignación.

EL CABALLERO DE LA FE Y DE LA RESIGNACIÓN

La palabra última de Kierkegaard sobre la filosofía existencialista se hace patente cuando descubren al caballero de la fe. Es la subjetividad más pura, la existencia más nítida, la individualidad más sobria. El caballero de la fe es la soledad absoluta. Siempre se halla aislado y parece condenado a dos cosas: a su soledad y a su angustia. Pero no por ello el caballero de la fe deja de ser feliz, pues es el heredero directo de mundo finito. Está alejado de la razón, por que su fe comienza precisamente donde acaba su razón.

El caballero de la resignación y de la fe es un extranjero vagabundo, vive contento en virtud de lo absurdo y señala en su propia existencia en salto hacia la vida.

Todos los filósofos habían buscado aquel elemento eterno, inmutable que se encuentra en la razón y que descubre la esencia de las cosas y de los seres humanos. La filosofía sólo se había dejado para estas regiones en donde se encontraba la ciencia objetiva de loas verdades necesarias, el pensamiento universal, y, ya sea pensando en el propio pensamiento, o buscando la naturaleza última de las cosas y aun de Dios, se pretendía descubrir los principios eternos del ser y de sus manifestaciones en la verdad, en la belleza, en la bondad y en la santidad.

Pero vino un tiempo en que un filósofo se acordó de que existía, puso sobre el tapete de la investigación filosófica la vida misma, contingente, subjetiva, personal. Y siguiendo los pasos de aquellos Estoicos que dieron preceptos para comportarse en la vida; de Sócrates quien en su Fedón nos señala la moral para la muerte, de San Agustín que aconseja internarnos en nosotros mismos para encontrar a Dios y a la verdad, de San Bernardo que llena con sus intuiciones el contenido de la vida humana; de Pascal que habla de la miseria y de esa terrible verdad que el hombre tiene cuando sabe que tiene que morir; Kierkegaard se acerca demasiado a la existencia da y entonces siente que sólo hay una rebeldía contra ese hombre abstracto y racional, y ésta se encuentra en la fe. Hay un pasaje del filosofo que es notable por penetración:

> "Un pensador abstracto que no quiere poner en claro y confesar la relación que hay entre su pensamiento abstracto y el hecho de que él sea existente, nos produce, por excelente y distinguido que sea, una impresión cómica, porque el riesgo de dejar de ser hombre. Mientras un hombre que efectivo, compuesto de infinitud y de finitud, tiene su efectividad precisamente en mantener juntas esas dos y se interesa infinitamente en existir."

Por eso Kierkegaard, no le da mayor importancia al campo de la moral, pues allí se descubre lo general y el hombre se hace universal. En cambio, cuando el hombre llega al campo de la fe, se está viviendo la máxima potencia de lo aislado, de lo solitario, de lo individual, se ha llegado al dominio del hombre que conoce el pecado, como Adán; que gime como Job cuando es atormentado por la miseria y la enfermedad y calla ante el sacrificio como Abraham, en donde la fe resplandece como una autentica afirmación de existencia.

El hombre no puede ir hacia la verdad porque ella no existe independientemente del hombre mismo. El hombre parte de la verdad en el mismo momento de que parte de sí mismo. De esta misma forma, en la segunda Conferencia dada por mi en el año de 1931, en la Universidad Imperial de Tokio, al tratar de la Filosofía de la Historia sostuvimos: "El hombre no va hacia la historia, si no que lleva la historia en su propia existencia."

Al tratar Kierkegaard el problema de suspensión teológica de la moral, en el momento en que se presenta la fe, está buscando la significación más profunda de esta pasión fervorosa para con Dios. Entonces cuando diferencia la Moral de la Fe y nos dice:

> "Lo moral es como tal lo general, y bajo este título lo que es aplicable a todos; lo cual puede expresarse todavía desde otro punto de vista diciendo que es aplicable a cada instante". El individuo como ser sensible y psíquico tiene sus Telos en lo general. En cuanto ser sensible su tarea moral consiste en expresarse constantemente, "en despojarse del carácter individual para alcanzar la generalidad."

El pecado llega cuando el individuo reivindica su individualidad y sólo puede expiarlo cuando se reconcilia con lo general reconociéndolo. Es decir, lo Moral es lo descubierto, es el entregar la vida clara y diáfana a todo mundo en una actitud desbordándote de sinceridad y pletórica de comprensión para todos los hombres. El hombre moral es alabado por todos porque su conducta ha sido clara y evidente y ha señalado un ejemplo a seguir para todos los tiempos y para todos los momentos.

En cambio el hombre de fe, en una verdadera paradoja, vuelve a su individualidad, suspende su actitud moral y se embriaga en lo imposible que sólo es para él. Por eso dice el filosofo: "La fe es la paradoja según la cual el individuo está por encima de lo general y siempre de tal manera que, cosa importante, el movimiento se repite y como consecuencia el individuo, luego de haber en lo general, se aísla en lo sucesivo como individuo por encima de lo general. De esta manera el individuo como tal se halla en una relación absoluta con lo absoluto".

En ese momento el hombre tiene la plenitud de su existencia, continúa la estrecha senda de la fe y nadie puede ayudarlo, nadie puede comprenderlo.

El individuo se ha encontrado como individuo sobre lo general y el caballero de la fe sigue la sentencia del evangelio citado por San Lucas: "Si alguno viene a mí y no aborrece a los demás e incluso su propia vida, no puede ser mi discípulo". Es por esto que debe hablarse con temor y temblor cuando se va al campo de la fe.

El héroe renuncia a sí mismo para expresar lo genera, el caballero de la fe renuncia a lo general para convertirse en individuo. Tal es la expresión de Kierkegaard para diferenciar la ética o sea la ciencia de lo manifiesto, de la Religión que llega a lo más profundo de la existencia humana y, envolviendo al individuo en la miseria y en la angustia, es la única que alcanza al momento insondable del silencio.

Debe recordarse que lo estético tiene el primer peldaño en la vida del timbre, corresponde a lo psicológico y a lo sensible y se afirma en lo oculto. Kierkegaard recuerda la "Poética" de Aristóteles y, afirmando la peripecia y el reconocimiento, hace hincapié especialmente que éste último sólo se presenta cuando se trata eo ipso de una cosa previamente oculta.

Sentido existencial en la fe, en Kierkegaard, para más tarde llega a la vida en Nieztche, a la historia en Dilthey, a la libertad para la muerte en Heidegger y al derrumbe de toda aspiración como la nausea en Sartre.

PLÁTICA 15

**El Alma para Dilthey. Dimensión Profunda del Alma.
La Sección Longitudinal del Alma. Sección Transversal del Alma.**

EL ALMA PARA DILTHEY

La visión filosófica del alma para Dilthey es de una exquisitez tan llena de vitalidad y belleza que se ofrece como uno de los capítulos que sólo pueden tener parangón en los "Tratados sobre el alma" de Aristóteles y Santo Tomas de Aquino.

Trata de ver la fisonomía del alma desde tres aspectos fundamentales: el primero y más significativo corresponde a la profundidad, el segundo a una sección longitudinal, y el tercero aun corte transversal.

Por el primero el alma tiene como fundamento la vida y por ende, la irracionalidad. En lo más profundo de la conciencia se encuentran los datos religiosos y sobretodo, las concepciones que del mundo han tenido los hombres en las diversas épocas y culturas. Elementos que ya Kierkegaard ha profundizado cuando nos habla de la actitud del caballero de la fe que descubre en lo imposible, y por un movimiento de su alma al infinito, su más pura individualidad. Ciertamente que la concepción del mundo, la cosmovisión, es un aporte de Dilthey que, como llave sirve para abrir un enorme edificio con los más bellos aposentos y las más infinitas riquezas.

El corte longitudinal del alma puede traducirse como el estudio del desarrollo del espíritu a través de la historia y de la vida de un hombre. En ese desarrollo habremos de encontrar la categoría de la esencia, de lo permanente, de aquello que a pesar de los cambios, hace que el YO se reconozca a sí mismo a través de los años y de las múltiples contingencias.

El corte transversal no va a descubrir la estructura del alma, es decir, la sustancia del espíritu, como le llama Spranger. Es aquí donde se encuentra una amplia investigación psicológica. Se ve como hay unidad en todas las manifestaciones. Esta existe en el conocer y en la captación de objetos; en el sentir y en el querer. En el campo del pensar se descubren diferencias sustanciales; en el sentimiento y en la vivencia volitiva se encuentra el proceso creador, sobre todo en el artístico en donde el hombre se encuentra la plenitud de la vida y de la existencia.

DIMENSIÓN PROFUNDA DEL ALMA

Cuándo leemos las partes referidas a la dimensión profunda del alma, en las obras de Dilthey, parase que estamos al contacto de las más profundas concepciones orientales. Es el fondo de la vida, de ese mar insondable, en donde se encuentra, ya no la razón, si no lo irracional en forma de emoción y voluntad, aun más, de una profunda vivencia. Cada hombre, en esa profundidad del alma está realizando toda una totalidad que forma parte de la potencia cósmica. Es inconmensurable lo que se encuentra en la vida del alma, es un aliento divino que está haciendo del Microcosmos una participación de la Suprema Unidad. En una profunda visión de las fuerzas que alientan la vida en el Universo se está descubriendo ese algo que las filosofías orientales dan el nombre de "alimento cósmico" o Yshawara. Elemento aun más profundo en la vida que la sustancia imagina por Spinoza en su monismo racionalista. Profunda conciencia que lleva el sentido de que hablara Laot-Seu y que se enraíza en la vida como el amor.

"Te encuentro en todas las cosas
para las cuales tengo bondad y soy como un hermano;
en las más pequeñas te asemejas a una semilla,
en las más grandes te muestras como un sol"

"Es el juego maravilloso de las fuerzas,
de suerte que sirviendo traspasan las cosas:
crecen en raíces, desaparecen en los troncos,
y llegan a resucitar en las flores y en los frutos"

Pensamientos de Rilke que descubren esté sentido cósmico del alma.

Hay en este rincón profundo del alma aquellas angustias que soportara el más triste y preocupado de todos los mortales, Kierkegaard, aquella religión que hiere el alma misma para descubrirle la naturaleza de la fe y la idea luminosa de Dios.

Pero en el fondo del alma también existe la Concepción del Mundo, la Weltanschauung, aquella visión que cada hombre y cada cultura tiene de la vida y del Universo. No es indudablemente, la concepción racional de cómo el microcosmos coordina sus armonías, sus movimientos y sus fuerzas; sino es la vida misma, que se manifiesta como un ideal para la realización del espíritu como una ley de encauzamiento, como ese elemento que posee el hombre y lo sabe aprehender cuando siente su verdadero puesto en el cosmos, poseyendo todos los valores y todos los sentidos de su propia alma. Esta visión del mundo es la última raíz de la vida en donde se descubre la naturaleza de la Filosofía, cuando ésta es vida. Porque entonces se llama Platón, San Agustín, Leibniz; y también se designa con los nombres de cultura griega, renacentista italiana y barroca del siglo XVIII. Aquí en estas realidades espirituales se han perfilado todas las virtudes en su cuño inconfundible y se ha logrado la identificación de la existencia humana consigo misma.

LA SECCIÓN LONGITUDIMNAL DEL ALMA

Pero el alma se presenta a través del tiempo, longitudinalmente, en un desarrollo continuado. Todo desarrollo anímico consiste en una conexión de cambios en el tiempo, condicionada esta conexión desde dentro, en un ir adelante, en un cambio espontáneo de un ser pletórico de vida.

En este desarrollo el alma asimila el aliento cósmico, se une a esa vida universal y llega a tener absoluta plenitud.

Existe un desarrollo interno que es el de la esencia, y otro adquirido y pasajero. Y cosa paradójica, nos percatamos de que cambia nuestra alma, y a pesar de ello, permanecemos idénticos a nosotros mismos. He aquí un sentido trascendente que llama a la Metafísica en su auxilio. Es el desarrollo al infinito que se inicia aquí y que llega a los linderos de la esencia; pero es también el contenido sustancial del alma que toca la objetividad del YO liberado de lo contingente y momentáneo.

SECCIÓN TRANSVERSAL DEL ALMA

Por último, la sección transversal nos va a entregar la estructura anímica, En primer termino, la unidad de la misma pues "La vida del alma es, desde sus comienzos, y en general, una unidad, lo mismo en sus formas más elementales que en las superiores; no es yuxtaposición de partes; no se constituye con elementos, no es un compuesto ni una suma de átomos psíquicos que cooperan en conjunto: originariamente y siempre es una unidad, cuya expresión, en el estadio más elevados, lo constituye la unidad de la conciencia y de la persona". Freses del propio Dilthey.

La exposición de las concepciones del filósofo sobre el pensar, el sentimiento y la volición la aprovecharemos para la siguiente plática, en donde vamos a encontrar el aspecto intencional del arte, como una bella Metafísica y una interesante Epistemología de enormes alcances.

PLÁTICA 15 – BIS

La Dialéctica de la Fe, de Soren Kierkegaard. El Movimiento Infinito.

LA DIALÉCTICA DE LA FE, DE SOREN KIERKEGAARD

Siempre la dialéctica señala un salto en que los términos contradictorios se unen y afirman una nueva síntesis. Es indudable que en el caso de Hegel, la síntesis se ofrece como el resultado de una doble negatividad. Surge como creación sorprendente y el ser se identifica con el no-ser. Ya en Kierkegaard no se ofrece tan simple fórmula y la síntesis es propiamente el momento definitivo en que debe tomarse o lo uno o lo otro.

Ahora bien, nos dice Kierkegaard en su Problemática: "La dialéctica de la Fe es la más sutil y la más sorprendente de todas, tiene una sublimidad de la cual puedo tener idea, pero tenerla apenas. Puedo ejecutar el salto de trampolín hacia lo infinito."

Dialéctica de la fe que lleva por cualidades: la sutilidad, la sublimidad y el infinito. Sutil, porque es extremadamente delicada, no se la puede emplear más que en los procesos más profundos del alma; ella es fina y delicada como el más exquisito aroma de una flor, como la leve brisa de un aliento primaveral o como el céfiro en días de serenidad. Pero a la vez esta dialéctica, tan delicada y llena de sentido, tiene una sublimidad que el concepto no es capaz de captar, es la sublimidad que acerca a Dios, es ese arrebato en que el Universo y la vida se comprendía en un solo sentimiento para dar muestra de profundo aliento, de entrega absoluta y de un recogimiento, el más solitario pero a la vez el más luminoso.

Lo más sorprendente de esta dialéctica es el salto hacia lo infinito. Todos los saltos dialécticos han llegado a los campos de la materia, de la energía, del alma y del espíritu. Todos ellos han sabido conquistar una fuerza nueva, una contemplación deslumbrante de belleza, majestuosa de verdad, profunda de virtud y siempre han sido revelaciones concebibles por la inteligencia y ahondadas por el corazón humano.

En cambio ahora tenemos en salto singular, el que va hacia lo infinito, el que se pierde en la infinitud. Imaginad por un momento a la conciencia llegando al dominio de lo insondable, de lo eterno y de lo que no tiene ni límites espaciales ni tiempos de duración. Y la fe llega a esos dominios y por ello se pierde en la bastedad que denominamos Dios.

Pero es que hay un salto dialéctico, no un acercamiento evolutivo, ni graduaciones de acercamiento a Dios; es que se ha operado, una vez más, el encantamiento de la primera palabra cuando el Universo y la luz fueran creados de la nada.

Por ello es sorprendente la tesis del Cristianismo, una serie de saltos de saltos dialécticos que descubren de la Nada la luz; del Universo, el hombre; de la fe, el infinito. Y de un extremo a otro llégase del no-ser a la expresión suprema del Ser Perfecto, único con todos los atributos de la esencialidad.

Quien ha sentido la excelencia de las revelaciones súbitas y creadoras, las más penetrantes luces han herido la retina de su espíritu al descubrir la forma de la línea: su odio en el deleite de la melodía, su inteligencia con la revelación de la verdad, su intuición con el sentido que guarda la vida en la historia, su sentimiento con la plenitud de la bondad y de todas las manifestaciones más altas del espíritu; sabe que estas revelaciones no tienen un antecedente suficiente, porque como auroras han despertado de la noche obscura, y se da cuenta de esa sublimidad y sutileza que han abierto al espíritu, por el camino de la resignación, de la angustia a la visión pletórica de lo infinito.

Todo en la vida es un salto a lo sorprendente y novedoso. Pensando un momento como surgen en el sentimiento de Miguel Angel el juicio Final con las alegorías más intensas del colorido de las formas; de la palabra de Dante los más exquisitos versos que llevan el esoterismo de los pecados, los momentos de profunda renovación y los instantes de ensoñación en paraísos de virtud; y de la música de Beethoven ha brotado la melodía y el timbre en esos Cuartetos de cuerda, en esas Sinfonías alegóricas y en esa Misa, se da cuenta de cómo se ha pulido el sentimiento y sublimado toda la existencia.

Siempre saltos dialécticos. La mente de Dante en un ambiente de rivalidades sociales, se encumbra a las visiones transcendentales y descubre la que solo la Poesía ha encontrado en símbolos de la más exquisita ternura o del más flagelador castigo. Miguel Ángel da un salto dialéctico cuando pasa del ambiente tortuoso en que ni se le comprende, ni se le estima; y llega a ese momento en que describe toda la piedad del Juicio Final. Y que mayor tortura que la de Beethoven, cuando envuelto en dolor humano, alejado de los hombres, con amores truncos y llenos de avaricia y odios, sabe encontrar la más deliciosa estrofa en que se entona a la Divinidad con un ruego al infinito, se descubre al hombre en todas sus virtudes y flaquezas, y se llama a la fraternidad en un ay supremo de redención y entrega absoluta.

Toda obra de arte es el salto dialéctico de la vida ordinaria, mortificante, contingente, llena de todas las asquerosidades de un mundo incomprensivo y cruel a esas regiones donde el espíritu se encuentra a sí mismo y sabe elevarse para contemplar las armonías más exquisitas y encontrarse placenteramente en su propia bondad y su más íntima virtud.

Si esto se consigue en el campo del arte, de la belleza; ¡Que diremos cuando el salto se manifiesta, con el auxilio de la fe, de un mundo lleno de todas las flaquezas y se llega a la infinitud, corona de todas las virtudes!

Sólo el caballero de la fe puede sentir este momento supremo de liberación. Sólo el hombre iluminado en su mente con un poder supremo, puede señalar el sendero y el encuentro de tanta magnificencia.

Con cuanta razón Novalis en sus Cantos Espirituales, sumergido en ese ambiente exclama:

"Deja que sus miradas amorosas
Penetren en la hondura de tu alma;
Déjate aprisionar, como entre rosas,
Por su amor que difunde eterna calma"

En realidad Kierkegaard nos ha entregado un momento deleitoso que sólo quien puede llegar a la fe habrá de sentir la plenitud de la dialéctica que es encuentro de infinito en el instante mismo de la resignación infinita.

EL MOVIMIENTO INFINITO

Sólo se realiza la existencia plena cuando el hombre ha efectuado y cumplido en todo instante el movimiento infinito. Es la existencia a que siempre llamó la voz doliente de Kierkegaard. Por eso al referirse a quien ha efectuado este moviendo infinito nos dice:

"Vuelca en la resignación infinita quien ha llegado a la profunda melancólica de su vida, conoce la felicidad de lo infinito, ha experimentado el dolor de la total renuncia de aquello que más ama en el mundo; y gusta lo infinito con tan pleno placer como aquel que no ha conocido nada mejor; no muestra señales del adiestramiento que hace sufrir inquietud y temor; se deleita con aplomo tal que, parece, no hay nada más cierto que este mundo finito. Y sin embargo toda ese representación del mundo que él produce es una nueva creación es virtud de lo absurdo. Constantemente efectúa el movimiento del infinito pero con una presión y una seguridad tales que obtienen sin cesar lo finito sin que se sospeche la existencia de otra cosa."

Y ciertamente, se conserva el hombre en la resignación infinita de la profunda melancolía de su vida, y a pesar de ello, encuentra la belleza serena de la tranquilidad y de la conquista. Llama como Juan Sebastián Bach a la muerte y descubre en su alma la tranquilidad suprema de quien vive simple y sencillamente. Ha también experimentado el dolor de la total renuncia de aquello que más ama en el mundo, y sin embargo, siente en su espíritu que él ama más profundamente y que la naturaleza y los hombres le prodigan un amor infinito. Es San Francisco de Asís que alejado de los hombres ha sabido encontrar la excelencia del amor a la naturaleza y al Universo. Así también el hombre que sigue el movimiento infinito sabe gustar lo finito y en la cosa pequeña deleitase con sencillez y humildad, y por ello adiestra su espíritu en esa intimidad que, por ser profunda, sabe descubrir la excelencia de la infinitud.

El hombre que realiza el movimiento hacia lo infinito se resigna infinitamente a todo para recobrarlo todo en virtud de lo absurdo. Porque en la pérdida resignada de los bienes de la felicidad, el hombre puede encontrar la plenitud de todo como una realización de su espíritu. En el movimiento del infinito, el hombre se detiene en lo finito con un deleite tan profundo y sincero, y en ese instante el propio mundo le descubre todo su esplendor.

Con cuanta razón Tagore nos relata ese pequeño poema:

"La flor pregunta: ¿En dónde estás fruto?; y él contesta: estoy en tu corazón, flor."

Así también, el hombre podría preguntar, a cada instante y para siempre: ¿En dónde estás infinito, en dónde te encuentras Divinidad? Y el infinito y Dios le contestarían: Estamos en tu propio corazón.

Por virtud de lo absurdo el hombre como caballero de la fe se debe resignar infinitamente a todo, para recobrarlo todo, Es la plenitud de la existencia en el sendero de la humanidad, es la excelsitud de la existencia en la ruta de la sinceridad.

PLÁTICA 16

El Arte Comprensión de la Vida. Acción del Arte Sobre la
Comprensión de la Vida. El Arte como Proceso de Individuación.
Comprender para lo Profundo del Alma.

EL ARTE COMPRENCIÓN DE LA VIDA

"El arte es él órgano de la comprensión de la vida. Ningún pensamiento científico puede agotar jamás el contenido de la existencia. Ningún progreso de la ciencia alcanzará este límite. Sólo el artista puede encontrarlo". Tales son las expresiones que Dilthey entrega en su preferencia por las manifestaciones espirituales en el campo del arte.

Muchas páginas de sus obras están dedicadas a este asunto fundamental. El señala en una gran extensión su análisis para descubrir el sentido de la creación poética, en segundo término, de la musical y, por último, de la pictórica.

Con ello crea una estética que tiene como centro de investigación el nacimiento de la obra de arte sobre la base de una Psicología Analítica y la comprensión de la Historia. Desprecia esa estética que trata de encontrar en la obra de arte la realización de ideas trascendentales y aquella que sólo se refiere a dar consejos para llevar a cabo la creación de obras bellas. Trata de ir al fondo, es decir, a la vivencia y más tarde a los círculos de vivencia que se van desarrollando en el genio, ya sea este un Novalis, un Goethe o un Shakespeare. Y cosa notable, trata de buscar la expresión y la vivencia en estos forjadores de la belleza analizando su vida en una conexión siempre unitaria en donde la significación ocupa la médula que sólo puede descubrirse por el espíritu objetivo de la época y por el sentido que el arte lleva como primera representación del mundo histórico humano en si individuación.

"Es algo obvio que el arte descansa en la experiencia de la vida y que encuentra en esta su materia. Pinta el cielo y el infierno, los dioses y los fantasmas con los colores que se contienen en la realidad de la vida". Es decir, el material lo encuentra el artista en la vida misma.

ACCIÓN DEL ARTE SOBRE
LA COMPRENSIÓN DE LA VIDA

Pero el artista obra a su vez sobre las obras en esa forma de acción recíproca de que nos habla Hegel, y de esa manera dice:

"Todos nosotros poseeríamos tan sólo una pequeña parte de nuestra actual comprensión de los estados humanos si no nos hubiéramos acostumbrado a ver la vida a través de los ojos del poeta y a encontrar Hamlets y Margaritas, Ricardos y Cornelias, Marqueses de Posa y Felipes en los hombres en torno nuestro."

Y al llegar a este punto recurre también a la experiencia de la vida que se encuentra por medio de la ciencia. "De esta manera la comprensión de la realidad de la vida se hace mediante la cooperación de experiencia de la vida, arte representativo y pensamiento científico."

"Pintores han sido nuestros maestros para que podamos leer en los rostros de los hombres para que podamos interpretar sus figuras y ademanes,"

"Los poetas son nuestros órganos para comprender a los hombres en el estilo de nuestro amor. Los historiadores nos proporcionan una comprensión del mundo histórico en el cual cada quien tiene que intervenir."

Expresiones todas ellas que llevan una nueva manera de ver el arte. No es sólo el hecho de que el artista crea algo para que nos deleitemos con su sentimiento y de esa manera palpemos la delicadeza sutil y noble en la melodía de un Mozart, la fuerza que lleva la cúpula en el trazo de un Miguel Angel la devoción que la polifonía de Palestina entrega en un Coral, la penetración psicológica de un Marcel Proust a la experiencia de la muerte de un San Agustín y un Rilke; no sólo es esto lo que conseguimos al contemplar el cuadro, la catedral, al oír la música y al deleitarnos con las metáforas de la poesía o con las formas de la danza; sino que nosotros, después de está experiencia, llegamos a ver el mundo, a oírlo, a comprenderlo de una manera más alta y más noble.

Desde ese momento tratamos a la vida más sutilmente, más profundamente y encontramos el sentido del alma humana en forma intuitiva, con ese fervor de la fe, esa visión cósmica, esa delicadeza, esa profundidad de las pasiones y esa nobleza de los ideales. Beethoven no pasa ante nosotros únicamente como quien nos descubre el aliento de la alegría forjada sobre el pedestal del dolor, Bach no sólo es para nosotros el que implora la Divinidad y llama a la muerte como refugio de paz, Homero no es tampoco el que nos lleva en exclusividad de la imaginación el fulgor de las batallas y las imágenes esplendorosas de los dioses helénicos, ni Shiley es sólo la alondra que canta los paraísos de ensoñación en mares y grutas; ni Velázquez es sólo el que nos entrega los más crueles dolores de Jesús como lo hiciera Grûnewald.

Eso sería, apenas unos pequeños donativos a nuestro espíritu. Lo que estos grandes hombres han hecho es captar la esencia del espíritu humano y hacérnosla vivir moldeando nuestro propio espíritu para comprender la existencia humana y poderla vivir intensamente.

EL ARTE COMO PROCESO DE INDIVIDUACIÓN

Además, "Los límites en que se mueve la visión de la individuación provocada por el arte, son los de la época misma. El progreso del arte está en ahondar el contenido psíquico". Y al referirse a este aspecto Dilthey nos dice:

"El avance con respecto a Homero lo conquista la tragedia al profundizar el contenido psíquico dentro del cuadro de los relatos divinos y heroicos. La comedia, este progreso lo representa la exhibición de un cúmulo de caracteres que han condicionado poderosamente el desarrollo de la comedia moderna. La tragedia se ha desenvuelto en el gran movimiento del espíritu griego que elevó, por encima de las historias de los dioses, un principio de orden adecuado o en consonancia con los conceptos morales y racionales más elevados. Así, se convirtieron en el gozne del antagonismo trágico, el sufrimiento y la reconciliación en virtud de la fuerza de este principio ideal y de orden. En los dramas más importantes de Esquino y Sófocles domina la orientación hacia semejante conexión ideal. También la teoría de las ideas de Platón es una representación, en forma metafísica, de este principio ideal de orden y en su Republica ha tomado partido en la lucha entre este principio y la convención de los dioses míticos. El conflicto y la reconciliación habitan en Esquilo y Sófocles fuera de la persona. Sus hombres son tipos formados unitariamente; aún al más complicado de ellos le falta la perspectiva en una interioridad insondable de donde surgirá el conflicto trágico."

Pensamientos, que ahondados, nos hacen comprensibles la historia y el arte de todos los tiempos.

COMPRENDER PARA LO PROFUNDO DEL ALMA

"La naturaleza la explicamos, la vida del alma la comprendemos", nos dice Dilthey. Y ciertamente, sólo se puede comprender el mundo del espíritu. Spranger dice, siguiendo al maestro: "Comprender es aprehender el sentido de las conexiones espirituales en forma de conocimiento objetivo", comprender es llegar al sentido. Para aclarar este último concepto Spranger dice textualmente, como lo reproduce el filósofo español Roura Parella, "tiene sentido lo que en un todo lógico (sistema de conocimiento) o en un todo de valor (sistema de valores) entra como miembro constitutivo obedeciendo una ley de constitución particular", y Karl Bûhler añade "por consiguiente, el sentido hace referencia siempre a una totalidad."

Y en ese momento llega Dilthey a los campos de la metafísica y de la religión cuando responde a las preguntas: ¿Tiene la vida y el mundo un sentido? ¿Tiene esta unidad una ley suprema de constitución?

Comprender el campo racional es de enorme importancia, pero aún es más interesante llegar a la comprensión del dominio de lo irracional. Entonces, dice en su Hermenéutica; "llamamos comprender al proceso en virtud del cual conocemos algo interno a partir de símbolos externos dados en la percepción."

Símbolo que ahondados nos muestran el sentido del alma y los más profundos rincones del espíritu. He aquí un nuevo elemento: el símbolo que viene siendo la línea y al color en la pintura, el ritmo y la melodía en la música, la profusión y las lámparas a que hace alusión Ruskin en la arquitectura; la métrica, el ritmo y la metáfora en la poesía; en una palabra, aquellas formas que los sentidos captan pero que sólo la mente artística puede aprovechar para dar el sentimiento profundo de la vida, en esas obras sublimes que son un ejemplo: la catedral de Reims, la sublime estatuaria de Bernini, la queja romántica de Schumann, la quietud anhelante de Bach, el fervoroso apaciguamiento de Horacio, la bondad de San Francisco de Asís, el anhelo lumínico de Agustín de Hipona y el profundo humanismo y beatitud de Jesús.

Hechos y obras que escapan de la razón y llegan a eras del dominio de lo imposible y de lo paradojal en Kierkegaard, y de lo sublime en la técnica formalista de Kant, y corresponde a la voluntad y al sentimiento, pues dice: en la forma poco conocida de este apriorista que tanto se le menciona y se le desconoce:

"El sentimiento delicado que queremos examinar aquí, comprende dos especies; el sentimiento de lo sublime y el de lo bello. Los dos nos conmueven agradablemente, más de diversa manera. El aspecto de una cadena de montañas cuyas cimas cubiertas de nieve se elevan sobre las nubes; la descripción de un violento huracán, o la pintura que nos hace Milton del reino infernal, existan en todos una satisfacción mezclada de horror. Al contrario, la vista de praderas esmaltadas de flores, valles donde revolotean ruiseñores y por donde pasan numerosos rebaños; la descripción del Elíseo o la pintura que hace Homero del la cintura de Venus, nos causan también un sentimiento de placer, pero que no tiene nada de fuerza y estupor."

"Para ser capaz de recibir la primera impresión en toda su fuerza, es necesario estar dotado del sentimiento de lo sublime, y para gozar bien de la segunda, del sentimiento de lo bello. Robles elevados y umbrías solitarias en un bosque sagrado son sublimes; tallos de flores, pequeños zarzales y árboles dispuestos en figuras, son bellos. La noche es sublime, el día es bello. Los espíritus que poseen el sentimiento de lo sublime son inclinados insensiblemente hacia lo sentimientos elevados de la amistad, del desprecio del mundo, de la eternidad, por la calma y el silencio de una soirée de verano, cuando la luz brillante de las estrellas disipa las sombras de la noche, y cuando la luna solitaria aparece en el horizonte. El día brillante inspira el ardor del trabajo y el sentimiento de la alegría. Lo sublime conmueve, lo bello encanta.

"La figura del hombre absorbida por el sentimiento de lo sublime, es seria y algunas vez fija y elevada. Al contrario, el vivo sentimiento de lo bello se manifiesta por cierto esplendor brillante en los ojos, por la sonrisa, y muchas veces por una alegría estrepitosa. Alguna vez el sentimiento de lo sublime se halla acompañado de honor o de tristeza; en algunos casos de una tranquila admiración, y en otros se halla ligado al de una belleza extendida sobre un vasto plano. Yo llamaría la primera especie de <u>sublime</u> <u>noble</u>, y la tercera, <u>sublime</u> <u>magnífico</u>. Una profunda soledad es sublime, mas un <u>sublime</u> <u>terrible</u>."

"Lo sublime debe ser simple, lo bello puede ser arreglado y adornado. Una gran altura es tan sublime como una gran profundidad; mas esto hace estremecerse, y aquella excita la admiración. De un lado, el sentimiento de lo sublime es terrible; de otro, es noble."

"Una larga duración es sublime. Se pertenece al pasado, es noble; si se coloca en un porvenir indefinido, tiene algo de imponente."

"La descripción de la eternidad futura inspira un dulce temor, y la de la eternidad pasada, una admiración sublime y absoluta".

PLÁTICA 16 - BIS

Transformar en Marcha El Salto hacia La Vida

TRANSFORMAR EN MARCHA
EL SALTO HACIA LA VIDA

Pero es que las mayores ilusiones sólo se consiguen cuando el salto a la vida se hace como una sencilla marcha. Nada es precipitado, nada debe denotar prisa ni atrevimiento. Todo es la perfecta tranquilidad, el sublime equilibrio, la plácida espera.

"Transformar en marcha el salto hacia la vida, expresar el sublime impulso en el curso del terreno: he aquí el único prodigio". Tales palabras de Kierkegaard han resonado hace milenios de años allá en el Oriente. En el estado de Tsch'en de la comarca de Yangtse, en la china del Sur, El Viejo maestro o sea Laot-sen, dijo una vez:

"El sentido siempre fluye,
Pero, no obstante, nunca se desborda en su actuación."

"Los ríos y los mares son los reyes de todos los arroyos,
Proviene de que se saben mantener abajo tranquilos y serenos,
Por eso son los reyes de todos los arroyos."

"Si reina uno muy grande y poderoso
Apenas advertirá el pueblo que está reinando.
Otros que sean inferiores serán amados y ensalzados.
Otros inferiores aún serán temidos
Otros inferiores aún serán despreciados."

Y ciertamente el Gran Sentido de todo lo que existe fluye sin manifestar turbulencias; los ríos, océanos y mares son los reyes de los riachuelos locuaces y turbulentos el que gobierna bien apenas se distingue en ademán y voz; es que todo es un aliento espiritual, y la palabra serena llena de vida el sendero y el camino.

Así también transformar el salto hacia la vida, en una marcha, es el sublime secreto de la paradoja que entrega la fe

Con que deliciosa ingenuidad el filósofo muestra en un ejemplo la bella relación de este ideal.

> "Un joven que era prendado de una princesa (parece que está relatando Kierkegaard la más deliciosa e ingenua leyenda oriental), y toda la sustancia de su vida está encerrada en ese amor; sin embargo, la situación es tal que ese amor no puede realizarse, es decir, traducirse de su idealidad a la realidad."

Y con sarcasmo exclama el poeta:

> "Los esclavos miserables, sapos enlodados en los pantanos de la vida, dicen naturalmente ¡Qué locura es ese amor! Dejémosles croar tranquilamente en el lodo. El caballero de la resignación infinita no los escucha, no renuncia a su amor ni incluso por toda la gloria del mundo."

Pero es indudable que este amor no será sobre cosa vana y superflua y por ello continúa el filósofo:

> "Ante todos asegura que su amor es realmente la sustancia de su vida, y su alma se siente demasiado sana y atrevida para dejar la menor parcela labrada al azar."

Magnifica sentencia que ve el objeto apetecido como sustancia de nuestra vida y se requiere sanidad de alma para no dejarla en el oleaje del azar. Sentir, intuir la sustancia de la vida es penetrar el ser de la existencia; afirmar una superación del azar es estar plenamente colocado en la sanidad del espíritu. Sólo el alma sana puede ser libre. Sólo el espíritu sano puede captar la naturaleza última de la existencia. Sólo y únicamente sólo un espíritu sin mancha puede llenar todo su ser de la fe que es tranquilidad en el salto hacia la vida.

> "No es un cobarde pues no impide a su amor penetrar hasta lo más profundo de su más ocultos pensamientos y dejarle

enredarse en innumerables vueltas alrededor de cada ligamento de su conciencia."

Porque los verdaderos amores deben entrar a lo más profundo de la conciencia, arraigar como las raíces de encinas y criptomanías. No tener una verdadera pasión que haya llegado a la hondura del alma es no haber sentido el aliento vital que salva y redime. Cuantas cobardías hay en el hombre para sentir su verdadera pasión. Por eso son figuras enormes en la historia: la pasión por el amor de Jesús, la entrega a la naturaleza de San Francisco de Asís, la beatitud a la muerte de Zubarán y el sentimiento a la forma humana de Miguel Ángel.

Cuando el hombre ha llegado a este amor sublime, entonces dice el místico:

> "Experimenta una deliciosa voluptuosidad en dejarle vibrar al amor en cada uno de sus nervios; su alma es tan solemne como el alma de aquel que ha apurado la copa de veneno y siente filtrarse el líquido en cada gota de su sangre… porque ese instante es vida y muerte."

Que enorme pasión. Voluptuosidad que se interna en todos los íntimos lugares de la vida nerviosa, y en cada gota de líquido vital, para llevar el sentido máximo: el de la vida y el de la muerte.

Pero la revelación se presenta a nosotros cuando, en piedras preciosas bruñe los pensamientos siguientes:

> "Cuando de este modo han absorbido total mente su amor y se va hundiendo, aún tiene el valor de osarlo y arriesgarlo todo. De una mirada abarca la vida, reúne sus pensamientos veloces que como palomas volviendo al palomar, acuden a la menor seña; agita luego sobre ellas la varita mágica y entonces se dispersan a todos los vientos. Más cuando retornan todas como otros tantos tristes mensajeros, para anunciarle la imposibilidad, se queda tranquilo les da las gracias, y al quedarse solo, emprende su movimiento."

Entonces va solo. Todas sus fuerzas la han acaparado. Y por ello se desprende y entonces logra lo imposible.

DR. ADALBERTO GARCÍA DE MENDOZA

"Lo que falta en nuestra época no es la reflexión, si no la pasión. Así es como nuestro tiempo tiene en cierto sentido demasiada salud para morir". Dice enjoyado más el pensamiento, y termina elogiando la frase:

"anhelar la vida es anhelar el salto bienaventurado hacia la eternidad: Ein Seliger Sprang in die Ewigkeit."

Falta pasión. He aquí la existencia. Sobra reflexión. He aquí el pecado. Hay demasiada salud para morir, porque para morir, que es el salto más notable de la existencia, hay que saber la muerte nuestra en lo más profundo de nuestra vida. Y este saber morir es también existencia.

Con cuanta razón Rilke canta:

"Oh, señor da a cada una su muerte propia,
la muerte que procede de la vida,
donde él ha conocido su amor, su misión y su dolor."

del libro das Stundenbuch.

Y en lágrimas escribe en sus Cuadernos de Malte Laurids Brigge:

"¿Quién concede todavía importancia a una muerte bien acabada! Nadie. El deseo de tener una muerte propia es cada vez más raro. Dentro de poco será tan raro como una vida personal. Antes, se sabía que cada cual contenía su muerte, como el fruto su semilla."

La pasión ha hecho los actos heróicos de la Historia. Las virtudes han sido hechas por la pasión. Las obras de arte son el producto de la pasión. La sublimidad de la oración es la pasión enardecida. La catedral gótica es la piedra esculpida en aras de la pasión. Cuando Galileo exclama: "sin embargo, la tierra se mueve", está en el delirio de la pasión; las Siete Palabras en el momento supremo del sacrificio es pasión de rosa de aras de la Cruz. El navegante que persigue un anhelo y día tras día sólo contempla el tumulto de las olas para llegar al abismo imaginado del fin del mundo o a la tierra prometida, es siempre pasión en el corazón. La visión del Nirvana, la luminosidad captada en cuadros pictóricos por Rembrandt; la cúpula de la Divina Sabiduría en Constantinopla; la Pasión de Cristo según San Mateo en la profundidad del contrapunto del canto de Santo Tomas; el artificio de la Mente en el Órgano del Estagirita; la visión profética en la frase Agustiniana; todo lo grande, lo grandioso, lo bello, lo bueno, lo sublime, lo justo, es la exclamación inmensa de la pasión.

Y en la pasión por la vida, cuando ella está pletórica de espiritualidad, se descubre siempre, el sendero de la eternidad.

La pasión sabe encontrar, en último término, la muerte. Pero no es la muerte el término de la existencia cuando Heidegger dice que la existencia siempre esta abocada a la muerte (Seingum Tod) no distingue la trascendencia del infinito ni de la eternidad.

Tampoco es la muerte la angustia que revela la nada. Porque la angustia se corona con el Eros de Eurania, con el amor a las esencias y entonces se descubre en la muerte el paso seguro a lo perenne del espíritu.

Se empieza a morir en el momento que el hombre filosofa porque se trata de internarnos en el mundo de las esencias y de las ideas perennes. La muerte libre corresponde a la libertad como pensaron los estoicos. O monstrum vitae et mortis profunditas, y la vida terrestre es vida mortal. "Si hay una vida que en verdad es muerte, hay también una muerte que, en verdad es Vida" como dijera San Agustín.

El último término creo que "nosotros vamos muriendo en vida porque vamos siendo inmortales en la obra". Y la obra es el sentido más profundo de la inmortalidad y la eternidad.

Y muriendo sabiamente, sentir nuestra muerte propia, descubrir la naturaleza de ese paso al infinito. Entonces es cuando se sabe emprender el movimiento y se ha transformado en marcha el salto hacia la vida.

PLÁTICA 17

DE LA PROFUNDIDAD DEL ALMA

Cuando el alma llega a su plenitud presenta todos los aspectos de aquello que no es propiamente lo racional. El espíritu tiene entonces dos aspectos fundamentales, en primer lugar, llega a poseer una concepción del mundo, y en segundo ha desarrollar una actitud religiosa.

La comprensión máxima ofrece el aspecto irracional, es decir, se encuentra en el campo de lo emocional, ya que es la vida que se manifiesta en su naturaleza más pura. En ese instante el hombre medita sobre lo que es el mundo y lo concibe de acuerdo con la evolución histórica que el mismo está forjando. Llega aún más, al dominio de lo divino, que sólo es dable, como ya lo hemos enunciado en Kierkegaard, bajo el amparo de la fe. Pasión de una exuberante vitalidad.

El existencialismo de Dilthey abarca la existencia del hombre a través de la historia, pero también las manifestaciones del alma humana que van graduando la mayor penetración de lo que la existencia humana es para el mundo y para con Dios.

Para Kierkegaard, la existencia máxima en la del caballero de la fe; para Niestzsche es la afirmación de la vida en una voluntad de orden y de fuerza; en Dilthey es esa manifestación histórica que va señalando el sentido profundo del alma, así como también las vivencias de la belleza, de la verdad y de la percepción del mundo.

Para comprender perfectamente qué es la existencia en Dilthey, no es posible señalarle los caracteres del alma como elemento extra temporal, hay que descubrir esta naturaleza en el devenir de la historia y sobre todo en esa mundividencia, en esa cosmovisión que demuestra, no sólo lo que el hombre se imagina del mundo, sino la más íntima actitud espiritual del hombre ante el mundo.

Es indudable que la base de la construcción del mundo está en la vida. Por eso a cada hombre, a cada pueblo, a cada época le corresponde un tipo determinado de concepción del mundo.

De esta manera Dilthey propone tres tipos fundamentales de concepción del mundo:

1.- El positivismo o naturalismo.
2.- El idealismo subjetivo o de la libertad y.
3.- El idealismo objetivo o panteísta.

El primero pretende llegar a tener el conocimiento de la realidad.

El segundo afirma una valoración de la vida, tomando en cuenta la lucha entre dos principios contrarios que son la naturaleza y el espíritu. Lo único real es la persona con su libertad moral en donde su espíritu arregla y conforma todo lo existente de acuerdo con sus propias leyes y valores.

La última tesis a la fijación de fines para la voluntad. Concibe en el espíritu la realidad verdadera que anima toda la naturaleza. El Universo es un elemento espiritual y el hombre se deja vivir llevando por su propio destino en una actitud contemplativa y entusiasta. No hay lucha de naturaleza y espíritu, sólo hay un sentimiento de bella armonía en que el hombre debe percatarse de la sublimidad en una actitud de contemplador de la belleza y en acatamiento a las leyes de maravillosa coordinación.

La visión positivista o naturalista, llega a considerar lo espiritual como una continuación de la naturaleza. La Ética se reduce a una heroica resignación ante lo fatal. Encontramos en esta dirección a Demócrito, el materialista de la época helénica; a Hobbes y a Hume que señalan actitudes pragmáticas; los enciclopedistas, forjadores del ideal científico, Comte, Haeckel y Avenarius que se sumergen en concepciones científicas y biológicas especialmente.

En el terreno del idealismo de la libertad, hallamos a Platón con la doctrina del Eros Uránicus; Cicerón, el estoico; San Agustín que hace de la vida una constante victoria sobre la maldad por la virtud; a la Escolástica estructuradora de los pensamientos lógicos sobre Dios y sobre el mundo; a Kant, Fichte que sostienen la voluntad para la conquista de la paz y de la libertad; a Schiller, el poeta que tanto ilustrara el poder creador y libertario de Beethoven. En todos ellos el espíritu triunfa sobre la naturaleza conquistando su más cara virtud; la libertad.

Por último, la concepción del mundo panteísta, corresponde a naturalezas artísticas. Es el devenir de Heráclito, es la existencia única de Spinoza, es la concepción de belleza helénica de Goethe, es la visión de Dios como reflejo del hombre Schleiermacher y es el proceso dialéctico de creaciones sorprendentes de Hegel.

Todas las manifestaciones del arte, de la ciencia y de la filosofía están matizadas por estas clases de concepciones del mundo. En el desarrollo de la pintura, la música, la estatuaria, la danza, etc,. Dilthey y los estéticos contemporáneos han descubierto aspectos interesantes según que correspondan a uno y otro tipo de concepción del mundo. Así la ciencia aparentemente la alejada de estos cambios, ofrecen variantes, los más su tiles y profundos. Y la filosofía y aún la religión van presentando al hombre aspectos diversos de honda interpretación espiritual.

¡Con que plenitud existencial se nos presenta ahora la tesis filosófica de Guillermo Dilthey! No radica su atención únicamente en la fe, en las paradojas y en lo imposible que sólo la intuición de Dios puede estregársenos; va a la historia, más aún a la naturaleza espiritual del hombre, para encontrar como, a una modificación de esta naturaleza, en lo mas profundo de su ser, corresponde un aspecto nuevo de la cultura. En pocas palabras, el hombre va haciendo la historia a través de sus concepciones del mundo y de Dios.

La existencia en Dilthey se afirma cuando trata de descubrir la obra de un filósofo o de un artista por la manera de comportarse y de concebir el mundo. Lo más profundo de los hombres está propiamente en esta perspectiva subjetiva, en este fundamento psicológico y en este contenido que se descubre en toda concepción del mundo.

Porque la imagen del mundo no es de naturaleza psicológica transitoria y absolutamente contingente, sino la médula del alma, una consecuencia de toda una vida en actividad espiritual.

Ciertamente que ya Fichte había indicado: "La filosofía que se elige depende de que clase de hombre es, pues ningún sistema filosófico no es ningún ajuar muerto que pueda tomarse o dejarse según plazca, si no que está animado del espíritu del hombre que no tiene"

Según la concepción del mundo se encuentra una clasificación de los hombres en tipos espirituales y aún en una psicología específica como lo han hecho Kart, Gross, Müller, Freienfels, Karl Jaspers, y Spranger.

Exponer algunas ideas sobre las relaciones entre la concepción del mundo y las creaciones pictóricas, poéticas y musicales, va a ser para nosotros un deleite, pues en el fondo encontraremos siempre la vida, la existencia pulsando la historia y diciendo su propia emoción para todos los tiempos, como cada personaje de Shakespeare nos va mostrando un mundo en donde la pasión llega a tener belleza y la vida a ser pletórica de contenido.

Los tipos de la concepción del mundo lo relacionan Dilthey con la religión, la poesía y la metafísica. "Las ideas del mundo se diferencian según el genio artístico, el religioso y el metafísico, con forme a leyes perfectamente definidas de formación, estructura y tipo".

Para encontrar las relaciones entre el aspecto religioso y la concepción del mundo, Dilthey reseña procesos de naturaleza sociológica y con ello llega a determinar las formas típicas y de estas misiones religiosas del mundo sobre el principio de oposición entre los seres benéficos y malignos, y entre la existencia sensible del mundo superior. Llega a descubrir en las épocas religiosas la lucha entre tipos que muestran una decidida afinidad con los que la metafísica. De esta manera nos dice:

"El monoteísmo judeo-cristiano, la forma china e india del panteísmo, la actitud vital y la mentalidad naturalista, en posición a ellos, son los antecedentes y puntos de arranque para la evolución ulterior de la Metafísica". "De aquí procede una relación según la cual la visión religiosa del mundo es la preparación de la Metafísica, pero nunca puede similares a ella. La doctrina judeo-cristiana del Dios puramente espiritual, creador libre, y de las almas formadas a su imagen, se transformó en el idealismo monoteísta de la libertad; las diversas formas de la doctrina religiosa de la unidad del TODO prepararon el panteísmo de la metafísica; en la especulación india, en los misterios de la gnosis se desenvolvió el esquema de la procedencia del mundo múltiple de la Unidad y de la vuelta a ella, que han desarrollado los neoplatónicos, Bruno, Spinoza y Schopenhawer. E igualmente claro es el vínculo que lleva del monoteísmo a la Teología Escolástica de los pensadores judíos, árabes y cristianos, y de ella a Descartes, Wolf, Kant y a los filósofos de la época reaccionaria en el siglo XIX".

El señalamiento de este proceso que tiene por origen la concepción religiosa y como consecuencia a la idea metafísica es de un interés enorme para el estudio del desarrollo del alma. Claro es que el mismo filósofo establece diferencias fundamentales entre la actitud religiosa y la metafísica.

En lo que respecta en las relaciones de la concepción de la vida y de la obra artística también descubre ideas de una penetrante investigación.

"El arte se desarrollo bajo el influjo de la religión. Los fines de la comunidad religiosa se imponen en la arquitectura y en la música; desde este punto de vista, el arte a elevado el contenido de la religión a la eternidad. En la que desaparecen los dogmas transitorios, y de ese contenido ha surgido la forma interna del arte sublime, como lo prueba la época religiosa de Giotto en la pintura, la gran arquitectura eclesiástica y la música de Bach y Hândel".

Conforme a la mayor hondura religiosa del arte, la concepción de la vida en los artistas alcanza una expresión más y más libre. "Si algunos artistas geniales, como Miguel ángel, Beethoven, Ricardo Wagner, progresan espontáneamente hacia la formación de una visón del mundo ésta robustecerá la expresión de su concepción de la vida en la forma artística".

La poesía, que no pretende conocer la realidad, como la ciencia, "sino mostrar la significación del acontecer, de las personas y cosas, que reside en las relaciones vitales, es una experiencia de concepción del mundo maravillosa". "En estos templos universales de la vida se basa Job y los salmos, los coros de la tragedia ática, los sonetos de Dante y Shakespeare, el grandioso final de la Divina Comedia, la gran lírica de Goethe, Schiller y los románticos, y en Fausto de Goethe, los Nibelungos de Wagner y el Empédocles de Holderlin".

En la misma forma busca Dilthey las relaciones de la Metafísica con las concepciones del mundo.

PLÁTICA 17 – BIS

El recuerdo. Para los Hombres hay imposibles. Y la Paz y el Reposo.

EL RECUERDO

El recuerdo es de almas grandes y nobles. "Únicamente las naturalezas inferiores se olvidan y llegan a hacer algo nuevo", ha dicho el filósofo. "Las naturalezas profundas no pierden jamás el recuerdo de sí mismas y tampoco llegan a hacer otra cosa que lo han sido." "El caballero recordará todo, pero precisamente ese recuerdo es su dolor; sin embargo, en su resignación infinita se halla reconciliado con la vida".

Qué palabras tan hondas para el recuerdo. Ciertamente la vida es recuerdo, sabe ligar el presente al pasado, es una continuidad que no admite salto, si no movimiento uniforme. Va al infinito por la senda de la pasión y de la mediación.

PARA LOS HOMBRES HAY IMPOSIBLES

Es que para los hombres hay imposibles. No hay paradojas que hagan posible lo imposible. El mundo y el espíritu tienen límites insondables e infranqueables.

La existencia del hombre vulgar es un límite en el tiempo y en el espacio. No recobra ni por el recuerdo la eternidad del pasado, ni por la visión del pensamiento la infinitud del futuro. En cambio, la existencia pletórica de contenido hace lo imposible posible, es decir realiza la paradoja.

Por eso mismo dice el místico:

"Los jovenzuelos y los locos son los que se jactan de que para el hombre todo es posible. ¡Qué error! Desde el punto de vista profundamente espiritual todo es posible; mas en el mundo finito hay muchas cosas que son imposibles. Pero el caballero de la fe hace posible lo imposible, encarándolo desde el ángulo del espíritu, lo cual expresa diciendo que renuncia a ello."

129

Es el estado espiritual donde la existencia se encuentra a sí misma, en él no se desea la intervención de lo finito para favorecer el crecimiento de su amor.

En esta actitud "ha comprendido un gran secreto: que incluso amando uno debe bastarse así mismo. Por qué quien se ha resignado infinitamente se basta así mismo."

Es él mismo. Siempre en su bastedad y profundidad. Siempre en su infinita soledad. Para todos lo tiempos en su vivencia aislada y única.

Con cuanta razón San Agustín dice al hombre: habita tecum, vívete, sé tú, realiza tu propia personalidad. Nolli foras ire, no salgas fuera de ti.

Maravillosas sentencias que están llamando a la realización de nosotros mismos por la fuerza de la mismidad del espíritu. De aquí que Kierkegaard exclama:

> "únicamente las naturalezas inferiores encuentran en otros la ley
> de sus actos y fuera de ellas las premisas de sus reclusiones."

La conquista suprema, el bien supremo, la princesa dirá el místico "vera desplegarse la belleza del amor si se halla en la misma disposición del espíritu."

El bien supremo, así como los caballeros del templo, llegará al santuario si conserva su frescura y juventud de su amor.

> "Estos dos amantes, el espíritu y la Santidad suprema o princesa, se encontrarán unidos entonces para la eternidad, en una armonía praestabilita tan absolutamente inquebrantable que si alguna vez llegase el instante favorable a la expresión de ese amor en el tiempo, se verán en condiciones de comenzar en el punto mismo del cual, de haber contraído enlace, hubieran partido."

¡Con qué bella poesía nos entrega Kierkegaard la dulzura de un amor superior! Va más allá de Platón que supiera descubrir las excelencias de la paz en el reino de las ideas; va más profundamente que Spinoza que nos conduce al amo intelletualis Dei, al amor intelectual de Dios; va mas hondo que el YO Absoluto de Fichte, que la visión monadológica de Leibniz y que la entrega delirante al dolor de Heidegger. Es el sentido único de la fe. Es el pulimento de ese diamante que sólo refleja la bondad del Crucificado, la excelencia de la oración del Huerto y la pulcritud de esa noble enseñanza de San Agustín.

Y LA PAZ Y EL REPOSO

El movimiento de acercamiento al infinito lleva, a pesar de ser doloroso, la paz y el reposo; y más aún reconcilia al hombre con la vida. Por eso dice el místico:

> "La resignación infinita comporta la paz y el reposo, aquel que la desea, aquel que no se ha envilecido burlándose de sí mismo puede hacer el aprendizaje de este movimiento doloroso, que reconcilia con la vida."

Pero, ¿es que el hombre ha llegado alguna vez al envilecimiento suyo, burlándose de sí mismo?

Qué amarga verdad. Tantos hombres desprecian su propia vida, burlándose de ella y la arrojan en la inmundicia y en el pecado. Por ello la multitud goza bestialmente, su pensamiento está en las tinieblas de la blasfemia y el insulto, su corazón en podredumbre de las pasiones insanas; su voluntad en la conquista de los más bajos valores transitorios y efímeros.

Hay burla cundo se trueca el placer estético por el goce bestial. Hay burla inmensa cuando se profiere la mentira, la perfidia y la traición a la nobleza, a la lealtad y a la verdad. Hay burla de notros mismos cuando se simula filosofar y se hacen malabarismos de palabras y razonamientos, recuerdos de doctrinas sin convicción de ninguna de ellas. Hay burla de nosotros mismos cuando no hay fe y sólo existe afirmación de lo perceptible en el límite de lo finito. Hay burla cruel, cuando no sabiendo conquistar las noblezas del espíritu, desdeñamos la existencia por considerarla ínfima, sin valor en intrascendente.

En cambio, la resignación infinita comporta paz y reposo. Paz que no es de cementerio sino de gozo vibrante, grandioso de las conquistas del espíritu; reposo que no es de muerte como dintel de la nada, sino salud rebosante en el dominio del alma.

Y reconciliarse con la vida es saber que se tiene su propia muerte. Es, además, poseer serenidad para reconciliar el salto al infinito con la marcha en el camino de ascensión a la beatitud.

Compara Kierkegaard la resignación infinita con la camisa del viejo cuento. ¡Cuál es el contenido de dicha fábula! Hela aquí:

> "El hilo está tejido bajo las lágrimas, lavado en lágrimas, la camisa está cosida en lágrimas; mas ella protege mejor que el hierro y el

acero. El sentir de la vida reside en que cada uno debe coser su camisa."

Sólo el dolor es ordalía del pasado. Es superación en dignidad y nobleza. Lágrimas para tejer el hilo, para limpiar, para coser; y a pesar de su aparente fragilidad es más resistente que el acero y el diamante.

Recuerdo aquella parábola de Rabindranath Tagore:

"La roca, fuerte y vigorosa dice; ved que fuerte soy yo. Resisto el combate de las olas, la mar se estrella en mí.
Y el gusanito dice a la roca; mira que libre soy yo."

Libertad en las lágrimas que llevan el dolor, la tristeza pero por ello mismo la nobleza del corazón humano.

Libertad en las lágrimas porque en ellas se encuentra la angustia ante la nada, y la existencia vívese pletórica y rebosante de vida.

Es libertad la que existe en lágrimas, porque por ese camino se llega a entonar el salmo a la beatitud de Dios y a consagrar en himnos la fraternidad entre los hombres. Con cuanta razón Beethoven dijo siempre, al terminar su sinfonía a la alegría, su sonata a la pasión, su cuarteto, confesión de su propia vida: por el camino del dolor a la alegría.

Y tener que tejer la propia camisa. No será inflexible como la piedra, no tendrá la dureza del diamante, no será estructural y permanente como el acero; en cambio será hecha de sacrificio sangrando dolor, de la paz que es puerta de refugio en tempestad oceánica, reposo después de construida la obra, goce sublime en ocasión de disfrutar de la abnegación, de la esperanza, de la fe y de la caridad.

El secreto de la vida es tejer por nuestra propia mano la camisa hecha en lágrimas. ¡Y no puede ser esta acción en secreto más íntimo de la existencia verdadera!

Por eso mismo llega a exclamar Kierkegaard:

"La fe no es un impulso de orden estético; no es el inmediato instinto del corazón, si no la paradoja de la vida." Porque la paradoja es la libertad en la necesidad, es la posibilidad de lo imposible, es la razón de lo absurdo es la fe ciega y definitiva para conquista de lo infinito con las armas de finitud. Es, por último el dolor y las lágrimas para llegar a la serenidad, al reposo, a la paz en goce supremo de excelsitudes espirituales.

Cuando se ha llegado allí, entonces la existencia vive su más íntimo momento. Hay la vista al sendero que es Tao más que progreso y adelanto. Es sólo el dominio sereno de un salto que se convierte en simple marcha, de una mediación dialéctica en que lo uno y lo otro son esplendidos por el valor de su más íntima conciencia.

¡Que es la cultura! Al contestar el filósofo exclama:

"Yo he creído que es el ciclo que recorre el individuo para alcanzar el conocimiento de si mismo."

Parece que Sócrates vuelve al gnoti seauton y la sabia ignorancia domina al espíritu en su infinita ansia de realizar plenamente la existencia.

PLÁTICA 18

El hombre es la Historia. Comprensión de la Vida.
La Concepciones del Mundo.

No es el hombre que está en la historia, es propiamente el hombre la historia. Gerade so wie natur bin ich Geschichte. Der mensh ist ein Geschichtliches. Nos ha dicho Guillermo Dilthey.

Pero aún más: por ser historia el hombre, posee siempre una Weltanschauung, una concepción del mundo. El hombre es el que cambia y por eso crea el Renacimiento, la Reforma, el Cristianismo. Y logra este cambio gracias a su cosmovisión. Porque la última fuente o raíz de la concepción del mundo es la vida. La vida es en su propia naturaleza historia. Geschichte ist nurdas Leben, aufgefasct unter dem Gesichtspunkt.

Cuantas veces hemos pensado que el hombre colocado en una época determinada de la historia determinada se ajustan a ella, reclama sus facultades espirituales en este marco que el ciclo le impone, sin imaginar que es la historia la que va cambiando como una consecuencia de esa existencia humana que varia y va concibiendo al mundo de manera diferente. Claro es que son los hombres de alta cultura, de profundas vivencias artísticas, científicas y filosóficas los que, en un ambiente que contagia y estimula, van realizando sus obras y la historia se va forjando sobre ellas mismas.

Ya Buckhart, ese historiador tan penetrante, nos ha descrito al hombre del Renacimiento. Y el espíritu de esa época lo vamos contemplando a medida que comprendemos e interpretamos la fisonomía de esos hombres que anhelaban la luz, la diafanidad, apoyándose en las consejas y en los recuerdos de las épocas clásicas de los helenos, aunque olvidando, por su misma juventud y espíritu de renovación las conquistas más bellas de concentración anímica de la Edad Media.

Ya, cuando expongamos la tesis de Heidegger encontraremos como sustancia de la existencia, que es la del hombre, el tiempo y como determinante la preocupación y la angustia.

El hombre es historia y estructura de la historia. La hace en esa renovación que a través de los siglos va ahondando la conciencia humana. Si en un principio crea la emoción religiosa y la lleva por el sendero de una cosmovisión determinada dentro del terror, de la admiración; es natural que esta existencia logre señalar también una impresión sobre la esencia, sobre el ser, sobre la cosa que está oculta pero que persiste, como persiste su alma y su YO; como se conservan las emociones de estupefacción ante los fenómenos de la vida, de la muerte y de la naturaleza. De aquí que su idea metafísica nazca, pletórica de sentido. Que señale en su mente un ordenamiento óptico y ontológico de acuerdo con sus vivencias religiosas.

Y del campo metafísico, de la idea que el hombre tiene de aquello que cree, sustancia al Universo, aparece, siempre en revelaciones viales, su cultura que es arte de belleza, que es ciencia la vedad, que es nobleza de bondad y justicia; es hondura de religiosidad.

COMPRENCION DE LA VIDA

Además. la comprensión de la vida sólo se logra por un camino de descripción y de comprensión. La descripción logra manifestar la expresión y el contenido. La comprensión es la captación de los últimos momentos de la vivencia. No es el método explicativo y causal; es en cambio la interpretación o la hermenéutica la que llega a descifrar la vida a través de la concepción del mundo.

Sólo una concepción del mundo que esta hecha sobre esa evolución, esa dialéctica del hombre que va estructurando la historia puede ser descubierta en nosotros con una penetración que va más allá de nuestra simple psicología, pues trata de vivencias psíquicas en desarrollo histórico y en profundidad del alma, más que de estructuras estéticas; y va más allá de los simples supuestos de lo que es semejante, el hombre para encontrarlo en una hermenéutica en el campo también de la historia y de un devenir creador.

Para comprendernos a nosotros mismos como autognosis, para interpretar los hechos y las obras de los demás hombres como hermenéutica, no nos basta llegar a una explicación causal y absolutamente racional, es necesario la comprensión que también es vida, es indispensable la interpretación que es un saber ver, y un saber mirar como nos aconseja la filosofía del Santo de las confesiones.

LAS CONCEPCIONES DEL MUNDO

La concepción del mundo sólo se logra en esa visión profunda de lo que es la historia en el corazón del hombre. No es una razón misma es el producto de la evolución del hombre en la historia. Es algo más honda que la intuición, es emoción, ante la vida, es pasión, es angustia, es amor, es delirio, es todo lo que el hombre con tiene como existencia.

La Weltanschauung naturalista siente la fuerza de lo primitivo y va al átomo y à la célula para explicar las honduras de la cultura. Es el sentimiento de ese germen que nutre a la selva, que alienta el poder del electrón como forjadores de todas las maravillas del la naturaleza del hombre. Haeckel analiza la célula, Comte va a la forma primitiva de la sociedad, Marx se interna en las potencias de la economía.

Pero la Weltanschauung descubre en el hombre dos fuerzas antagónicas; en el espíritu y la materia. El conflicto lo palpa el hombre ante sus visones morales, religiosas, metafísicas. Da el predominio al espíritu y aconseja como templar el alma para dominar al cuerpo. Ve en todo un alimento de bondad, pero a la vez una detención de maldad. Es la alegoría de los briosos caballos guiados por el alma en el Diálogo platónico: es la iluminación divina en el hombre para seguir los senderos de la perfección según San Agustín; es la entrega a la fe que es lo imposible, es la visión de lo que sobrepasa a lo sensible; es la caridad que aconseja entrega y dádiva fervorosa aún en detrimento de la vida misma.

Pero llega la Weltanschauung a no descubrir luchas de contrarios. Sólo ve el Universo como una armonía suprema. El orden domina al espíritu y al cosmos. El hombre no es luchador para hacer triunfar su bondad contra la maldad que le acecha en cada instante. El hombre debe ser contemplador dinámico y ferviente admirador de esa vida que está impregnado todas las fuerzas de las moléculas, del organismo vivo, de la psiquis, del espíritu. Y reclinado sobre las musas, como dijera Schiller, contempla la plenitud de lo espiritual y de lo viviente en una manifestación sublime de religiosidad que es belleza, que es bondad y es verdad.

La primera forja de la Weltanschauung sabe coronar la vida del Universo con la existencia del hombre que siente el poder vital de la savia, la energía contenida en el átomo, la frescura de una alma empapada de primitividad y pureza.

La segunda forma de la Weltanschauung llega a un coronamiento la libertad. El hombre la conquista en una lucha interna. Es como Parsifal en medio de la tentación que le señala el jardín floreciente y bello de las mejores flores; o el que logra destruir el dragón del mal con la potencia de su propia alma.

La última forma de la Weltanschauung es la poética compostura, la serena actitud espiritual que desprecia las contingencias de la vida porque ha encontrado el sublime néctar del orden en el Universo, de la armonía en el alma y de la luz radiante en el espíritu de Dios.

PLÁTICA 18 – BIS

LA ÉPOCA ROMÁNTICA Y EL EXISTENCIALISMO

Nace el existencialismo, de manera ya definitiva, en la época romántica. Sufre su influencia como un anhelo antinacionalista, como una confesión intima que va del amor mundano al amor divino, es la expresión de una angustia por algo que no se precisa y que llega a significarse en la nada.

Pero, ¿Hemos observado como el existencialismo traspasa los linderos del siglo XIX, se interna en el presente siglo y entonces va pletórico del historicismo, de la búsqueda expresionista y llega a la desorbitada esfera del arte, de la moral y del ambiente cultural de nuestro tiempo?

Sartre es el contemporáneo de Joyce y de Kaffka. Así como Kierkegaard es el contemporáneo de Novalis y de Verlaine.

Honda significación del ambiente cultural que va entregando las más profundas vivencias lo mismo en un detalle encontrando en lo más insignificante de una cadencia musical que en la monumental estructura de una catedral o de un puerto.

Kierkegaard es el peregrino de lo absoluto, aún más de la absurdidad todavía más de la adeudad. No pudo sustraerse del idealismo dialéctico de Hegel. Claro de que aceptó la síntesis como compendio y resolución, sino como un antagonismo de lo uno o lo otro. Tampoco pudo estar de acuerdo con la nacionalización más pura del mundo y del hombre hasta convertirlo en idea.

El fue más a la existencia. El fue para el vivir permanente de contradicciones.

Por eso mismo; el hombre pertenece y a la vez no pertenece a este mundo.

Por eso mismo vive en la temporalidad y tiene una disposición hacia lo eterno.

Por lo mismo es finito y está pletórico de infinitud.

En el instante en que la contradicción es más manifiesta porque es lo uno y es lo otro, nace la pasión humana, se presenta la angustia que

138

revela la más profunda subjetividad religiosa en la más íntima y profunda interiorización.

En la soledad del caballero de la fe encuentra lo más auténtica existencia. Lo esencial de la existencia no puede comprenderse por la razón. Es la fe la paradoja que rechaza la oposición entre lo posible y lo imposible, lo finito y lo infinito, lo eterno y lo temporal, para llegar a ser la historia una eternidad, y la eternidad una historia. Ser cristiano es haber crucificado incondicional y conscientemente del propio pensamiento.

La contradicción de lo uno o lo otro sólo puede resolverse por una decisión ética. Superando la inmanencia de la contradicción se alcanza la realidad trascendente de la fe.

Para Kierkegaard lo eterno se encarga en lo temporal.

En Hegel lo temporal se asume y se pierde en lo eterno y absoluto.

Se detuvo sin embargo Kierkegaard en el dintel antológico. No llego al ser del ente humano, a la estructura antológica de la existencialidad. Esto lo hace Heidegger.

Se detuvo también en un concepto clásico de la temporalidad y por ello tampoco pudo ahondar el ser del ente existencial. En este punto Heidegger profundizo el tiempo y mostró que el sentido de la existencia humana es la temporalidad misma. Son modos de la temporalidad las estructuras existenciales del ente humano. El tiempo es el horizonte de la comprensión del ser. La historicidad es un modo del ser temporal de la existencia humana.

Ahora bien he encontrado el marco definido del existencialismo de Kierkegaard es el romanticismo del siglo XIX, con tan perfecta cuadratura que siempre al oír la música de Schumann, oír el verso de Byron, ver el cuadro de Delacroix, leer la novela de Hugo y de Balzac, contemplar la silueta de la Duncan en la danza, sentir el drama de Parsifal de Wagner; y tantos y tantos ejemplos más, he sentido el arrobamiento religioso de Kierkegaard con la angustia palpitando en ese corazón, con el espectáculo de la Nada como un océano insondable de lejanías y con la soledad en la noche de luna, con el espectáculo escalofriante de la Isla de los Muertos de Bô.

Pero también al estudiar el pensamiento de Nietzsche, el de Heidegger he sufrido la enorme influencia de ese racionalismo, y ese voluntarismo que se desprende de Kant para racionalizar al mundo, para sentir la voluntad en cada partícula del Cosmos siguiendo las huellas de Schopenhauer. Hay deseo de luz y se busca la inteligencia de poder y se encuentra la voluntad. Es la llamada Mallermé en expresión simbólica, el luminar de la imaginación de

Verlaine, la sutileza metódica de Debussy y el arrebato de un racionalismo en la matemática de los Conjuntos y de la relatividad para el sistema del Universo.

Ya Sartre pertenece a un mundo nuevo. Al leer pacientemente el Ulises de Joyce he palpado como la nada florece en un mundo de búsqueda infinita.

Es el Ulises una novela con un vacío que llena de desesperación, empieza con la nada y termina en la nada. Es el nihilismo más intenso e infernal. Bien califica la obra Giedon-Welcker "Ideas que siempre retornan envueltas en mantas cambiables y transmutables, y proyectadas en una esfera irreal en lo absoluto. Un Todo tiempo, un Todo espacio."

Dos pasajes de Jung sobre la obra pueden ser aplicadas al Ulises, al Muro, la Intimidad, la Náusea de Sartre:

"Las guirnaldas de series de asociaciones subjetivas se enlazan y mezclan a las figures objetivas de una calle de Dublín. Lo objetivo y lo subjetivo, lo externo y lo interno, se infiltran reciproca y constantemente; tanto, que a pesar de toda la claridad de la imagen aislada, persiste en último término la duda de si se trata de una teoría física o trascendental." "Es un solipsismo que ataca los nervios, es un aislamiento frígido del espíritu, que parece proceder de la religión de los saurios. Es un ocuparse de las propias vísceras y con las propias vísceras." "Joyce me aburre hasta arrancarme lágrimas, pero es un fastidio irritante, peligroso, como no podría producirlo ni aún la trivialidad más enojosa. Es el tedio de la naturaleza, el monótono silbido del viento en los acantilados de las Híbridas, la salida y la puesta del sol en el Sahara, el bramido del mar… como dice Curtius con mucha razón, "música temática wagneriana", y sin embargo, repetición eterna."

Es la sintomatología de una conciencia fragmentaria: "intensificación de los sentidos; acuidad de la observación, la memoria fotográfica para las percepciones; curiosidad de los sentidos hacia dentro y hacia fuera, la preponderancia de los motivos retrospectivos y de los resentimientos; mezcla delirante de lo psíquico-subjetivo con la realidad objetiva, bruscas transiciones e interrupciones de sentido, atrofia del sentimiento que no retrocede ante ninguna extravagancia, ni ante ningún cinismo."

Y esto ¿no es el carácter de la novela de Sartre? Indudablemente con mucho del estilo de Nathan Ash, de Lawrence, y de las inmoralidades descritas por Louis Ferdinand Céline en Francia, de Erich Kaetsner en alemania, Alberto Moravia en Italia y Calwell en Norte América.

Es que el existencialismo dejó la puerta abierta a todas las ilimitaciones del sentimiento, a la misma complejidad de la angustia y al abismo de la nada.

¿Es qué el pensamiento sobre el ser, además de ser un motivo de la antología y de la metafísica, ha sido también una restricción moral y un encausamiento axiológico en el campo de la ética? ¿Es que la exaltación del amor, de la caridad fueron barreras que detuvieron al espíritu ante las profundidades suicidas de la angustia y de la desesperación? ¿Es qué en el fondo de las lucubraciones sobre la esencia había una sabia enseñanza y una actitud de respeto ante el destino del hombre y la sublimidad de Dios?

Muchas veces he pensado que atrás de las aportaciones más abstractas de la Metafísica, de los desarrollos complicados y cerebrales de las Ciencias Matemáticas, hay siempre una cosmovisión que va directamente al corazón humano; más intensamente que aquellas palabras que parecen que llevan entusiasmos, erotismo y pasiones desbordantes.

Cuando el hombre se detiene en triángulo aparece el destino fatal y cruel helénico. Cuando es la ojiva y las paralelas hacia el cielo es lo que determina la catedral, es el sufrimiento que aboga por una liberación en ideales humanos y tiernos. Cuando es el brote de velocidad y la lucha por el futuro es el alma torturada de incertidumbre y hastiada de su perdido goce.

Recorrer el existencialismo es encontrar un nuevo sentido de la antropología que como estudio del hombre es evidentemente investigación de la historia.

Al anticipar ideas sobre la filosofía de Heidegger haré hincapié en ese otro aspecto del alma: el ontologismo. Afirmación del ser y de la esencia. Mundo de eternidades e infinitos alcanzados en las culturas por la serenidad de un Aristóteles, un Tomás de Aquino, un Spinoza o un Leibniz; y porque no decirlo un Praxíteles, un Bach y un Puvis de Chavannes.

Kierkegaard es el profeta de una nueva vida en que Dilthey aprehenderá la nobleza del espíritu en una comprensión de la vida y en un sentido exquisito de lo que significa la historia.

PLÁTICA 19

Un Precisar del Historicismo. El Escepticismo. Primera Época.
Segunda Época. Tercera Época. Cuarta Época.
Quinta Época. Una Advertencia.

UN PRECISAR DEL HISTORICISMO

Si la idea matriz en la obra de Guillermo Dilthey es el historicismo, cabe pensar en dicha tesis con cierta profundidad. Hay en la introducción a su obra "Die Typen del Weltanschauung und ihre Ausbildung in den metaphysischen Systemen" (Vol. VIII), que conocemos en español con el nombre de "Teoría de la Concepciones del Mundo", conceptos de tanta importancia, en forma demasiado sintética, que cabe reflexionarlos y ampliarlos para encontrar la llave al problema del historicismo.

Empieza Dilthey señalando el antagonismo, la anarquía que existe en los sistemas filosóficos de todos los tiempos. Este antagonismo se acentúa principalmente por dos rutas diversas: la primera afirma la pretensión de una filosofía a ser el conjunto de principios de validez absolutamente universal; la segunda, tomando una conciencia histórica, se percata de la ilimitada multiplicidad de dichos principios, su cambio y su relativa validez.

Es indudable que por el primer camino se ha llegado, por ejemplo a la formulación de el Derecho Natural de la Jurisprudencia Romana, a los módulos de la creación artística de los griegos, a los principios de la razón en la Lógica Tradicional aristotélico-escolástica.

Por el segundo camino se ha llegado a los relativismos más extremos hasta las tesis de que la verdad, la belleza, la justicia, todo es relativo a la época, a las circunstancias del momento y aún, a la concepción personal de cada hombre.

EL ESCEPTICISMO

Pero, en esta lucha de teorías opuestas ha aparecido siempre la tesis escéptica que llega a dudar de todo y a señalar épocas en que se deja entre dicho lo mismo la verdad de la ciencia, la virtud proclamada por todas la morales, la ley de justicia, el sentido de la religiosidad y lo esencial en el espíritu del hombre.

Señala el filósofo las siguientes épocas escépticas:

PRIMERA ÉPOCA

La lucha de las más antiguas explicaciones griegas del Universo, fomentó la filosofía de la duda en la época de la ilustración helénica. Época de los sofistas que sostenían las más variadas y contradictorias teorías aceptando su validez o su nulificación al mismo tiempo.

Allá en al segunda mitad del siglo V antes de Cristo, Pródico de Keos con la tesis de la Adiáfora, en que cada acción vale por le destino que se le da; Protágoras de Abdera con su célebre sentencia; "El hombre es la medida de todas las cosas, de las que son en cuanto son, y de las que no son, en cuanto no son". Gorgias de Leonti (en Sicilia) para él que el ser no existe, en el caso de existir no seria cognoscible, y si fuese conocible no podría ser comunicado.

La presencia de Sócrates pone término a esta situación.

SEGUNDA ÉPOCA

Corresponde a los escépticos griegos de Alejandría. Señala Dilthey como causa del primer escepticismo señalando a la duda sobre la naturaleza del Universo; la causa a esta segunda época es la serie de campañas de Alejandro logrando la reunión de diversos pueblos y con ella la presentación de diferentes costumbres, religiones, modos de entender la vida y el mundo. Nacen entonces, congruentes con esta situación, escepticismo en lo moral, en lo religioso y en el campo de la verdad. Es el siglo II de nuestra Era, el centro de cultura es Alejandría, ciudad de los Ptolomeos, las bibliotecas y los grandes Liceos de Pérgamo, Rodas, Siracusa y Roma denuncian una prosperidad en el saber. Al morir Alejandro surgen grandes Estados, el Imperio Romano domina y el individuo va perdiendo su conciencia individual frente a una ética-social y política. El bien supremo se basa en el cumplimiento frió del deber para el estoico, en el goce noble de la vida para el epicúreo, y los escépticos llegan a un agnosticismo frente al más allá de la vida.

No basta la doctrina de la Stoa de Cicerón, Posidonio, Séneca, Epicteto, Marco Aurelio; ni la tesis epicureista de Epicuro, Lucrecio, Horacio; se impone la Escuela escéptica de Pirrón de Elis; en la Academia Media de Arquesilao y Carneades, y sobre todo la Academia última de Enesidemus, de Sextos Empírico y de Gorgias; que en tropos y sentencias llegan al escepticismo religioso, lógico, moral.

Sólo los ecléticos como Cicerón que mezcla la teoría de la probabilidad de la Academia Media, con los principios estoicos sobre ética y Teología y el Idealismo platónico: Plutarco que anheló lo trascendente; Felón que aduna la tesis griega con la judaico-oriental; y sobre todo los neoplatónicos como Plotino, Porfirio, Jámblico desde el siglo III después de Cristo, con la idea de lo Uno, hasta llegar a las ideas luminosas de Orígenes, San Agustín y Boecio; sólo estos pensadores logran borrar el ambiente escéptico de esta segunda época histórica.

TERCERA ÉPOCA

La tercera gran ola de escepticismo la encontramos en lucha ideológica de mahometanos y cristianos, cuando nacen las filosofías de Averroes y Maimónides, continuadora del gran Estagirita; antes de llegar a la Escolástica Tomista. Tesis escéptica en lo que se refiere a la inmortalidad del alma, al concepto de Dios naturalista, a la libertad de la voluntad.

Sólo la obra de Alberto Magno en el siglo XIII y la de Santo Tomás de Aquino restituye el pensamiento cristiano, sobre la base aristotélica. Junto a esta tesis de la Orden dominicana, la Orden franciscana ofrece en Rogerio Bacon el principio de una Lógica y tesis del conocimiento empírico, Juan Duns Escoto el Doctor Subtilis en su crítica a la obra de Tomás de Aquino, afirma una crítica severa a la razón para discutir la naturaleza de Dios y la inmortalidad del alma. Es el voluntarismo frente al intelectualismo. Antítesis fundamental en la Metafísica de todos los tiempos. De todas maneras vuélvese a una base firme de creencia.

CUARTA ÉPOCA

Corresponde al Renacimiento. Los nuevos descubrimientos hicieron conocer, de manera creciente la multitud de climas, y de los pueblos y sus mentalidades, y una nueva nube escéptica nace en la mente de los hombres.

El humanismo de esta época forja la Academia platónica fundada en 1458, en la corte de Cosme de Médicis, en Florencia. Marsilio Fícino, Pico de Mirándola. Neoaristotélicos como Pietro Pomponazzi; filósofo naturalista,

Giordano Bruno en el siglo XVI, Tomás Campanella; y la filosofía francesa renacentista de Montai que es la raíz de Bacon, Shakespeare, Locke, Montesquieu, Pascal y Rousseau entre otros; hace valer un individualismo intelectual; Paracelso, el medio suizo, Jacobo Bôeheme y Hugo Grocio, alemán y holandés, llevan escepticismos religiosos especialmente.

Sólo renace el sentimiento de la verdad en lo grandes descubridores como Keplero, Galileo, Newton hasta llegar a Francisco Bacon.

QUINTA ÉPOCA

Pero renacen el escepticismo en las épocas modernas. Pascal en el siglo XVII, y Pierre Bayle señalan otra inmersión en la duda constante. El primero con la influencia de Jansenio "agustinus", llega a considerar el pecado original como la causa de imposibilidad para llegar a la completa práctica de la virtud, a la autodeterminación por haber perdido esa libertad sólo dable al espíritu puro, el conocimiento es impotente para llegar a las últimas fuentes de las propias matemáticas. Sólo la gracia salva al hombre de este caos ante el mundo y la vida misma. El segundo da la mano al escepticismo religioso de Voltaire, inicia la consideración del espacio y el tiempo como meras ideas que más tarde formula Kant, rechaza el valor absoluto de la razón teórica y rechaza la moralidad fundada en la opinión de un hombre o de Dios. Estamos a principios del siglo XVIII. El espíritu analítico se inicia. Y sin embargo la reacción se presenta en los grandes sistemas de afirmación racional: los de Spinoza y Leibniz, y tal vez afirmando el empirismo inglés de Locke y la época de la Ilustración o de las Luces en constante apoyo al valor absoluto de la razón.

Variación que ha sufrido la humanidad en la apreciación de sus propios valores por la historia misma que va entregando momentos pretéritos y futuros más conscientes, conocimiento de pueblos y cultura, los más diversos.

En la historia griega y romana de la época clásica se concibe al nombre integral, concluso. Lo propio pasa en el Cristianismo en que Adán y Cristo señalan las mismas formas acabadas. La concepción naturalista del siglo XVI, trae el mismo aspecto. Por ello se crea el Derecho Natural tan elaborado en Roma, la creación artística de proporciones estables en Grecia, las virtudes morales en el Cristianismo. Y esto se logra por un método único, señalado por Dilthey:

1/o.- Derivar algo común de la comparación de las formas vitales históricas;

2/o.- Sacar de la multiplicidad de costumbres, principios jurídicos y teológicas un Derecho Natural, una Teología Natural y una Moral Racional, mediante el concepto de un tipo supremo de los mismos.

En cambio el sentimiento histórico nos muestra en cambio perpetuo de estas elaboraciones culturales. "Volveremos los ojos, dice el filosofo, sobre un inmenso campo de ruinas, de tradiciones religiosas, afirmaciones metafísicas, sistemas, demostrados". "Nada encontramos en la fuentes de la historia de aquellas pacifica conversación que Rafael nos entrega en su bello cuadro: "La escuela de Atenas".

UNA ADVERTENCIA

Por estas expresiones podríamos imaginar que Dilthey es un relativista absoluto, que para él no existen elementos permanentes, y esto es absolutamente falso. Si bien el hombre es historia decíamos en pláticas pasadas, esto no excluye la presencia en él - como en la historia misma - de un mínimo esquema universal, sobre el que se pueden formular principios y leyes de una nueva ciencia: la del espíritu. En su pasaje sobre el Tema: la experiencia de la vida escribe:

"Se reúnen en la vida un saber objetivo universal. Como la naturaleza humana es siempre la misma, también los rasgos de la experiencia vital son comunes a todos".

Al tratar del misterio de la vida, expresa:

"De las cambiantes experiencias vitales surge, para la inteligencia que se dirige a la totalidad, la faz de la vida, llena de contradicciones, a la vez vitalidad y ley, razón y arbitrariedad".

Y al escribir sobre la diversidad de las concepciones del mundo nos dice:

"La historia realiza una selección entre las concepciones del mundo, pero sus grandes tipos quedan en pie unos junto a otros, independientes, indemostrables e indestructibles". Es decir son formas más allá de la vida. No debe mostrarse el historicismo de Dilthey en forma radical. Por eso mismo investiga la esencia de la filosofía. Mientras varían el objeto y el método; "solo la función de la Filosofía en la sociedad humana y en su cultura es lo que la conserva inmutable." Lo que permanece en dicha historia es la realidad vital de la filosofía, es su función en la vida humana. Lo constante en el filosofar es la fuente vital de donde brota, su propio problematismo. El filósofo siempre ha perdido un saber de validez universal. Teorías que ilustran la tesis de Ortega Gasset.

PLÁTICA 19 – BIS

¿QUE ES UN EXPRESIONISTA?

Que Soren Kierkegaard es un expresionista, no puede argumentarse. En realidad ahonda la existencia y su punto de vista, extremo cuando trata de la actitud en el caballero de la fe, no es más que del hombre convencido de la bondad religiosa.

Al criticar el uso, en la tragedia y en el drama modernos del remordimiento, que no es de orden estético, sino simplemente ético, nos dice:

> "Tales faltas ponen de relieve la confusión universal de las nociones que sufre nuestra época; se buscan cosas donde no se las debería buscar, y, lo que es peor se las encuentra donde no debería encontrárselas: impresiones edificantes en el teatro, sensaciones estéticas en la Iglesia. Se pide a los novelistas que nos conviertan, a los escritores religiosos que nos proporcionen placeres, a los filósofos que prediquen, a los sacerdotes que enseñen."

Incomprensión universal que lleva las más funestas consecuencias. En realidad el mundo ofrece, ahora más que nunca, en el pensamiento filosófico semejante desvario. Se trata de que la Nada justifique la existencia humana, de que la razón sirva de base para conocer el poder del amor o de la caridad, de que lo económico fundamente el progreso de la cultura, de que el sentido humano se encuentre en la ley cuantitativa de la materia o de la energía.

> "En nuestra época se han perdido todas las determinaciones sustanciales: ya no se concibe a la persona individual en el conjunto orgánico de la familia, del Estado, del genero humano; se le deja por completo abandonada a sí misma; y el individuo se convierte en su propio creador, su culpabilidad en su pecado, su dolor en su remordimiento; a partir de este momento la trágico

ha desaparecido, y el drama que representa rigurosamente el héroe presa de sufrimiento, ha perdido todo el interés trágico, porque el impulso que engendra el sufrimiento ha perdido su potencialidad."

Se buscan cosas donde no las hay, se encuentran donde no deberían encontrárselas. Es así como se trata de ahondar la existencia, en el sentido de la Nada. ¿con qué objeto? ¿con qué móvil? Es que se han olvidado para siempre las mayores virtualidades de la vida como el amor a lo sublime, la abnegación por lo virtuoso, el sacrificio en bien de la felicidad de los hombres, el impulso que engendra sufrimiento para manifestar la sublime apoteosis de la tragedia.

Nada es más pavoroso que darle a la existencia por fundamento y por base a la Nada. Para ello se recurre a hacerla objetiva, a señalarla como elemento que se le puede captar por el conocimiento, acepta descripción fenomenológica, es una realidad que engendra al mismo pensamiento en juicio negativo.

Y ya no sobre la base de Dios, ni aún sobre el pedestal de la naturaleza humana, se busca sobre la Nada la estructura de la existencia humana.

Es que la tragedia ha desaparecido, podemos decir con Kierkegaard al referirse a la representación teatral que tanta belleza tuviera entre los griegos en la concepción poética musical de Esquilo, Sófocles y Eurípides. Para que siguiera existiendo se requeriría saber buscar donde las cosas se encuentran, es decir, las pasiones en el corazón del hombre, los destinos en el Sendero que sólo Dios ha puesto para estimar el valor de las almas. Para que la tragedia siguiera existiendo debería encontrase las cosas donde deben encontrarse, es así como la existencia se fundaría como siempre en esa serenidad y armonía como en al época helénica, sobre esa fe y entrega a Dios como en la Edad Media, sobre ese fervor por la verdad y la belleza como en el Renacimiento; y nunca sobre la Nada, como se pretende en el momento presente.

¿Es que la guerra nos ha conducido a esta actitud de negación y a esta base de la Nada? Si ciertamente. Porque la guerra no ha sido la expresión de una verdadera tragedia. Para ser esto le ha faltado sublimidad, pasión por los ideales más altos, impulso para el sufrimiento y la angustia, verdad en los fines, bondad en los medios, sentimientos de trascendencia para la muerte.

Sólo ha existido mentira y falsedad. Los ideales que se proponen son las máscaras de falsos temores ante la vida, de ambiciones desbordantes y de siniestra hipocresías e ignorancias.

La guerra actual no ha llevado el heroísmo de las Termopilas, la fe de las Cruzadas, el entusiasmo de la arenga de Guillermo Tell. Ha sido la rapiña de las naciones, la vanidad de los poderosos, las fuerzas ocultas de los adinerados y el sarcasmo de las palabras sin contenido espiritual.

¿Cómo es posible que esta hecatombe de inmundicia pudiera llevar a la sublimidad de la verdadera tragedia como se manifestara en el escenario griego? Para que esta exista hay la exigencia de la pasión. Y pasión significa enardecimiento del espíritu, entrega absoluta a un ideal, fervor que consume, entrega de lo más hondo de la conciencia humana. ¿Y quién fue a la guerra con esa pasión?

Para que exista la tragedia se requiere el destino, el sentimiento humano puro y diáfano, y más idealmente: Dios. Por el destino la fatalidad envuelve la existencia, por el sentimiento humano puro y diáfano la vida del hombre crea las virtudes más excelsas y las conquistas de mayores quilates y las conquistas de mayores quilates; Por Dios el hombre se convierte en la historia misma, en el reflejo y la semejanza de la propia Divinidad.

Se requiere para la tragedia la más honda angustia. Pero angustia como "esa energía del movimiento que no es tan rápido como el de la flecha sino sucesivo y lento, deteniéndose a cada paso".

Aun la tragedia moderna, como la de Shakespeare, o Moliere o Goethe, hay siempre sufrimiento y dolor que llega al campo de la culpabilidad trágica. Dianovia, Ethos y Telos son los cimientos de la tragedia griega; el dolor, el más profundo dolor es el pedestal de la tragedia nueva.

Y estos elementos que se hallan en el arte, también se encuentran en al historia cuando los actos son sublimemente trágicos.

Para llegar a esta actitud hay que concebir al individuo humano enraizando en la familia, en el Estado, en el género humano. Porque, cuando palpita el corazón al unísono con los amores de una familia, con los ideales de un Estado, con las visiones históricas del género humano, entonces se está en la tragedia que es plenitud del arte y símbolo de existencia.

Pero el individuo se ha convertido, nos dice Kierkegaard, en su propio creador, su culpabilidad se encuentra en su propio pecado, y su dolor en su propio remordimiento. Y la culpabilidad llega a la angustia y a la desesperación; el remordimiento "es sólo el acto de simpatizar, como dice Hegel con la justificación moral del que sufre", es contagio, es reflejo y no origen; y la creación aislada es represión de valores eternos y valederos para todos.

La tragedia ha desaparecido del teatro y de la ficción y del mundo de la realidad. Somos inminentemente pobres para crear este género de angustia.

Por ello tratamos de justificar la existencia por la Nada. Nada como objetividad. Nada en la trascendencia y el futuro. Nada en el campo de los valores. Nada en el Sentido del mundo, en la realidad de la vida humana y en la esencia de Dios.

Por lo mismo intentaremos explicar por la razón las más profundas vivencias del espíritu. Definir el amor, el sufrimiento, la pasión, la angustia, el odio. Expresar con palabras lo intuitivo y absolutamente nuestro. La misma beatitud representada por el alfabeto uniforme y limitado. No hay la interiorización de la visión interna. No existe la posibilidad de vivirnos nosotros mismos. No hay la traducción de los símbolos. Sólo nos hemos quedado con las palabras, los conceptos uniformes y atrozmente generalizados. Las reglas han dominado la creación antes espontánea del arte. La disciplina ha hecho desaparecer la acción iluminada de la virtud. El bísturi ha analizado la verdad. Penetramos al recinto sagrado de Dios con la petulancia de una razón que tiene antinomias, que no sabe más que de economía y que igual a los hombres en el campo de la inducción.

Ahorramos energías porque creemos que así guardamos poderes ocultos, y lo que conseguimos es amortiguar la fuerza humana, la grandeza del espíritu, el camino a la infinitud. Queremos el tiempo rápido e instantáneo para nuestras obras y actos y de esa manera quitarnos existencia que es plenitud de tiempo. No gozamos el presente creyendo que sólo el futuro satisface los ideales de nuestra vida, y en cambio sólo anulamos la realidad y vamos como Ycaro cada día consumiendo las alas del anhelo y jamás alcanzando el fervoroso esplendor del sol.

Sólo queremos que lo económico satisfaga nuestro anhelo de progreso. En ello conseguimos civilización más no cultura.

Porque cultura es integración de la personalidad. Es sublime hacer y goce de hacer. Es sublime conquista y hacer conquista. Cultura es nueva vida en cada instante, es nueva muerte en cada momento, por eso es entrega absoluta. Cuando se llega a estas dádivas fervientes, entonces no se teme a la muerte porque ella es preludio de vida; no se teme a la vida porque ella es pasión frenética de ilusiones y fe.

La cultura es un arrebato de quien tiene fuerza sobrante. Es una cumbre que hay que descender para llegar a otra más alta y espléndida. Pero en el momento de encumbrar el paisaje se goza como quien descubre las excelencias de la naturaleza y el sublime espectáculo del Universo radiante de luces.

Sólo la economía, como dice Frobenius, aparece en el paideuma de la edad senil, cuando la vida se amortigua y desaparecen las bravuras de la fe, y se iguala el mundo con la razón para comprender lo desigual, y se guardan energías por temor de acabar las pocas que se poseen.

En cambio, cuando el paideuma es juvenil se muere en aras de una ilusión sublime y se tiene la muerte en el corazón porque ella es tan significativa como la vida. Hay un tormento de existencia que hace lo imposible posible y la obscuridad es marco de existencia para ennoblecer el cintilar de las virtudes en el hombre y de los soles en el Universo.

PLÁTICA 20

¿Cuándo Nace una Verdadera Conciencia Histórica?
Dadme Vuestro Esplendido Sol. Canto de Mí Mismo.
Give me the Splendid Silent Sun. Song of Myself.

¿CUÁNDO NACE UNA VERDADERA CONCIENCIA HISTÓRICA?

Alguien puede imaginar que la conciencia histórica nace en el hombre desde el momento que escribe historia, Nada más erróneo. Fue en el siglo XVIII cuando aconteciendo la disolución del sistema natural, el espíritu analítico forma la conciencia histórica.

En la conciencia histórica no sólo actúa la pluralidad de opiniones y soluciones, sino la existencia histórica de estas opiniones y soluciones. El hombre se siente historiado, condicionado por la historia, inmerso en la corriente temporal del acontecer. Por la conciencia histórica el hombre siente su pasado y su futuro, su realización presente en determinada época de la historia. El hombre se siente historia, un devenir constante, un tránsito entre lo que es y llegará a ser.

¿Cómo se inicia esta nueva manera de sentirse, de concebirse, de ser y de existir?

Nace de Inglaterra en el siglo XVIII con las doctrinas empiristas, la libre contemplación de formas de vida, costumbres y mentalidades de pueblos extraños, el empleo de un método analítico en la epistemología, la moral y la estética. John Locke, David Hume, dan las bases de una empiria basada en la observación y en donde las ideas tienen por origen la experiencia. John Toland y Mattheros Tindal en la Religión; Cudworth, Clarke, Shaflersbury, Hutcheson y Mandeville en la moral; son expositores de preceptos vitales y existenciales. Más tarde pasa a Francia. Voltaire, Montesquieu, Diderot y D`alambert, Condillac y Destult de Tracy descubren el influjo del clima, las costumbres, la educación en la manifestación más alta del espíritu.

De aquí parte la idea de la evolución que ha de dominar el siglo XIX. Desde Buffon hasta Kant y Lamarck van al conocimiento de la evolución de la tierra y de los seres vivos. Winckelmann, Lessing y Herder a los valores culturales de los pueblos en derecho, lengua, poesía, literatura.

Y todo un ambiente se hace apto para la idea romántica de una evolución, de una dialéctica, más tarde de todos los fenómenos de la cultura. El hombre ha dejado de ser concluso para llegar a ser un proceso siempre latente y continuado, sin un fundamento terminado y cabal.

¡Qué poco falta a esta idea para llegar a la relación más estrecha entre la existencia y el tiempo como lo hiciera inicialmente Kierkegaard, más tarde Dilthey y en su cumbre Martín Heidegger!

La conciencia histórica "será útil para superar la aspera contradicción entre la pretensión de validez universal en cada sistema filosófico y la anarquía históricas de estos sistemas."

¿Dónde se encuentra la base de esta conciencia histórica? En la vida que se vive y en la visión del mundo que crea momentos de intensa aprehensión de la vida. Es la transformación más honda del hombre. Se hace historia e interpreta la vida en concepciones del mundo que deben hacerse sentir en los poderes más altos del espíritu.

Si "La última raíz de la visión del mundo es la vida", se encuentra la historia realizada en las concepciones del mundo. El centro siempre será la vida y las palabras de Dilthey sobre ella son cantos más que sentencias doctrinarias.

"La vida nos está presente, dice el filósofo, en nuestro saber en innumerables formas ya que está esparcida sobre la tierra en innumerables vidas individuales, vivida de nuevo en cada individuo y conservada - ya que como mero instante escapa a la observación - en la resonancia del recuerdo". "pero también está en cada anhelo; cada pensamiento, cada acto interno o externo se presenta como una punta de condensación y tiende hacia delante, en cada reposo". "Pero también experimento un estado interno de reposo; es sueño, juego, esparcimiento, contemplación y ligera actividad"; es reposo: "En la vida aprehendo a los demás hombres y a las cosas no sólo realidades que están conmigo y entre sí en una relación casual; parten de mí relaciones vitales hacia todos lados; me refiero a hombres y cosas, tomo posición frente a ellos, cumplo sus exigencias respecto a mí y espero de ellos. Unos me hacen feliz, dilatan mi existencia, aumentan mi energía; los otros ejercen sobre mi una presión y me limitan. El banco delante de la puerta, el árbol sombrío, la casa y el jardín tienen esa objetivación y sentido. Así crea la vida desde cada individuo su propio mundo".

Con estas experiencias nos hace Dilthey vivir la poesía de Walt Whitman en "Leaves of Grass" "Hojas de Hierba", cuando canta:

DADME VUESTRO ESPLENDIDO SOL

"Dadme el esplendido y silencioso sol asaeteando en el total deslumbramiento de sus rayos.

Dadme el jugoso fruto de otoño, recogido maduro y rojo en el vergel.

Dadme un campo donde la hierba crece lujuriosa.

Dadme un árbol, dadme los racimos en el parral,

Dadme el maíz y el trigo nuevos, dadme los animales que se mueven con serenidad,

Dadme estas tardes de absoluto silencio que se espacian sobre las antiplanicies al Oeste del Mississippi, en las que se puedan elevar los ojos hacia los astros.

Dadme un jardín con magnificas flores, que perfumen la aurora donde pueda pasearme tranquilo.

Dadme un hijo que me enorgullezca; dadme, muy lejos y apartado del mundo, una vida doméstica y campestre.

Dejadme gorjear para mi solo, llenar de cantos espontáneos mi voluntaria reclusión.

Dadme la soledad, dadme la Naturaleza, Restitúyeme, ¡Oh Naturaleza! tus sanas primitividades".

CANTO DE MÍ MISMO

"¡Sonríe, tierra voluptuosa de frescos hálitos!

¡Tierra de árboles adormecidos y vaporosos!

¡Tierra de sol poniente, tierra de montañas cuyas cumbres se pierden en la bruma,

¡Tierra de la cristalina lechosidad tenuemente azulada del plenilunio!

¡Tierra de los rayos y de las sombras, que nievan las ondas del río!

¡Tierra del gris límpido de las nubes, más brillantes y claras en homenaje a mi admiración!

¡Tierra curvada hasta perderse de vista, tierra fértil cubierta de pomaredas!

¡Sonríe, pues tu amante se aproxima!

GIVE ME THE SPLENDID SILENT SUN

Give me the splendid silent sun, with all his beams full dazzling.
Give me juicy autumnal fruit, ripe and red from the orchard;
Give me a field where the unmowed grass grows,
Give me an arbor, give me the trellised grape,
Give me fresh corn and wheat – give me serene-moving animals, teaching content;
Give me nights perfectly quiet, as on high plateaus west of the Mississippi, and I looking up at the stars;
Give me odorous at sunrise a garden of beautiful flowers, where I can walk undisturbed;
Give me for marriage a sweet! breathed woman, of whom I should never tire;
Give me a perfect child-give me, away, aside from the noise of the world, a rural, domestic life;
Give me to warble spontaneous songs, relieved, recluse by myself, for my own ears only;
Give me solitude – give me Nature – give me again, Oh Nature, your primal sanities!"

SONG OF MYSELF

Smile, O voluptuous, cool-breathed earth!
Earth of the slumbering and liquid trees;
Earth of departed sunset! earth of the mountains, misty – top!
Earth of the vitreous pour of the full moon, just tinged with blue!
Earth of the shine and dark, mottling the tide of the river!
Earth of the limpid gray of clouds, brighter and clearer for my sake!
Far-swooping elbowed earth! Rich, apple -blossoned earth!
Smile, for your lover comes!

La experiencia vital nace de la reflexión sobre la vida. La experiencia conduce a un saber objetivo y universal cuando el hombre se enfrenta al mundo circundante y al destino. ¿Al destino? Preguntaríamos nosotros. Si, a él, un sentido oculto en la existencia que se descubre por la intuición y la vivencia.

Ahora bien. Frente al hombre está la caducidad de las cosas humanas y el hombre pone su voluntad para superar esta distinción. Es la experiencia de la vida. "Tendencia a superar esta caducidad mediante la constitución de una firme armadura de su existencia" nos dice el filósofo.

Las intuiciones para llegar al fondo común de esta experiencia. Intuición para comprender el poder del azar; intuición para percatarnos de la conceptibilidad de todo lo que poseemos, amamos o bien odiamos y tenemos; intuición para comprender "la constante presencia de la muerte, que determina de modo omnipotente para cada uno de nosotros la significación y el sentido de la vida".

El poder del azar, del destino. Romántica expresión del que ama la vida.

Sentir y tomar en cuenta la convertibilidad de todos los anhelos del hombre, en amores y odios, en posesiones y temerosos. Angustia ante lo efímero y transitorio.

Pero cuando dice Dilthey "intuición para la constante presencia de la muerte que determina de modo omnipotente la significación y el sentido de la vida", estamos frente a todo ese misterio que aguarda el alma cuando se siente historia. Si la muerte es realidad, es porque se refiere a la vida que es paso de experiencias a través del tiempo. Y frente a la muerte, que es ausencia presente como dijera Scheler, se manifiesta pletórica de sentido y de significación la presente ausente que es la vida.

Cuando concentremos el problema de la muerte en las tesis Heidegger y Sartre especialmente, señalaremos una visión especial de tan profundo y palpitante acontecimiento.

En la conciencia histórica del mundo radica la concepción del mundo, la Weltanschauung, que no es pensamiento, ni surge de la mera voluntad de conocer sino que "Brota de la conducta vital de la experiencia de la vida, de la estructura de nuestra totalidad psíquica". La conciencia histórica para Dilthey se finca en la visión del mundo como una voluntad de fijeza de la imagen del mundo, una valoración de la vida y una orientación definida. Por ello viene del sentimiento religioso, de la intuición metafísica y de las experiencias artísticas; tres fuentes de la más prístina pureza existencial.

PLÁTICA 20 – BIS

Ante la Nada. La Angustia y la Nada Marchan Paralelas. La Nada en el Judaísmo. Naturaleza de la Nada. ¿Y la Angustia? ¿Y Después?

ANTE LA NADA

Es Soren Kierkegaard el primer filósofo crítico de la época presente. Sitúa al hombre frente a la Nada. "Contra todos se levanta Kierkegaard, nos dice Kart Jaspers, quiere el cristianismo en toda su pureza original, como sólo puede ser en tiempos semejantes: como martirio del individuo, que ha de ser hoy aniquilada por la masa, dentro de una teología objetiva y de una filosofía objetiva."

Supo colocar al hombre frente a la Nada. Después de la guerra, sólo se habla de filósofos como Kierkegaard y Nietzsche que supiera revelar la Nada.

El hombre es la existencia privilegiada que se presenta a sí misma como existencia y por esto mismo es el punto de partida de toda afirmación y de toda negación. Aun más la existencia es lo indemostrable, por eso mismo la existencia del hombre no se infiere. Por el solo hecho de existir, el hombre acontece el filosofar, tal es la enseñanza que saca Heidegger de kierkegaard.

El mundo que vivimos es un mundo de hombres, de la existencia que conoce el pecado como Adán, que implora como Job y que se angustia Abraham. Todos los filósofos aunque aparentemente caminando por las rutas de la razón de la pura intelección, siempre llegaron a la existencia. Kant, Leibniz, Husserl, todos ellos fueron a esa ruta. Ahora bien, ¿Cuál es la nota fundamental de la existencia? La angustia. La angustia como su supuesto del pecado original. Por esto mismo Kierkegaard analiza el pecado, la inocencia, la caída, por que le han de llevar a la concepción de la angustia. Y toda angustia se produce ante la Nada.

Por ejemplo: la inocencia. Dice el filósofo. "en este estado hay paz y reposo; pero al mismo tiempo otra cosa, que, sin embargo no es guerra y agitación, pues no hay nada con que guerrear. ¿Qué es ello! NADA. Pero

¿Qué efecto ejerce? NADA. Engendra angustia. Ese el profundo misterio de la inocencia: que es el mismo tiempo angustia: Soñando proyectó el espíritu de antemano su propia realidad; pero esta realidad es – NADA; y la inocencia ve continuamente delante de sí esta NADA".

Al estudiar la angustia determinada dialécticamente en la dirección del destino, expresa: "si preguntamos, concretando más, cuál es el objeto de la angustia, hay que responder aquí como en todas partes: es la NADA."

LA ANGUSTIA Y LA NADA MARCHAN PARALELAS

¿Qué significado más concretamente la nada en la angustia del paganismo? – El destino. El destino es, pues, la NADA de la angustia. "Es una NADA; pues tan pronto como está puesto el espíritu, ha desaparecido la NADA – pero también el destino, en cuyo lugar aparece la Providencia. En el destino tiene, pues, la angustia del pagano su objeto, su NADA."

LA NADA EN EL JUDAÍSMO

"El judaísmo está sumido en la angustia. Pero la nada de la angustia significa en este caso algo distinto del destino."

"La angustia del judaísmo es la angustia de la culpa." "En el judaísmo lleva el sacrificio el lugar que en el paganismo ocupa el oráculo."

NATURALEZA DE LA NADA

"La nada, que el objeto de la angustia, se tornó más y más en algo." "No decimos que se torna realmente algo o que signifique realmente algo." "La nada de la angustia es, pues, en este caso un complejo de presentimientos, que se reflejan en sí mismos, acercándose más y más al individuo."

¿Y LA ANGUSTIA?

"Es, nos dice el filosofo en su Antígona, en realidad, reflexión, y en esta difiere esencialmente del sufrimiento. La angustia es la actitud por la cual el sujeto se apropia y asimila el sufrimiento. La angustia es la energía del movimiento por el cual el sufrimiento penetra en el corazón."

Aún más: "Como la pasión erótica atrae hacia sí su objeto por la mirada concupiscente, del mismo modo la angustia fija el sufrimiento para atraerlo. Como un amor perseverante y fiel envuelve con su trama al objeto y, por consecuencia, les tiene más prendido que el amor."

"La angustia actúa de una manera doble. Ronda al rededor de su objeto, le tienta por todas partes, y encuentra así el sufrimiento; o bien, en un momento dado, crea súbitamente este objeto que es el sufrimiento; de tal forma; que, en ese mismo instante, se convierte en un movimiento eterno."

"La angustia es una determinación auténticamente trágica, y el viejo adagio: quem Deus vult perdere, primun dementat, no puede ser más cierto. La angustia es una determinación de la reflexión; sentimos angustia frente a algo; separamos, pues, la angustia de su objeto, y en la angustia referimos este objeto a nosotros mismos."

"La angustia implica una reflexión de tiempo; no se puede estar angustiado por algo del presente, sino por algo del pasado o del porvenir."

¿Y DESPUÉS?

Después de Kierkegaard sólo podrá pensarse en los grandes problemas: de la nada como unidad ontológica o como fantasía; de la angustia como actitud ante la nada y ante el infinito.

La filosofía tuvo que abordar estos dos grandes temas. E hizo fundamentalmente aquella dirección que estima sobre todo al sentimiento, que saturó su decir de la pasión en el dominio de la concepción del mundo y de la mística religiosa; dos pasos enormes en el encuentro de los misterios del Universo y de Dios.

El sentimiento de la Nada puede ser como en la música el de la cadencia. Es decir, el todo y la nada. El todo porque distingue épocas, señala emociones de profundidad jamás vislumbrada. La nada, porque la cadencia en el fin de la obra y de la frase. El término del pensamiento musical.

¡Pero cómo caracteriza la cadencia a las épocas, a las culturas y a las creaciones de los grandes genios del arte musical! Aquí se halla el motivo hondo que separa la formula cristalina y simbólica de la melodía mozartiana, de la empleada por Haydn, toda llena de humor y piadosa alegría. En la cadencia se descubre el sentimiento profundo y siempre oracional del gran cantor de Santo Tomás: Juan Sebastián Bach y la emoción basta, inmensa en el espacio de Jorge Federico Hândel, el que sabe de las delicias de la pompa palaciega y el grandioso poema del Mesías cantado en los opulentos espacios de la Abadía de Westminster. Cadencia que señala distinción en los modos litúrgicos, ingenuos de los cantos ambrosianos y llenos de infinitud en los gregorianos. Cadencia que es dolor concentrado en el romántico expresarse de Schumann, es ritmo vigoroso en Strawinsky y futuro en Bela Bartok.

Y así es la concepción de la Nada en las diversas culturas. Cuando el griego ve en ella al destino está forjando la tragedia que es sufrimiento, angustia y profunda existencia. Cuando el judío radica en la Nada el pavoroso espectáculo del pecado, está señalando, ya no la tragedia de la Antígona o de Prometeo, sino el sentimiento pavoroso del castigo y de la obediencia ciega a la voluntad divina. Ya no es la armonía del presente, es la incertidumbre del futuro. Y aceptamos que la armonía del presente no es deleite y felicidad, es designio y fatalidad. Por eso la línea es sensiblemente curva, porque la apariencia es recta y serena y en lo profundo es movimiento y pasión.

La Nada ya no tiene en el judaísmo la careta o la persona, es franca y por ello en un principio fue la Nada, de ella, y por el poder del Logos, de la palabra, del verbum, nació el cosmos y el hombre. Ya no es lo oculto, es el místico revelado.

¿Y la Nada en el Oriente? Jamás se puede estimar como objeto ontológico, pues Krishna enseña a Arguna: "No temas que la muerte destruya la vida. Lo que es jamás dejará de ser y lo que no ha sido jamás llegara a ser." "Posiblemente el Tao fue antes que Dios." Exclama fervoroso Laot- Seu. A la profunda filosofía del Ganges se une el pensamiento metafísico de la china. ¿Y el pensar del Occidente? Fue algo más definitivo. La Metafísica occidental llegó a la imposibilidad del pensar la Nada.

Pero para abrir la puerta a este enigma fue necesario recorrer a la filosofía de la existencia en su más profundo dramatismo: la angustia. Sólo ella pudo abrir aquella puerta. Que, como en la simbólica obra de Maeterlinck:

Pelléas et Melisande, rechinaban los goznes, y dejó a descubierto un mundo de ensoñación en el espectáculo del mar y del cielo infinito.

De esta primera base se llega al pensamiento de Heidegger cuando asegura que "al interrogar por el ser estamos nosotros mismos implicados en la interrogación. Porque la idea del ser pertenece la comprensión de la Nada. "Y al pensamiento de Sartre" de ser un objetividad aprehendida por el juicio lógico, un elemento sujeto a la descripción fenomenológica. Un sentido de la náusea.

El cosmos de bellas emociones, del más hermoso panorama como era el océano y la inmensidad del Universo, se trocó en la pesadumbre y en el vació de nobleza y espiritualidad. ¿No será este el significado de la tragedia de Melisande y de Pelléas? Honda emoción ante un drama que forja el poeta belga para sustanciar sus emociones intimas en la música de Claude Aquiles Debussy.

Por el camino abierto hemos de caminar desde ahora. Contemplaremos el viaje por el ser en la valiente intuición de Martín Heidegger, en las pulidas concepciones de Jaspers y Marcel; en el espíritu eslavo de Solovier, Chester y Berdaieff; en el pensamiento hispánico de Unamuno y Ortega y Gasset; y en Francia Blondel, La Berthomiere, Péguy, Buber hasta llegar a Sarte como sus discípulos Simone de Beauvoir, Georges Bataille, Michel Leivis.

El edificio se interna en un miserabilisimo tormentoso. La novelística acoge aquella llamada a la Nada de Joyce en su "Ulises"; la incertidumbre de Malraux y de Koetsler; el Cinismo Faulkner, Steinbeck, Céline Moravia; el imaginismo morbosos de Kafka; y las formas más acabadas de lo morboso de Dos Pasos y Camus; todo paralelo al superrealismo de Tzara y Péret.

¿Pero el encuentro de la angustia, la desesperación se detiene aquí? No. El manifiesto del Dolorisimo brotó hace años de los cenáculos intelectuales de Alemania, Francia e Italia. En el se asegura que las rebeliones del hombre como el comunismo, el nazismo y la guerra no son más que vanos intentos de liberación. La resignación tenía que venir después alentando un deseo vehemente de lo absoluto "El dolor, que al principio es mutilador, vuélvese pronto redentor, y la cautividad forzosa que obliga a esconderse, atrincherarse del mundo exterior, transfórmase en liberación que permite el don de sí mismo a la causa de la búsqueda de lo absoluto... El enfermo filtra su existencia en el dolor, abandona lo superfluo y se orienta ineluctablemente hacia lo esencial..."

Pero a este paso ha de seguir otro más intenso: el Epifanismo. Ascensión hacia la luz. La nueva era del hombre. Muerte de todas las manifestaciones de una civilización fundada en la Fe, las clases, el Estado, la caridad, la disciplina.

Derrumbe de la cultura cristiana, cuya finalidad será el individuo y no la colectividad o la sociedad, interés del materialismo dialéctico. El hombre como sujeto y no Dios como desea la religión. El Yo en coordinación con nosotros Yos, en lugar de esas colectividades y masas anónimas al servicio de las ideas abstractas de la Democracia, el Comunismo, el Socialismo, la Religión, el Estado, la Justicia, el Derecho... Es el Epifanismo el más duro enemigo del existencialismo último que conduce a la muerte y a la Nada.

Pero tengamos nuestra ardorosa vehemencia para llegar a estos instantes de incertidumbre que deben tener en nuestra conciencia, un hasta aquí, y en la nobleza del espíritu un baluarte inexpugnable.

PLÁTICA 21

La Fundamentación de las Ciencias del Espíritu. Los Hechos deben Estructurar las Leyes. Una Nueva Matemática para lo Contingente.

LA FUNDAMENTACIÓN DE LAS CIENCIAS DEL ESPÍRITU

Hacer una ciencia es distinto de fundamentarla. Para lo primero se puede experimentar, fijar principios descubrir leyes. Para lo segundo se requiere una visión filosófica profunda, más altísimas concepciones lógicas, gnoseológica y aún metafísica. Por eso mismo, la fundamentación de las ciencias naturales que es obra de genios tal, preclaros como Aristóteles y Kant, es una materia de las más ondas preocupaciones filosóficas. La Crítica de la Razón Pura del filosofo de Kônisderg es el testimonio de lo dicho. ¿Cómo son posibles los juicios sintético apriori? pregunta Kant. Al contestarse así mismo no trata de resolver como conocer al hombre en el dominio de las Matemáticas y de las ciencias Naturales, sino como surge el Conocimiento científico de la Naturaleza.

En otras palabras, desde el punto de vista de su método trascendental no le importa a Kant el origen, la gestación real y empírica de la ciencias matemáticas y naturales; sino únicamente el valor de su hipótesis, o conceptos a priori, sus leyes y principios.

Si la Crítica de al Razón Pura contesta la pregunta: ¿Qué puedo saber? es decir que puede entregarme las Ciencias Naturales; es indudable que esta investigación nos conduce a una fundamentación de dichas ciencias. Kant contestó diciendo que únicamente podemos conocer lo que pertenece a la experiencia posible, lo que tienen carácter intuitivo, es decir, la fenómeno. En cambio, la cosa en sí, lo que no es susceptible de experimentación, de lo no intuitivo no podemos afirmar ningún conocimiento verdadero.

Limita la fundamentación de la ciencia a la Matemática y a las ciencias que se sirven de ella. El procedimiento inductivo, las observaciones y los experimentos salen de esa esfera, pero ciertamente al investigar los principios fundamentales del entendimiento puro, incluye la también la experiencia,

164

es decir lo que es a posteriori; dando esto origen a una fundamentación amplísima, pero siempre limitada al campo de las ciencia naturales.

Ahora bien, Guillermo Dilthey sigue un parecido camino, pero es para la fundamentación de las ciencias del espíritu.

Si bien a la naturaleza no se le puede desentrañar hasta llegar a la "cosa en sí" como lo sostuviera Kant y lo afirma Dilthey; en cambio detrás de los objetos espirituales no queda nada, son ellas vivencias en el último termino. Las ciencias del espíritu llegan al último rincón de la naturaleza ideal del espíritu.

La misma ciencia matemática, de naturaleza ideal, no puede aplicarse exactamente al mundo real de la naturaleza. Ya hemos ahondado esta situación en nuestro libro sobre "La Filosofía y la Teoría de la Relatividad de Einstein", comprendido de pláticas que impartimos en la inauguración de la Universidad de Monterrey, Nuevo León., en el año de 1933. En unos párrafos dijimos:

LA TEORÍA DE LA RELATIVIDAD Y LA NATURALEZA DE LA CONCEPCIÓN CIENTÍFICA

Sentemos como afirmación categórica la teoría de la relatividad únicamente se refiere al estudio de hechos, es una doctrina que tiene que ver exclusivamente con el campo de las ciencias fácticas. Si ahora, recordamos la distinción entre ciencias naturales y culturales; diremos que la doctrina de al relatividad únicamente se preocupa por el estudio de un aspecto de la ciencia natural. Todavía más; todas las ramas relacionadas con la citada teoría, tienen este mismo aspecto, son fácticas.

Desde estas afirmaciones, y basándonos en la exposición anterior, podemos sacar dos grandes enseñanzas:

1/a.- Las leyes naturales deben basarse únicamente en lo fáctico, en la naturaleza misma; y

2/a.- Se exige una nueva fundamentación matemática para hacer una mejor interpretación de los fenómenos físicos y astronómicos.

LOS HECHOS DEBEN ESTRUCTURAR LAS LEYES

La primera enseñanza nos lleva a la conclusión de que la formulación de toda ley, debe estar arraigada en la Naturaleza misma, en la realidad. No construir un sistema de leyes al cual deba sujetarse el Universo, tal como se ha hecho hasta el presente. No querer sujetar a todos los fenómenos de la naturaleza a un cartabón prefijado por loa razón o por hipótesis determinada. Esta admirable enseñanza la toma Ortega y Gasset y la lleva al campo de los hechos políticos y sociales, exigiéndonos ver y palpar la estructura contingente y heterogénea de la realidad social para ajustar nuestros preceptos legales a ellos mismos.

UNA NUEVA MATEMÁTICA PARA LO CONTINGENTE

La segunda enseñanza nos lleva a la afirmación de que es necesario construir una nueva Matemática contingente, como la realidad misma, toda llena de aproximaciones y probabilidades. En la ciencia contemporánea, entre otros ejemplos, encontramos dos muy significativos: la física estadística de Fermi y el Cálculo de los Tensores. Ambas doctrinas sobre una base perfectamente fáctica. La primera, haciendo notar todas las variantes de aproximación que ofrece los fenómenos físicos; y la segunda, afirmándose sobre los hechos reales como son los Tensores Magnéticos.

Podemos decir que hemos empleado un pésimo procedimiento al aplicar la Matemática común y corriente, que conocemos a la interpretación de los fenómenos físicos. Hemos querido racionalizar lo físico, esquematizándolo y desvirtuando su naturaleza íntima. Hemos pecado por falta de un señalamiento claro de método y de apreciación y todavía nos domina los "idola" de que nos hablara hace mucho tiempo Bacon de Verulamio. Error tan craso, como el señalado por Politzer al criticar el método experimental propio de la física, pésimamente empleado en la Psicología.

Queda por precisar cuales son esos hechos naturales en que se basa la doctrina de la Relatividad de Einstein, y encontraremos las más bellas conquistas de una ciencia que no se aleja de la realidad, que la sabe apreciar y nos entrega conocimientos mejores elaborados que los establecidos por la Física tradicional.

Es indispensable precisar los campos, no sólo ontológicos, sino metodológicos de las ciencias, la filosofía y el arte, La investigación de estos campos, aún no se ha establecido con precisión. La historia está enormemente resentida de este error y, es por ello, que su desarrollo vése alejado de la realidad. La obra de Einstein sirve para delimitar los campos en el terreno de la realidad fáctica. Hasta la fecha no se ha visto con claridad la importancia de este nuevo sendero que, sin duda, lleva transformaciones radicales a la Teoría del Conocimiento y, fundamentalmente, a la Epistemología en lo que ve al desarrollo inductivo.

Y no es que la naturaleza tienda a lo ideal formulado por la Matemática ideal como puede ser el Cálculo Infinitesimal y la Geometría Euclidea; es que la naturaleza es contingente, es limitada y exige una justa interpretación. El principio de la indeterminación de Heisenberg en la Física, las Teorías de la Relatividad y del Campo de Einstein aprovechando las geometrías no euclideas de Riemann, Grauss y insignes Matemáticos; la creación de la Teoría de los Grupos en la ciencia matemática actual; etc; son ejemplos de la necesidad de una nueva ciencia matemática más afín con el comportamiento de la naturaleza.

Pero ahora en el campo de las ciencias del espíritu la necesidad de la matemática desaparece, y lo mismo sucede con el principio básico de la casualidad. Aquí se va a encontrar que el mundo espiritual se entrega en la vivencia. Para captarla hay que comprenderla, hay que vivirla en sus estados más internos.

En este reino del espíritu hay otras categorías válidas: el significado, la finalidad, valor.

En este mundo de la vivencia se identifican el fenómeno y la realidad, el "ser en sí" y el "ser para mí". Aprehender esta realidad vívida es, dice Dilthey "la nostalgia infinita de la Filosofía".

En una experiencia interna debe encontrarse la solución a esta ciencia ¿Son las Psicologías comunes y corrientes; la asocianista, la apercitiva, la fisiológica, la experimental, la mecanicista, las que puede entregarnos estos datos últimos? NO.

Dilthey fundamenta una nueva psicología. Esta se basa en el comprender. Es analítica, descriptiva y comprensiva. Sigue Dilthey aquellas protestas que contra la Psicología tradicional hicieran eminentes psicólogos como Bergson, niega la posibilidad de la medida para los actos psíquicos y afirma la intuición, y James reniega de la experimentación. En sus manos es la ciencia que investiga el carácter de la vida del alma, no admite la explicación y la hipótesis y sostiene como método único el comprender.

La Gestaltherie fue un rechazo a la psicología experimental y atomística. Teoría de estructura, de totalidades, que sólo busca el sentido de las formas acabadas para comprender, más tarde. la función de sus elementos integrantes. Este procedimiento lo utilicé en mi tratado de Lógica publicado en 1932 y que forma texto en la Escuela Nacional Preparatoria, al estudiar, en primer termino, el juicio. Totalidad que expresa un pensamiento. El concepto es analizado después, pero siempre desde el punto de vista de su panel dentro del juicio.

La fenomenología también aportó método interesante para el campo de los fenómenos psíquicos. No busca explicación, sino simplemente descubre. Con la reducción fenomenológica desecha todo factor secundario y sólo se refiere a la esencia. Es un ver sin tratar de explicar, sino simplemente de comprender.

La Psicología de Dilthey sigue estos pasos. Está ligada a la vida espiritual y biológica del hombre, a la historia que el hombre realiza. Es una exposición de los valores culturales ligados al espíritu y a las vivencias. Por eso la concepción del mundo que cada hombre tiene, que cada cultura posee, sólo se comprende si se ahonda el espíritu bajo la visión vitalista e histórica de la nueva Psicología.

La naturaleza puede explicarse, la ley de casualidad sirve para eso. En cambio el espíritu solo puede comprenderse. Y, ¿la dialéctica puede aplicarse a ambas especulaciones? Si. Porque en la naturaleza explica el desarrollo de síntesis que aflora sobre el terreno de las contradicciones. En el campo del espíritu afirma un proceder teológico y descubre creaciones sorprendentes que no tienen que ver con el proceso evolutivo.

La naturaleza no entrega a nuestro conocimiento toda su realidad. El elemento último queda como una incógnita. En cambio el espíritu se da en totalidad. El hombre para comprender la mínima sensación, el máximo poder sentimental y volitivo de una Sinfonía musical, necesita ir a la estructura total del espíritu, a la unidad que es la concepción del mundo.

Por la concepción del mundo se descubre plenamente la belleza que guarda el Moisés de Miguel Angel, la Primavera de Botticelli, la Divina Comedia por Dante, Hamlet de Shakespeare, la Moral Cristiana, el análisis infinitesimal de Leibniz, el sistema astronómico de Copérnico, los Grupos Matemáticos de Cantor, la danza de Paloma, el Coral de Juan Sebastián Bach, la Misa de Palestrina, todo ese mundo que es de Filosofía, de Ciencias, de Arte, de Historia.

¿Por qué Savigny logra captar el sentido histórico del Derecho Romano? ¿Por qué Heisenberg llega al principio de la indeterminación en la Física contemporánea? ¿Por qué Ticiano capta el más bello color en el Renacimiento de la Escuela Veneciana? ¿Por qué Burhardt llega a mostrarnos en su plenitud al hombre del Renacimiento?

Por una razón, porque han llegado a plasmar, a objetivar, a actualizar la concepción que del mundo y de la vida tuvieron.

Y sólo una psicología penetrante y compresiva puede descubrir estas grandes estructuras del espíritu humano.

Fundamentar las ciencias del espíritu, es encontrar una nueva epistemología, es hallar un método más profundo que el psicológico actual; es concebir la naturaleza del objeto estudiado en su propia realidad. Para ello Dilthey nos presenta la vida, el significado, la ciencia, el comprender, la vivencia. Nos da su aportación psicológica estructural y nos va a señalar el camino para la comprensión del espíritu en su ambiente justo y cabal.

Su crítica de la razón histórica es el intento de resolver el problema de como en el campo de las ciencias del espíritu es posible un conocimiento objetivo, como puede ser realizado en al historia.

Campo de vivencias de lo real, como es el arte, la Filosofía, la misma ciencia.

Pero se le impuso la formulación de nuevas categorías, en este mundo en donde la vida nuestra es un dinamismo constante, hay unidad completa en cada estructura, y existe la libertad.

Las categorías fórmulas como la analogía, la diferencia, la igualdad, no puede aplicarse a lo concreto que es la vida, en cambio las categorías materiales como medio, valor, finalidad, temporalidad, formulación, sentido, ideal, si ofrecen una aplicación inmediata.

¿Lógica de la Vida frente a Lógica del Pensamiento?

La solución afirmativa de la pregunta anterior ya la hemos formulado hace años. En nuestra tesis sobre la Filosofía contenida en el Primer Fausto de Goethe presentada a la Universidad de Stuttgart en el año de 1928. Además nuestra Lógica de 1932 reproduce esta misma doctrina al señalar el plan de trabajo sobre el cual seguimos elaborando. Laborando siempre en silencio, con humildad, pues creemos como el gran pensador José Enrique Rodó. "La obra mejor es la que se realiza sin las impaciencias del éxito inmediato"

PLÁTICA 22

UN SUEÑO DE DILTHEY

Un symposion moderno llenó de júbilo las mentes de discípulos y compañeros de Guillermo Dilthey allá en el año de 1902. El filósofo cumplía 70 años de edad y su agradecimiento lo expresó con una de las más bellas páginas filosóficas relatando un sueño.

Empezó por referirse a su estancia en el Castillo de un amigo suyo. La contemplación del célebre cuadro de Rafael: "La Escuela de Atenas" y la compresión de su noble contenido, fue en una noche motivo de una vida guardada en la penumbra de los sueños.

"En el cuadro de Rafael se convirtieron en realidad las figuras de los filósofos. Y desde muy lejos veía yo por la izquierda acercarse al templo de los filósofos una larga fila de hombres vestidos con los variados trajes de los siglos sucesivos. Era Bruno, Descartes, Leibniz, tanto otros como me los había imaginado. Subieron las escaleras. Conforme se agrupaban desparecían los límites del templo. En un amplio campo se mezclaron entre las figuras de los filósofos griegos. Y entonces sucedió algo que me asombró incluso en mi sueño:

He aquí cuando el filósofo nos va a llevar por el campo del símbolo a su comprensión de la filosofía. Todos tendían a reunirse en un sólo grupo.

Los matemáticos.- "Primero se dirigía el movimiento hacia la derecha, donde el matemático Arquímedes trazara círculos, y se puede reconocer al astrónomo Ptolomeo por el globo terráqueo que lleva.

Movimiento a la derecha donde el pensamiento domina y va de ciencia pura a la realización cósmica del Universo.

Naturalistas: "Luego se reúnen los pensadores, que fundan su explicación del mundo en la firme naturaleza física universal, que avanzan, por lo tanto, de abajo a arriba, que quieren encontrar, partiendo de la conexión de leyes naturales, una explicación causal unitaria del Universo, y subordinan así el espíritu a la naturaleza."

Movimiento ascendente. De la materia al espíritu pero sin perder el contacto con la parte inferior. Es el grupo de materialistas en donde se encuentra a D'Alambert y a Comte.

Otro grupo del centro que afirma el poder del espíritu aparece en la visión. "Se encontraban aquí Sócrates y la noble figura de anciano del divino Platón: los dos que han intentado fundar en la conciencia de Dios en el hombre, el saber acerca de un orden universal suprasensible. También ví allí a San Agustín con su corazón apasionado en busca de Dios. Oí su conversación con otros teólogos, en la cual tendían a unir el idealismo de la personalidad que es el alma del Cristianismo, con las doctrinas de aquellos venerables antiguos."

Pero señala por separado tres grandes genios de la humanidad: Descartes, Kant y Schiller.

"Entonces se separo del grupo de los investigadores matemáticos de la naturaleza. Descartes, una figura delicada y frágil, como consumida por la potencia del pensamiento, y fue atraído por una fuerza interior hacia esos idealistas de la libertad y de la personalidad."

Sendero que va de las Matemáticas al campo de la liberación y de la personalidad al afirmar la razón y el yo.

"Pero luego se abrió el circulo entero, cuando se acercó la figura ligeramente encorvada, de miembros delgados, de Kant, las facciones petrificadas en la tensión del pensamiento: el gran filósofo que ha elevado el idealismo de la libertad a la conciencia crítica y lo ha conciliado así con las ciencias experimentales"

Papel supremo de la crítica como síntesis de racionalismo y del empirismo.

Y al referirse al poeta y filósofo de la libertad, a Schiller lo escribe:

"Y frente a Kant subió las escaleras con paso aún juvenil una esplendorosa figura, con noble cabeza, pensativamente inclinada, en cuyos melancólicos rasgos se mezclan el pensamiento profundo y la mirada idealizadora con el presentimiento de un destino que se abate sobre él".

Siguen Fichte el idealista, Carlyle

Ranke el historiador, Von Treitschke, político de la unidad alemana.

A la izquierda se agrupan también pensadoras en torno a Pitágoras y Heráclito." que vieron por primera vez la armonía del Universo."

Schellin y Hegel se les distingue en este campo. "Heraldos de una fuerza divina espiritual difundida por todas partes en el Universo. Todos caminaban con impetuoso movimiento."

En ese instante se presenta con paso mesurado una figura majestuosa, de porte severo, casi rígido; ojos brillantes como soles y apolínea cabeza: Goethe.

En ese momento todos parecían converger a un punto. Mediar en vano entre la "penosa" renuncia del positivismo a todos los enigmas vitales" y la "metafísica", entre una "conexión que lo determina todo" y "la libertad de la persona."

Pero sorprendente visión: fue creciendo la distancia entre ellos. Desapareció él solo. Pareció separarlos una tremenda lejanía hostil; todo fue esfumándose y despertó Dilthey con la angustia ante semejante visión.

Y sobre estas objetividades señala Dilthey las bases de su propia filosofía:

> "Las estrellas resplandecían a través de las grandes ventanas de la habitación. La inmensidad e inescrutabilidad del Universo me envolvió."

> "En este Universo inmenso, inabarcable, inescrutable se refleja de vario modo en los videntes religiosos, en los poetas y en los filósofos."

Mundo infinito de la materia, universo infinito del espíritu. Y el religioso capta la esencia de su Dios, y el poeta y el artista forjan en su corazón el sentimiento de belleza; y el filósofo intuye en concepciones del mundo y de la vida su propia naturaleza espiritual.

Por esto mismo, mientras la vida cambia la concepción del universo cambia con la historia. Los tres grupos de Filósofos que se presentaron en el sueño son el espectáculo de tres grandes rincones de visualidad en la conciencia del hombre y de los siglos. Reflejo de la naturaleza, con su armonía matemática y su poder ordenatriz para los materialistas. Voluntad de liberación en íntima concordia del espíritu y la naturaleza en el Idealismo de la libertad. Visión subjetiva, llena de conceptuación espiritual para el idealismo objetivo. La obra de Ptolomeo en sendero de afirmación de lo terreno. La visión ética de Sócrates sondeando el espíritu para conocerse a sí mismo. El verso de Schiller extasiado ante las sublimidades del Todo.

Visiones unilaterales. "Nos está vedado contemplar juntos estos aspectos. Sólo podemos ver la pura luz de la verdad en un rayo refractario de distintos modos." No es visión relativista, es, simplemente concepción sintética de todas las modalidades para llegar a la luz suprema.

"El filósofo busca un saber universalmente válido, y mediante él una decisión acerca de los enigmas de la vida." He aquí el anhelo del filósofo desde Laot-seu hasta Sartre, desde el oscuro Heráclito hasta el histórico materialista Engels. Por eso mismo el que cree en la razón se refugia en ella para descubrir su destino, encontrar la clave del universo y el sentido de Dios. El que cree en la historia y en el poder de la filosofía para entregar bienestar a la humanidad, va a la vida con una confianza ilimitada.

¡Como se combaten unos a otros! ¡Cómo se ocultan sus propias riquezas y no comprendan sus más íntimas naturalezas anímicas!

"Podemos venerar confiadamente en cada una de esas ideas del mundo una parte de la verdad", nos dice Dilthey con toda claridad. "La verdad está presente en todas ellas." "El curso de nuestra vida sólo nos aproxima aspectos aislados del complejo inescrutable."

"La bóveda estrellada me parecía resplandecer cada vez con más claridad, a medida que esparcía la luz da la mañana."

Y siguiendo el espectáculo del orbe, Dilthey exclama:

"Sólo sentía que se expresaba en ellos la felicidad de una suprema libertad y movilidad del alma."

"Si amigos míos, aspiremos a la luz, a la libertad y a la belleza de la existencia. Pero no en un nuevo comienzo, rechazando el pasado. Tenemos que llevar con nosotros a los antiguos dioses a toda patria nueva.'"

"Sólo goza la vida él que se entrega…"

"Que sea el hombre, sólo se lo dice su historia. En balde arrojan otros tras de sí el pasado entero, para empezar la vida, por decirlo así, de nuevo, sin prejuicios."

"La melodía de nuestra vida está condicionada por las voces del pasado, que la acompañan. Sólo se liberan del tormento del instante y de la fugacidad de toda alegría mediante la entrega a los grandes poderes objetivos del espíritu que ha creado la historia. La entrega a ellos, no la subjetividad del capricho y del goce, es la reconciliación de la personalidad soberana con el curso universal."

Afirmación pletórica del sentido histórico. Sólo en la historia se conoce el hombre a sí mismo, ya que él es historia. Todos llevamos el pasado y somos la realización en el presente para llegar a los ideales del futuro.

PLÁTICA 23

La Cosmovisión para Dilthey. La Concepción del Mundo y su
Fundamento en la Estructura Primaria de la Existencia Humana.
Opinión de Niestzche. Opinión de Scheler.
Opinión de Jaspers sobre la Cosmovisión.
Solución de Heidegger. Reflexión.

LA COSMOVISIÓN PARA DILTHEY

La llamada Weltanschauung, concepción del mundo, cosmovisión es la
manera que el mundo es captado por los poderes espirituales del hombre.
No siempre ha significado dicha palabra el mismo contenido. Kant en su
Crítica del Juicio la emplea por primera vez. Se refiere al mundo sensible,
al mero fenómeno o sea el aspecto fenomenal que tiene como fondo lo
noumenal.

Más tarde Goethe aprovecha el mismo término para sus vastísimas
concepciones estéticas y metafísicas. Humboldt lo utiliza en sus ideas
cosmogónicas y naturales. Pero adquiere un valor notable en el idealismo
alemán, con ese ambiente romántico de intimidad. Schellíng se refiere "al
esquematismo de la Weltanschauung", Hegel a la Weltanschauug moral y
Ranke a la cosmovisión de índole religiosa. En el campo de la identidad
absoluta, de la idea dialectizándose y de la relación histórica, va pasando el
concepto con variantes de gran significación.

Sólo Dilthey le proporciona una limitación definida y busca sus raíces
en la más íntima conciencia y sus momentos en su desarrollo. Es indudable
que el filósofo recurra a una visión histórica para descubrir su naturaleza.
Encuentra al realismo para los que creen en la naturaleza y en la percepción,
al idealismo objetivo para aquellos que distinguen alma y mundo, y a los
que se embriagan de esa ebrita espiritual y reciben el aliento de la libertad.

Jaspers ha de estudiar con firmeza la Psicología de las concepciones
del mundo, Max Scheler las variantes de la Weltanschauung en el campo
sociológico y Martín Heidegger ahonda el problema de la cosmovisión

tomando como punto de partida una justa interpretación ontológica de la existencia humana.

Si Jaspers lleva a la conciencia el desarrollo y distingue tres momentos de la cosmovisión: la acomodación (Einstellung), la imagen del mundo (Welt-bild) y la vida del espíritu (Lebendes Geistes), como una esfera de vivencia, un contenido objetivo de que un hombre es poseedor y una fuerza de concentración; si Scheler sabe referirnos el paso del hombre por los tres saberes, el de dominio, el culto y el metafísico o de salvación para llegar a la cosmovisión metafísica como pensar e intuir el ens per se; en cambio Dilthey va a entregarnos la idea básica de donde se fundamenta en las formas primarias de la conciencia y los tres momentos de su generación: la experiencia vital (Lebensrerfahrung), la imagen del mundo (Welt-bild) y el ideal de la vida (Lebensideal).

Refiramos con cierto detenimiento a estos datos de enorme interés, para poder comprender la aportación de Dilthey a este problema y la resolución magnifica que Heidegger le da.

LA CONCEPCIÓN DEL MUNDO Y SU FUNDAMENTO EN LA ESTRUCTURA PRIMARIA DE LA EXISTENCIA HUMANA

¿Dónde encuentra su base esa creación espiritual tan honda y primordial como es la concepción del mundo? Para Dilthey se encuentra en la estructura primaria de la existencia humana. Así como para Kierkegaard la existencia tiene pleno desarrollo en la fe del creyente, en la actitud del caballero de la fe; en Dilthey se encuentra en la concepción del mundo que obedece a los más sencillos y fundamentales estados de la conciencia del hombre a través de la historia.

Para ellos señala tres momentos o ingredientes en la cosmovisión:

1/o.- "La experiencia de la vida", la Lebenswûrdigun es el conjunto, la totalidad vivencial del sentido y significación de la existencia humana, es decir contenido y expresión cuando se la capta en toda su plenitud gozándola con el sentimiento y la emoción más profundas.

2/o.- La imagen del mundo que traduce las conexiones causales de lo real, es una verdadera pintura del mundo Welt-bild en su traducción del alemán que tiene tanto valor plástico. (nos recuerda esta palabra el nombre dado a la pintura de la naturaleza llamada en francés natur morte, en español bodegón y en alemán: Still-leben, vida en silencio; llena de poesía y sugerencias). Aquí se encuentra desde la explicación mecanicista hasta la idealista de mayor espiritualidad.

Hemos pasado por esa forma que es actitud ante la vida y en la vida misma-a. Ahora hemos querido comprender el alma, fáltanos la última etapa.

3/o.- "El ideal de la vida", Lebensideal, en esta etapa de la cosmovisión se encuentra un propósito definido, una meta por conseguir. Es la voluntad que logra hacer el mundo nuestro. Internarnos en él, actual y realizar la existencia plenamente.

Cuántos contempladores del mundo sólo quedan en el primer peldaño de la verdadera concepción del universo. Cuántos hombres solo quieren entender el engranaje del universo y se contentan con descifrar el movimiento de los astros, la maravillosa máquina del electrón en donde los sistemas son nuevos para la acostumbrada mente de la mecánica y matemática tradicionales, el significado, de la vida en la célula y la seguridad cinegética de los grupos humanos en el estudio sociológico. Pero falta el ideal de la vida, la actitud de entrega, el comprender la existencia y realizarse plenamente en bien de un noble y digno propósito.

Pero estos tres momentos están viviendo y nacen de la estructura primaria de la existencia humana.

Y como ella son primarios y raíces de grandes arbustos. En primer lugar los tres aspectos de la experiencia de la vida, de la imagen del mundo y del ideal de la vida, es decir, de la Lebenswûrdigung, la Weltbild y la Lebensideal, son ellos mismos elementos primarios. El primero corresponde, muy lejanamente al campo de la emoción y del sentimiento. El segundo, a la región del conocer. Y el último a la voluntad. ¡Pero qué cambio hay en esas denominaciones y conceptuaciones de la Psicología tradicional, tan vacías y desprovistas de vivencia!

En segundo lugar corresponden a diferentes orígenes o procedencia. Se basan en diferencias cualitativas de la naturaleza del alma. Están en lo profundo del alma. Sin embargo, a medida, que el hombre progresa en su integración y la historia va señalando el sentido de la humanidad, se unen y forman la unidad en la actitud y en la conducta que posee toda auténtica concepción del mundo o del Weltanschauung. Es como la idea platónica en donde la belleza, la verdad y la bondad se unen en una esplendorosa imagen. Es como el ideal agustiniano que se refleja en la mente de Dios.

En tercer lugar, se utiliza raíz radica en el ente de la existencia humana, en esa raíz de donde brota la conciencia y los valores del espíritu.

¿Es la cosmovisión una concepción filosófica? No. Porque la teoría filosófica siempre tiende a ser universalmente válida, mientras la cosmovisión corresponde a cada época, a cada cultura, a cada hombre. Y todas las concepciones del mundo son válidas. Cada cultura, cada hombre ha tomado posesión del mundo, lo tiene para sí. Es el mundo suyo. No en balde la palabra. Weltanschauung es compuesta de Welt que significa mundo y anschaung que es intuición y significa tener la posesión de algo.

Ahora bien, como existir es estar en el mundo. Como hombre significa ser historia. La trascendencia está en ese estar en el mundo, en esa posesión del mundo por medio de la cosmovisión, es ese entregarse a la historia que es el flujo y reflujo de la existencia del hombre en el tiempo.

¿Pero no es una objeción el relativismo de la concepción del mundo por ser esta válida en todas sus enormes variantes?

Es el momento de mencionar las opiniones de Nietzsche, Jaspers, Scheler y Heidegger frente a este enorme problema. Si Dilthey ha señalado la misma raíz espiritual de las tres clases de concepciones del mundo, es de enorme interés encontrar como el creador de "El origen de la tragedia", "Die Geburt del Tragôdie" formula la visión variada según el ángulo desde el que se percibe al mundo; el autor de la "Psicología de las concepciones del mundo", nos da el desarrollo psicológico de esta estructura superior; el creador del "Probleme eiver Soziologie des Wezseus", "El problema de una Sociología del Saber", afirma el fin de toda cosmovisión es intuir y pensar el ens per se, siempre que el hombre haya recorrido el saber de dominio, es decir el causal de la naturaleza; el saber culto o de integración de la personalidad, ejercicio de los valores; y el saber de salvación, que lleva al hombre a la concepción de lo eterno en el hombre y a la visión de Dios; y Heidegger nos conduce a la interpretación ontológica de la existencia sobre la base de la cosmovisión.

OPINIÓN DE NIETZSCHE

La voluntad de poder, fuerte sostén del existencialismo de este filósofo es la culminación de todos los valores. En este ascenso a las cumbres, los hombres, los pueblos y las épocas se diferencian. Acumulación de fuerzas, lucha por la victoria y victoria es el sentido de la vida. Y más tarde decadencia para llegar a un recomenzar. Eterno retorno de valores y cumbres como lo señala al final de su obra "Así habla Zaratustra".

"Zaratustra me ha enseñado a amar al mundo". "¿Esto es la vida?" diré a la Muerte. "Si es así quiero vivirla otra vez."

En tanto que el profeta goza de la embriaguez de aquel momento entre sus discípulos, una campana da doce golpes como símbolo de la media noche y del paso de la muerte a la vida. Su serie es de una trascendencia enorme.

Eins	Uno.
A Mensch Gieb Acht	¡Oh hombre alerta!
Zuvei	Dos
Was spricht die tiefe Mitternacht!	!Qué dice la media noche, profunda!
Dorei	Tres
Ich schlief, ich schlief	Dormía, dormía
Vier	Cuatro
Aus tiefem traum bin ich erwacht	Y héme aquí despierto de un profundo sueño
Funf	Cinco
Die Welt is tief	El mundo es profundo
Sechs	Seis
Und tiefer als der Tag gedacht	Y más profundo de lo que creía el día.
Sieben	Siete
Tief ish ihr weh	Profundo es su dolor
Ach	Ocho
Lust-tiefer noch als Herzeleid	Su alegría más profunda aún que el sufrimiento
Neun	Nueve
Weh spricht: Vergeh!	El dolor dice: acaba
Zehm	Diez
Doch all Lust-will Ewighkeit,	Pero toda alegría quiere la eternidad
Elf	Once
Will tiefe, tiefe Ewihkeit!	Quiere una profunda eternidad.
Zwôlf	Doce

Las concepciones del mundo, colocadas siempre en la vida, son únicamente perceptivas. El mundo es diferencia según esa visión que depende de la situación del hombre y de la época, en su puesto a través de ese eterno retorno.

OPINIÓN DE SCHELER

El maestro Scheler, al referirse a las formadas de la "idea del mundo", escribe:

"Entre los problemas formales de la sociología del saber encontramos:

a).- El problema de la división del saber en las formas supremas de él.
b).- El problema del origen social de estas formas.
c).- El problema de las "formas del movimiento de las formas del saber."
d).- Las ideas naturales del mundo."

"La sociología del saber debe rechazar lisa y llanamente, por tanto, el concepto tradicional de una idea natural del mundo absolutamente constante." "La diversidad en la imagen del mundo penetra hasta las estructuras mismas categoriales de lo dado." "Estas ideas cambiantes del mundo son productos orgánicos que se mueven dentro de muy grandes espacios de tiempo."

Para el filósofo las formas de la idea del mudo en las clases cultas pueden ofrecer la graduación siguiente:

1.- El mito y la leyenda como formas previas e indiferenciadas del saber religioso, metafísico, físico e histórico.
2.- El saber implícito en el lenguaje natural del pueblo, estudiado ya por G. de Humboldt en sus investigaciones sobre las formas internas del lenguaje y la idea del mundo, recientemente por Fink y Vossler.
3.- El saber religioso en sus diferentes estados de agregación, desde la intuición piadosa, cálida, vaga, hasta el dogma definido por la clase sacerdotal.
4.- Las formas fundamentales del saber místico.
5.- Él saber filosófico - metafísico.

6.- El saber positivo de las ciencias de la naturaleza, las matemáticas y ciencias del espíritu.
7.- El saber tecnológico."

De esta manera Scheler relaciona la Weltanschauung, propia a cada época sociológica con el problema básico del conocimiento. "Es patente, nos dice, que las religiones... Sociología del saber 61... artificiales."

Si nos referimos al conocimiento místico este ofrece un campo amplísimo de evolución en la cosmovisión.

OPINIÓN DE JASPERS SOBRE LA COSMOVISIÓN

Establece el filósofo tres momentos de la cosmovisión:

1/o.- La disposición (Einstellung, mise au point)
2/o.- La imagen del mundo (Weltbild)
3/o.- La vida del espíritu (Leben des Geistes)

Según se tome el punto de referencia se encuentra la cosmovisión.
Si es desde el punto de vista del sujeto es la disposición.
Si es desde el punto de vista del objeto es la imagen del mundo.
Acomodación o disposición es en la esfera de la vivencia.
Imagen del mundo es el conjunto de contenidos objetivos de que es poseedor el hombre.
Hay un paso de las disposiciones a las imágenes del mundo y es el salto del modo subjetivo de conducirse a la esfera expresiva objetiva.
Ambos elementos viven en forma intensa en la vida del espíritu. Es decir el total de fuerzas cuyo centro de irradiación es el sujeto concreto, dueño de una determinada imagen del mundo por la cual vive.

SOLUCIÓN DE HEIDEGGER

Llegamos a la interpretación antológica de la cosmovisión. Dejamos la exposición pendiente para tratarla en el conjunto armónico de la filosofía existencialista de Heidegger.

REFLEXIÓN

Problema de la concepción del mundo que puede descifrar multitud de problemas no sólo de índole filosófica sino de las diversas ramas de la cultura.

Según las concepciones del mundo el artista va forjando diferentes aspectos de enorme significación. No es un accidente cualesquiera que Miguel Angel construyera la cúpula de San Pedro, y el arquitecto ignoto de la Edad Media hace de la catedral una serie de enramajes que señalan una aspiración constante hacia lo eterno. Tampoco lo es que Rafael pule la línea y el color en combinaciones maravillosas por la diafanidad de la luz; y en cambio Zurbirán se esconde en las tenebrosas brumas y reproduce el sacrificio del Nazareno en la Cruz. La cosmovisión puede explicar el sentido que guarda el Canto Llano de la Edad Media, el Coral de Bach y la sinfonía de Beethoven mejor que un análisis de cadencia melódica, de polifonía y de organización según el plan de la Sonata.

Aún falta mucho para llegar, siquiera, a descubrir el dominio inmenso que esta aportación filosófica va entregando a los grandes misterios del espíritu objetivo.

MARTIN HEIDEGGER
Y EL
EXISTENCIALISMO

Martin Heidegger

PLÁTICA 24

HEIDEGGER Y LA FILOSOFÍA CONTEMPORÁNEA

Hemos bosquejado los sistemas filosóficos existencialistas de Soren Kierkegaard y Guillermo Dilthey que nos han entregado multitud de enseñanzas en ese vasto horizonte de la existencia humana. El primero, ahondando el sentimiento religioso, el segundo, tratando de descubrir el hombre en la historia y entregando la más seria fundamentación de las ciencias del espíritu. Ahora vamos a encontrarnos con un pensamiento filosófico, no digamos el mas profundo, de principios de nuestro siglo, porque a su vera tendríamos que colocar dos enormes columnas: Edmundo Husserl, el creador de la Fenomenología y a mi querido maestro Max Scheler que en el campo de los Valores señala un sistema de tanta claridad y penetración que es difícil igualarla; vamos a encontrar decíamos a Martín Heidegger, que, a través sus investigaciones, realizadas aún a la fecha, ha sabido descubrir la naturaleza de la existencia humana con penetrante sagacidad.

Ya lo suponíamos hace veinte años, cuando en la Facultad de Filosofía y Letras expusimos la tesis de este filósofo, que tendríamos que meditar más tarde con mayor detenimiento su obra, pues señala un análisis fenomenológico de la más penetrante zagacidad.

Vamos, en parte, a reproducir sólo dos o tres de las conferencias que di en el año de 1933 en la Universidad de Nuevo León, Monterrey., con motivo de su inauguración y que tuvieron por objetivos la filosofía de Husserl, Scheler, Lask, Nicolás Hartman y Heidegger. Siempre encontramos en este filósofo a un auténtico metafísico que tiene el máximo intento de llegar al conocimiento del ser y del ente pasando por el análisis de la existencia humana.

Empezaremos por lo tanto con ese gran propósito que Heidegger aún está estudiando y es el de descubrir los elementos, las condiciones, los supuestos que se requieren en la existencia del hombre para llegar a la captación del ser, del ente: y con ello, descubrir una filosofía no sólo afirmada en la pura razón, sino en todas las facultades del espíritu.

En realidad el intento supremo de Heidegger es descubrir la experiencia de la angustia en que la Nada nos hace patente la totalidad del ser. Por eso mismo recuerda la filosofía de Kierkegaard sobre la angustia, ante la Nada y llega, en su famosa conferencia sobre la Metafísica, al descubrimiento del Ente.

Nos vamos a encontrar con una tesis filosófica en que van a aparecer los problemas de la naturaleza del ser, de la existencia, del tiempo en relación con la existencia, de la preocupación y la angustia hasta llegar a un Nihilismo, a una negación de la eternidad, a una ontología existencial con aspectos desoladores, a la reducción de la existencia a sí misma frente a la Nada; y sin embargo a una de las más penetrantes investigaciones sobre la existencia humana.

Tomando en cuenta estos antecedentes deberíamos iniciar nuestras pláticas sobre el problema de la Nada, pero no sabiendo si mis queridos oyentes tienen las nociones suficientes sobre los tradicionales problemas del ser, del ente, de la esencia y de la existencia, que corresponde a la Metafísica tradicional; voy a hacer un largo paréntesis tocando dicha cuestión desde la filosofía oriental hasta la ontología de Husserl, Scheler, Meinong. Partidarios todos de la esencia, de la sustancia primera, de la Metafísica que, a semejanza de la armonía, llamaríamos ontología consonante.

Así también haré referencia ante los mismos problemas en la dirección existencialista, cuya parte fundamental está en Kierkegaard y los ramales iniciales en la Fenomenología de Husserl.

Es indudable que estas problemáticas tienen diferentes matices en existencialistas que como Jaspers y Karl Barth tienen sus raíces en el protestantismo, Marcel en el personalismo católico, Buber en el judaísmo, Solovief, Chestov y Berdiaef en una tradición eslava, así como en Scheler, Landsberg, Péguy, Bergson, Blondel y La Berthoniére que señalan el término equilibrado del existencialismo, sobre esa base fundamental que diera, a las ciencias del espíritu, Guillermo Dilthey.

Aun más, en los escritos definitivamente existencialistas como Nietzsche, Heidegger, Unamuno, Wahl, Lavelle, Ortega Gasset para terminar con Jean Paul Sartre. En este último grupo específicamente expondremos sus ideas sobre la nada.

PLÁTICA 25

Antecedentes Ontológicos. Significaciones del Ser.
Sus Múltiples Interpretaciones. Síntesis de Opiniones.
Parménides y el Ser. Heráclito y el Devenir. Platón y el Ser.

ANTECEDENTES ONTOLÓGICOS

Antes de expresar la tesis existencialista de Heidegger es necesario hablar sobre la naturaleza del ser en la filosofía que viene desde el tiempo de los griegos hasta la tesis de Dilthey y otros filósofos anteriores a Martín Heidegger.

¿Qué es el ser para los griegos?

Cuando se inicia propiamente el problema filosófico entre los helenos se comienza con el gran problema del ser. La última sentencia viene siendo para algunos presocráticos aquello de donde deriva toda la manifestación perceptible del mundo. Pero, el instante en que se piensa que hay algo detrás de lo objetivo, y se trata de saber si puede el hombre llegar a captarlo por una facultad especial del espíritu, si conviene a una región donde el hombre ha de llegar después de la muerte; es entonces cuando aparece la ontología, el tratado del ser en la conciencia humana.

Para el divino Platón, el ser es comprendido con claridad meridiana cuando el hombre ha llegado a ser verdadero filósofo. En el diálogo "El Sofista" encontramos los siguientes párrafos de interés: "El extranjero: Dentro de un instante, si te parece bien, examinaremos los demás principios; mas ahora es preciso que examinemos el mayor de todos, el que domina a todos los restantes, el que es verdadera mente primordial.

> Teeletes.- ¿a que te refieres? Sin duda que, a juicio tuyo, debamos ocuparnos ante todo del ser, para que sepamos lo que han querido enseñarnos cuantos de él han tratado.

> Extranjero.- Me has entendido a maravilla."

He aquí la calificación suprema al problema del ser. Nada más que en ese instante Platón refiere algo que ha tomado Heidegger como iniciación a toda su magna obra intitulada "Sein und Zeit":

"Extranjero: En cuanto nosotros, habíamos creído comprender lo que es el ser, pero en este instante nos hallamos confusos."

Incertidumbre inicial que abarca la enorme profundidad de ese problema que hasta la fecha aún sigue inquietando la mente filosófica.

De todas maneras el ser llega a ser el último elemento absoluto y único, que todo lo contiene y sustancia.

SIGNIFICACIONES DEL SER

Según Simmel, debe distinguirse dos significaciones a la palabra ser:

La primera se refiere al mundo del ser en toda su infinita diversidad o pluralidad. Es decir, lo que es el mundo en su totalidad. Lo que es común a todos los objetos del mundo.

La segunda corresponde a la forma general, es decir aquella unidad que nos hace comprensible la pluralidad. Es el concepto del ser.

En el primer caso es el conjunto infinito de todas las cosas. En el segundo es la forma universal, como unidad que condiciona toda pluralidad. Es, conforme la opinión de Aristóteles, el concepto más universal.

SUS MÚLTIPLES INTERPRETACIONES

¿Qué ha sido el ser en toda la historia?

a).- Para unos ha sido el amor universal, el alma cósmica, el espíritu, la vida.

b).- Para otros es aquello que está diametralmente opuesto al no ser. Tal es la exposición amplísima de Platón en el Sofista.

c).- Consideran otros que el ser se identifica con el no ser; pues para Hegel el ser es la pura nada.

d).- Otros creen y lo identifican con el pensamiento, como acontece con los racionalistas e idealistas.

e).- Puede significar para los demás el contenido de la cosa singular, como encontramos en los presocráticos de tipo cosmológico.

f).- Se llega a él, en otros pensadores, concibiendo el devenir como contrario a lo estético o sea, el verdadero ser.

g).- Aún más, para otros pensadores, el flujo constante de las cosas, el devenir llega a denominarse ser como acontece con Heráclito y la tesis renacentista de tipo panteísta.

SÍNTESIS DE OPINIONES

Veamos algunos tipos interesantes a través del tiempo para encontrar una idea más o menos clara de lo que los filósofos han entendido por ser.

a).- Parménides, Pitágoras, Platón, Aristóteles y Platón consideran al ser como lo permanente, lo estático en el cambio o devenir.

b).- El Cristianismo con Tertuliano, Clemente de Alejandría, Orígenes; la decadencia de la Escolástica del siglo XIV con Eckbart, Böhme llegan a concebir el ser como Dios viviente. El ser de la naturaleza llega a ser la interioridad anímica, lo absoluto es un fluir eterno, el ser es el proceso eterno del auto-alumbramiento de Dios.

c).- En el Renacimiento con Descartes y Leibniz se llega a tomar el ser como la sustancia intemporal frente al devenir de las cosas creadas.

d).- Para Spinoza el ser la sustancia única y estática, llega a reproducir el pensamiento de Parménides; y Hegel es el continuador de Heráclito cuya doctrina ve en el devenir (werden) dialéctico, la identificación del ser y la nada. Ser y pensar son la misma cosa.

e).- Llega el existencialismo del Siglo XIX. Kierkegaard busca al hombre en su existencia angustiada y con anhelo de infinitud. Heidegger fundamenta el espíritu como una actualización primaria de la temporalidad.

Es decir, hace de la Lógica hegeliana una verdadera ontología. No ha dicho su última palabra, pero tiende a captar el ser, por el camino del análisis profundo de la existencia humana.

Tipos de concepciones diversas que llevan siempre raíces en las cosmovisiones según Dilthey, en las profundas raíces de la temporalidad y de los fines de la humanidad.

PARMÉNIDES Y EL SER

¿Cómo pensó Parménides el ser?

El ser corresponde exactamente a lo que el intelecto puede pensar. Solo lo que puede ser pensado puede ser. El ser es lo uno, en la forma simbólica de una esfera, siempre en reposo. Corresponde a lo persistente en el cambio. El cambio se manifiesta en lo dado a los sentidos, pero ello es una apariencia engañosa. Dice en la segunda parte del Poema, de tantas sugerencias, de Parménides:

"Del Ente es ser; del Ente no es no ser.
　　　Es senda de confianza,
　　　pues la Verdad la sigue."

"Del Ente no es ser; y, por necesidad,.del Ente es no ser,
　　　te he de decir que es senda impracticable
　　　y de todo insegura;"

"que es una misma cosa el Pensar con el Ser."
"Mas porque el límite del Ente es un confín perfecto
es el Ente de todo semejante a esfera bellamente circular
　　　hacia todo lugar

desde el centro, en alto equilibrio
y ello porque en el Ente precisa que ni una parte ni otra
　　　algo sea mayor en algo,
　　　algo sea en algo menor."

En estos pasajes se descubre la relación estrechísima entre ser y pensar. El pensar es una verdad o descubrimiento mediato del existir. El pensar es verdad del ser y el ser es verdad del existir.

El pensar es ente expresado, de esta manera investigando el Pensar hallaremos el Ser.

Hay una expresión interesantísima de García Bacca, cuando al comentar el Poema en su parte ontológica expresa:

"Este círculo mágico (la esfera del ser en Parménides) se romperá con Descartes y volará en pedazos la esfera del ser y surgirán nuevas las esferas de realidad."

"También el Yo cartesiano forma mundo aparte, esfera; y Leibniz, que se vivió en el mismo plan vital de Descartes, llamará al universo del Yo "mónada", unidad solitaria, y dirá que su contextura es entelequia, actividad, energía, dinamismo tan reconcentrado, que resultan sustantivos, sustancia."

Y al referirse al Logos, expresa:

"La palabra no es en Parménides verbum cordis, palabra que sale del corazón de cada uno, sino palabra que surge de las entrañas del existir, del ser, del pensar, todos impersonales."

Y en forma conclusiva, señala:

"Ser para el heleno Parménides se constituye o consiste en esa unidad dinámica y explosiva por lo que el existir "se" descubre (aleteia o verdad óntica del existir) en "es", en "que es", en ente; el ente "se" descubre o se hace patente en pensar (pensar como verdad o tipo de potencia del ente, o verdad óntico noética); el pensar, a su vez, se descubre en el Logos o Decir (decir, como verdad del pensar, verdad noética-lógica.)"

"Y este triple descubrirse el existir en los tres tipos de verdades (óntico, óntico noética, noética-lógica) lo llamó el Ser."

El Ser parmenideo es la fuente del ser platónico al llegar a la idea o eidos.

El Ente para Parménides es ingénito, imperecedero, imperturbable, infinito, intemperal, ininminente, innatural, indivisible, inmóvil, inacabable, indisipable, inconfesable, etc..

Nietzsche dice, con mucha razón: La filosofía de Parménides preludia el tema de la ontología. El ser es rígido e invariable.

Más tarde ha de aparecer Pitágoras con la bellísima solución de lo estético geométrico y la metafísica de los números. Concepción afín con las maravillosas tragedias de los poetas helénicos y con el sentimiento artístico de la Grecia inmortal.

HERÁCLITO Y EL DEVENIR

Se rompe la serie cuando Heráclito afirma el devenir. Pero inmediatamente se restablece con Platón que afirma la primacía del ser inmutable frente a la vida de lo anímico y de lo sensible.

PLATÓN Y EL SER

El ser para Platón esta en la Idea que se sustrae de todo el devenir. En este devenir yace una tendencia al ser, es sin embargo pura apariencia.

Hay multiplicidad de seres, como ideas es posible imaginar. Existe en Platón el intento supremo de conciliar el ser estético de las eleatas y el devenir heraclitano. Pero a la postre cae en la tradición del ser inmutable y eterno.

La Idea es el motivo del acontecer (aitía) y la apariencia está condicionada en alguna forma por la Idea. El acontecer aspira a la estructura invariable, inmóvil de la Idea. La relación entre el mundo de las esencias y el devenir (ousía-génesis) es rigurosa puesto que la Idea es la causa final de la apariencia tal como lo relata en su diálogo Filebo.

PLÁTICA 26

Conceptos Filosóficos Tradicionales. Aristóteles y el Ser.
¿Qué pensaron del Ser, Avicena y Averroes?
¿Qué es el Ser para Maimonides?

CONCEPTOS FILOSÓFICOS TRADICIONALES

Es indudable que los conceptos del ser en la filosofía griega antes de Platón son de enorme interés para nuestro estudio.

El hilozoísmo monástico de los milesios ya es un intento a la búsqueda del ser. La sustancia cósmica está dotada de algo vital y por ello se supuso el agua y el aire como la sustancia inicial. En el Aperión de Anaximando, en la idea de la divinidad de Anaximandro y Jenófanes, las homeomerias de Anaxágoras en donde aparece el nous como motor el atomismo del Universo en Lencipo, la explicación (Logos) del mundo por Heráclito como un momento indiferenciado de la arjèe melésica: el movimiento; hasta llegar a la tesis de Parménides; son maravillosos intentos para entrar de lleno al problema sustancial de toda la filosofía posterior.

Ahora, resumamos el pensamiento aristotélico.

ARISTÓLTELES Y EL SER

El cambio le preocupa hondamente. Pero todo devenir implica un "para que", es decir una línea trazada hacia el ser rígido e inmutable. Por ello la ciencia, que es el conjunto de verdades, escudriña en todo acontecer lo universal en reposo. Dios es el primer motor inmóvil. Es decir el devenir se explica por el ser. El acontecer, lo cambiable es símbolo de imperfección.

El verdadero ser es lo general y su función cognoscitiva, el concepto. El verdadero ser es la esencia que se desarrolla en la apariencia, es decir, la realización fenoménica de la Idea. El ser (ousía) adquiere el carácter de esencia (to tí en éi na). El cambio es la realización de la esencia en el fenómeno. El ser es lo que adviene en el proceso. La autorrealización de la

193

esencia en las apariencias es la entelequia. El primer motor, o sea Dios, que es forma pura, puédesele identificar con la bondad pura de los platónicos.

La Metafísica de Aristóteles, una de las obras de la antigüedad nos relaciona con el concepto del ser, más profundo que se ha elaborado y cuyas raíces han alimentado los grandes sistemas de estoicos, Plotino, Proclo, Arabes como Avicena y Averroes, Escolásticos como Scoto, Erigena, Santo Tomás, Modernos como Giordano Bruno, Spinoza, Leibniz, Schelling y tanto más.

Obra de estructura dispersa, pero que conserva en sus diversas partes las más penetrantes investigaciones sobre el ser.

Divídese la Metafísica de Aristóteles en tres partes:

1/a.- Que es una introducción y comprende tres libros. Se da la definición de Filosofía Primera y se da la noción de la ciencia de los principios.
2/a.- Se trata especialmente del ser. Aristóteles considera en ella al ser en tanto que es (to or n or) o sea de la sustancia de las cosas (ousía). Es una verdadera ontología.
3/a.- Es la Teología, se refiere al primer principio, a Dios. Comprende cuatro libros, y la sección anterior abarca desde el libro cuarto hasta el décimo.

Ahora bien, la ciencia de los principios es la ciencia del ser. (Alfa Mayor). En este punto de la Metafísica se analizan las diferentes nociones del ser:

a).- El ser puramente accidental que no puede constituir el objeto de una ciencia (libro V).
b).- El ser en relación con la sustancia, por cuanto éste constituye el ser por excelencia (libros VII y VIII).
c).- Se refiere al ser en cuanto potencia o en acto (libro IX).
d).- Todos los seres se refieren a la unidad (libro X-).

Al referirse en el libro V al Ente-Ser (To or), nos dice que el ser en sí tiene tantas acepciones como categorías existen; designa la sustancia, la cualidad, la cantidad, la acción, etc.; además indica lo verdadero y expresa tanto el acto como la potencia.

Bella elaboración a que quisiéramos referirnos pero que no permite la extensión de esta obra. Recordamos con gusto nuestro curso de Metafísica dado en la Facultad de Filosofía y Letras en los años de 1928 y 1929, en que analicé la Metafísica de Aristóteles con calma y delectación.

Sólo de paso nos vamos a referir a la ideas de Avicena, Averroes y Maimónides, en las corrientes árabes y judías de la Edad Media, para llegar a la cumbre de la investigación del ser en los Escolásticos como Scoto Erígena, Santo Tomás y Francisco Suárez.

¿QUÉ PENSARON DEL SER, AVICENA Y AVERROES?

Los filósofos árabes fueron los maestros de los escolásticos peripatéticos. La Metafísica de Avicena es un comentario de la obra aristotélica, trata de comprender a Dios mediante las categorías del pensamiento finito, pero no por las del pensamiento absoluto. El Ser constituye el objeto de la Metafísica. "Un Ser necesario no tiene causa; únicamente lo virtual tiene una causa. Todo lo que nace y comienza debe ser precedido por la materia."

Averroes el comentador por excelencia de Aristóteles. Mientras Avicena afirma que la forma es duda exteriormente a la materia, Averroes sostiene. "La causa eficiente sólo produce la composición de la forma y de la materia, composición que realiza modificando su materia hasta que la forma, que en ésta reside potencialmente, emerje desde su interior en acto."

Sabe combinar la tesis aristotélica de la forma y de la materia con la teoría de la emanación dada por la escuela alejandrina. En efecto se encuentra la tesis de la emanación neoplatónica cuando dice:

"El principio del movimiento y del alma no actúan exteriormente, pues todo no es más que emanación de la forma oculta en la materia y contenida en la virtualidad. Las formas no nacen ni parecen; Dios, el primer principio motor, es a la vez la actualidad de esas formas y la inteligencia activa."

Señala tres clases de inteligencias que no sabe unir convenientemente:

"La inteligencia que aprehende es la inteligencia virtual, la inteligencia aprehendida es la inteligible; la inteligencia, que es el primer principio motor, tiene una existencia independiente."

¿QUÉ ES EL SER PARA MAIMONIDES?

La Cosmología en este filósofo comprende el origen del mundo, la esencia de los seres y de los cuerpos, sus accidentes y propiedades, las causas eficientes y finales. La teoría para explicar la esencia y el ser llámase Nylemórfica o teoría de la materia prima y de la forma sustancial.

Siguiendo a Aristóteles afirma que hubo una capacidad o potencialidad anterior a la forma específica de cada ser y se llama la materia prima, que no constituye el ser en un modo definitivo. Por eso ese elemento constitutivo de los seres no es nec quid, nec quale, nec quatum, nec aliud quidpiam, pues todas éstas son propiedades de un ser actuado. Pero al existir seres con estas actuaciones se requiere otro elemento llamado forma sustancial. El elemento inmutable es la materia prima.

Para que un ser llegue a ser son necesarias tres condiciones: materia, forma y privación. El mundo no es producto de la necesidad, sino de la voluntad libre de Dios.

Y de esta forma en su libro "Doctor de perplejos" o Moréli Nebukim (Dalalat al'-hairim en árabe) va señalando los más significativos comentarios al rededor de la tesis Metafísica de Aristóteles.

Su bello libro Ma'amar ha-Jijud (Makalah fi al Taubid en árabe) o sea el Tratado sobre la unidad de Dios, es un profundo estudio teológico sobre la misma base aristotélica del Ser. Y lo propio podemos decir de su obra Millot ha higgayon (Makalah fi-sina' at al Mantik, en árabe) que es el texto de Lógica.

Pensador del Siglo XII nacido en Córdoba, es el representante máximo de la filosofía judía medioeval, su sistema es un teocentrismo intelectual. Escalón necesario y fundamental para llegar al Escolasticismo de Santo Tomás de Aquino. Alguien ha dicho: "Para ser maestro completo de la ciencia y del saber, le faltó a Maimónides el catolicismo de Tomás de Aquino y la gracia cristiana de San Agustín."

PLÁTICA 27

Antecedentes a Heidegger. Los Conceptos Ontológicos
en La Escolástica. Novedad Del Cristianismo.
¿Qué pensó La Patrística sobre El Ser?

ANTECEDENTES A HEIDEGGER

LOS CONCEPTOS ONTOLOGICOS EN LA ESCOLASTICA

La serie Scoto Erígena, Alberto el Grande, Santo Tomás y Francisco Suárez, nos descubren la tesis aristotélica en una perfecta unión con el contenido de la filosofía cristiana.

Sólo toma Scoto Erígena de Aristóteles la gradación de las sustancias. La naturaleza es la totalidad de los seres, por eso dice: "La naturaleza crea sin ser creada; es Dios Padre; ella crea y es creada; es Dios Hijo; ella es creada y no crea: es la naturaleza sensible."

Alberto el Grande sigue más de cerca al estagirita. Lo sigue en la discusión acalorada en la Edad Media, sobre la naturaleza de los universales, haciendo comentarios sobre la forma y la materia: "El universal, dice, en tanto tiene la aptitud de existir en muchos, reside en el objeto exterior; pero en cuanto a su múltiple existencia actual reside únicamente en la inteligencia. La forma constituye toda la esencia de un objeto; y es esto lo que Aristóteles denomina quidditas. La materia es, nada más, la condición indispensable para la existencia de la forma, sin ser la finalidad de la naturaleza; no es necesaria para el ser mismo, sino tan sólo para su determinación."

Santo Tomás es claro y definido. Señala las tres clases de inteligencia, los conceptos de ser y existencia, las particularidades de la forma y la materia, los principios de lo virtual, potencial y actual.

NOVEDAD DEL CRISTIANISMO

Pero antes de entrar en la tesis digamos algo más sobre la noción del ser en la Cristianismo.

197

Es el tránsito del ser estático al Dios viviente lo que se opera en la filosofía que va de los filósofos griegos a los cristianos.

En el cristianismo se establece por primera vez la relación moral, ética, entre Dios y el mundo.

Dios crea, por un acto de su libre voluntad al Mundo. Es Dios que tiene el sentido de la personalidad. El hombre es una semejanza. La vida es inmensamente superior al ser de la naturaleza y del universo. Es el Dios viviente, lleno de vida inagotable.

Para Platón el Demiurgo es el Ser Supremo que posee poder creador, permanece oculto y da perfección estática al ser de las Ideas. En cambio en el cristianismo hay una fuerza espiritual que en forma de Logos viene a transformar el caos en el Cosmos. Y el Cosmos viene a tener esencia moral.

Toda la Patrística se decide por Dios viviente. Desde Tertuliano y Clemente de Alejandría hasta San Agustín y demás grandes Padres de la Iglesia, para ellos el ser es una consecuencia de la vida, acción constantemente renovada y creadora.

¿QUE PENSÓ LA PATRÍSTICA SOBRE EL SER?

Una enorme serie de pensadores documentan la tesis cristiana. Se inicia con la literatura prenicena en donde se exponen los principios fundamentalmente morales. Epístolas, Recognitiones, de San Clemente de Roma, San Ignacio de Antioquía, San Policarpo son los primeros pasos de los postapostólicos.

Los apologistas del Siglo II son eruditos en las reglas de la retórica griega. Justino Mártir que combate a judíos y paganos. Atenágoras de Atenas con el más hermosos lenguaje sigue la escuela platónica. Llégose a la literatura cristiana del Siglo III. Es el comienzo de la ciencia teológica. Se presentan los grandes doctrinarios: alejandrinos como Clemente de Alejandría y Orígenes; africanos como Tertuliano y Lactancio; Romanos como San Hipólito de Roma.

San Clemente de Alejandría es el primer Santo de la Iglesia. Coordina el principio de la revelación con todos los conocimientos filosóficos y científicos de su época en una armónica conjunción. Su obra maestra es la "Exhortación a los Gentiles", "Pedagogo" y "Stromata", es un joyel de pensamientos magníficos.

Orígenes es el primer gran teólogo del Cristianismo. Se le puede comparar con San Agustín y sus comentarios a las Sagradas Escrituras quedan aún como sólidos cimientos de todo el Cristianismo. Sus ocho libros "Contra Celsum", nos han llenado de regocijo y entusiasmo filosófico. Así como sus cuatros libros "De Principius" es el manual de dogmático mas severo de la antigüedad.

Entre los africanos Tertuliano redacta sus obras en latín elegante y severo. Afirma que Dios es corpus, etsi spiritus est. Lactancio es el Cicerón cristiano por la elegancia del estilo y sus "Instituciones Divinas" son un tratado de doctrina cristiana.

Llegamos a la Edad de Oro de la literatura Patrística. Es, con el advenimiento de Constantino al trono de los Césares que la Iglesia llega a un período de esplendor. Sin mencionar a los historiadores de importancia para la Teología se nos presentan las dos grandes corrientes: la de los teólogos griegos de la Iglesia Oriental con figuras como San Atanasio el Grande, San Basilio el Grande, San Gregorio Nacianceno, San Gregorio de Niza, San Juan Crisóstomo: y los grandes teólogos de la Iglesia de Occidente con San Ambrioso de Milán, San Gerónimo, y sobre todo San Agustín.

Los tres grandes Capadocios: San Basilio, San Gregorio de Niza y San Gregorio Nacianceno son la primera constelación en la doctrina cristiana en sus fundamentos teológicos y humanistas. La exégesis el "Hexaemeron", "Los Discursos" y "La Oratio Catechetica Magna", corresponden a tres mentes en donde la Idea de Dios es de una vitalidad sorprendente.

En la Iglesia de Occidente San Gerónimo con sus Cartas anuncia al filósofo más profundo de todos los tiempos: San Agustín de Hipona.

Establece definitivamente la metafísica de la experiencia interna. Sobre el principio de la autocerteza de la conciencia llega a la afirmación de su yo, y todas las exigencias metafísicas van a dar a la realidad de la vida íntima. En esta vida interior se encuentran tres elementos básicos: la representación, el juicio y la voluntad: memoria, intellectus y voluntas.

La parte fundamental corresponde a la voluntad. Todas las manifestaciones del alma son formas de la voluntad (voluntates) Es así como la conciencia de algo es esencialmente un acto de voluntad (intentio animi) y el pensar intelectivo (ratiocinatio) lo es también. Ahora bien. El espíritu humano adquiere una actitud pasiva ante la verdad racional superior, pues el conocimiento total, y especialmente el del mundo inteligible se da al hombre por iluminación.

El conocimiento de las verdades racionales corresponde a la actitud beatífica. El hombre no las consigue por su propio esfuerzo sino por revelación de la Divinidad.

DR. ADALBERTO GARCÍA DE MENDOZA

La doctrina de la revelación está al lado de la tesis sobre la predestinación: la absoluta causalidad de Dios ahoga la libre voluntad del individuo.

El último objetivo de la voluntad es la contemplación de la revelación Divina. En ese momento el hombre debe mantenerse en reposo pues la verdad viene a él desde las alturas. Recuerdo de la mística contemplativa de los neoplatónicos.

En esta contemplación se entrega la paz más dulce y serena. Es la paz del éxtasis. Por el amor que es charitas se llega a este instante en donde ya no hay que luchar por la resistencia del mundo, no con la voluntad pecadora, allí el amor no es otra cosa que una contemplación ebria de Dios.

Con que belleza expresa San Agustín estas ideas:

"R. - Confiesas que existe la verdad?
A.- Sí.
R.-Luego busquemos donde se halla.

R.-No está ciertamente en las cosas mortales... Es así que hemos concluido que la verdad subsiste aún pereciendo las cosas verdaderas. Sólo son verdaderas las cosas inmortales. No hay nada verdadero sino es por la verdad: Nihil autem vero in quo veritas non est."

"Sólo es bien aventurado el que vive, y nadie vive si no existe; tu quieres ser, vivir, entender y existir para vivir, y vivir para entender. Luego sabes que existes, sabes que vives, sabes que entiendes."

"Beatus autem nemo nisi vivens, et nemo vivit qui nou est: esse vis, vivere, et intelligere; sed esse ut vivas, vivere ut intelligas."

"R.-La verdad subsistirá aunque se aniquile el mundo."
A.-No puedo negarlo.
R.-Y si pereciere la verdad ¿no será verdad que ella ha perecido?
"Erit igitur veritas, etiamsi mundus intereart.
Quid si ipsa veritas occidat, nonne verum ent verita tem occidesse?"

Sobre este camino encontró San Agustín la afirmación de la realidad y del ser. Distingue entre el momento psicológico y el lógico o metafísico. De esto se deriva que el acto de contemplar es un fenómeno psicológico. En cambio en lo contemplado no hay la menor subjetividad. Es la verdad que se contempla, queda explicada dicha verdad por su realización, hipótesis o trascendencia.

Las verdades eternas están, ciertamente en el espíritu pero no surgen del espíritu. Porque el espíritu no puede engendrar nada eterno. De aquí que sólo Dios ilumine, irradie la luz de la verdad.

Dios en sus pensamientos eternos crea las cosas. Por esta relación las leyes que regulan nuestros pensamientos son al mismo tiempo las leyes del ser. El pensar es idéntico al Ser. Por esto mismo: nuestro conocimiento del ser es verdadero, posee la verdad.

> "Pues todo lo que es, verdadero es. Quia quidqui est verum est."
> "La verdad me parece que es lo que es. Nam verum mihi videtur esse, id quod est."

He aquí la más íntima unión del ser y del conocer. Sólo en Dios existe el ser y el Pensar. Sólo por la iluminación el hombre posee el conocimiento y tiene la certeza del ser. Las cosas han recibido el ser de Dios. No tienen un ser separado de Dios. Dios no hizo la obra empezándola y dejándola a su libre correr, pero no cesa de proteger lo creado y de conservarlo en su forma. Por eso el orden domina en la naturaleza.

Ocho Siglos más tarde, aparecerá la figura escolástica de Santo Tomás de Aquino. Ha pasado una época en que el Platonismo con el Timero, el Fedón y el Menón hace surgir la metafísica de las ideas; las teorías neoplatónicas de los escritores pseudodonisios van a favorecer el predominio de las teorías emanantistas y de participación. Sin embargo Boecio trae junto a la orientación platónica-agustiniana el plan aristotélico. Y en la segunda mitad del Siglo XII, la obra del estagirita dando un largo rodeo por Siria, Persia y África renace en las escuelas del Occidente a través de las traducciones árabes hechas especialmente en Toledo. No sólo árabes como Alfarabi, Avicena, Averroes, sino también judíos como Avencebrol y Maimónides; favorecen este movimiento que se llama la Escolástica.

En el Siglo XVII aparece una nueva vida cultural. Se funda la Universidad de París. Los Franciscanos bajo la dirección de San Buenaventura y Alejandro de Hales son conservadores y siguen la dirección platónico - agustiniana; los Dominicos con Alberto Magno son progresistas.

Es el momento en que aparece Santo Tomás de Aquino.

PLÁTICA 28

Antecedentes a Heidegger

El Ser para la Escolástica. Opinión de Maritain.
El Misterio y el Problema. Sustitución y ahondamiento.
Sed de Espíritu. ¿Qué es el Tomismo? La Materia. La Forma.
Sobre la Esencia y la Existencia. Elaboración de Maritain.

EL SER PARA LA ESCOLÁSTICA

Santo Tomás de Aquino formula las siguientes tesis:
El objeto formal de la inteligencia es el ser.
Dos momentos existen en esta captación:

a).- El del ser en cuanto incorporado en la quiddidad sensible, el ser investido en las diversas naturalezas que se perciben con los sentidos, el "ens concretum quidditati sensibili"; y

b).- El ser en cuanto ser, "ene in quantum ens", no incorporado en la realidad sensible, sino en abstractum, siguiendo la huella de la Metafísica aristotélica.

El ser además contiene dos aspectos:

a).- La esencia que tiene relación con la primera operación del espíritu, es decir la formación del concepto; y

b).- La existencia o esse, que es acto, energía, término perfectivo de todas las cosas; y que, unido a la essentia corresponde a la segunda actividad del espíritu, es decir al Juicio.

El juicio capta la esencia y la existencia ut exercitu, en cuanto ejercida por un sujeto; poseída posible o actualmente por un sujeto.

El objeto de la filosofía no sólo es el ser esencial quidditativo sino también existencial.

La piedra de toque de todo juicio es la res sensibilis visibilis, porque es la piedra de toque de toda existencialidad.

Pero antes de caracterizar el ser digamos algunas palabras sobre los saberes para precisar el conocimiento metafísico.

OPINIÓN DE MARITAIN

El notable filósofo tomista: Jacques Maritain hace una bellísima disertación sobre un pensamiento de Gabriel Marcel, pero llevándolo a terreno de más amplia visión.

EL MISTERIO Y EL PROBLEMA

Todo conocimiento ofrece dos aspectos: el misterio y el problema.

a).- El objeto de todo conocimiento siempre ha sido un misterio. Es la realidad inagotable, transobjetiva. De la inteligencia como de la fe su objeto no termina en la cosa percibida "non terminatur ad enuntiabile, sed ad rem." El ser es siempre el misterio. Ciertamente que es demasiado rico en inteligibilidad, demasiado pero para inteligencia como sucede en las cosas espirituales, y en el devenir es de más resistencia a la captación del pensar; de todas maneras se conserva como misterio. La filosofía tiende a este misterio y por ello es magnífica y atrayente.

b).- Por otra parte el problema es un complejo nocional creado por nuestra inteligencia. Predomina naturalmente donde el conocimiento es menos ontológico.

SUSTITUCIÓN Y AHONDAMIENTO

Ahora bien.

En el caso del problema, una solución sigue a otra y el progreso en la cultura es un progreso por sustitución. A un problema se le sustituye por otro.

En el caso del misterio, el progreso es por ahondamiento. Mayor profundidad de conocimiento hasta el infinito.

SED DE ESPÍRITU

Por eso para Maritain hay tres clases de sed espiritual:

a).- En el primero se encuentra el problema, se ansía llegar a la solución del mismo. Pero resuelto uno, se presenta otro más indefinidamente.

b).- En el segundo caso, ya estamos en los dominios del misterio. Se ansía conocer la realidad. Cuando lo conozco me siento satisfecho y sin embargo siempre siento ser de lo mismo. Es el campo de la sabiduría, de la reflexión filosófica. En cambio, en el caso anterior es la situación de la ciencia.

c).- Por último, en el caso de la fe religiosa, se tiene sed de Dios, y cuando se le descubre, se ha saciado la sed y la serenidad domina. Es la sabiduría increada.

Con cuanta razón en el primer saber hay siempre sustitución. En cambio en el segundo es sabiduría creada y en el tercero hay ahondamiento.

La captación del ser siempre será por ahondamiento. He aquí una actitud espiritual de una enorme trascendencia.

¿QUE ES EL TOMISMO?

En una forma muy general se opone al platonismo y a la tesis de San Agustín. Sin embargo es necesario notar como sigue Santo Tomás de Aquino a Aristóteles en ontología, Lógica, Psicología y en gran parte en Moral y Política, campos definidos del estagirita; y se acerca al sistema platónico-agustiniano en las cuestiones cosmológicas de la creación, gobierno y conservación del mundo, en el fin y el fundamento de la Ética, y sobre todo en la Teología.

Es en Santo Tomás la filosofía un medio para explicar y fundamentar la Teología. Esto da un carácter especial a todas sus lucubraciones.

Sus principios ontológicos se pueden señalar así:

1.- El ser es substancial y accidental; prima y segunda substancia.

2.- La substancia prima es la substancia individual, el sujeto del predicado. La sustancia segunda es la esencia (quidditas, essentia) de una cosa. Se manifiesta en la definición, en el concepto. En el juicio es el predicado de la sustancia primera.

3.- El accidente es todo lo susceptible de existir en un sujeto. Es inherente de la sustancia. El ser es sustancia y accidente.

4.- El ser puede ser potencia y acto. El ser potencial es el ser capaz de desarrollo. El ser actual a llegado a ser perfecto.

5.- Admite cuatro principios del ser: materia, forma causa eficiente y causa final.

La materia es ser potencial, posibilidad pura, materia prima. Es el sujeto permanente del cambio y la desaparición. No tiene ser y existencia sino conjuntamente con la forma y por la forma.

La forma es ser actual, es actos, es lo que actualiza y perfecciona la materia. La forma da el ser a la materia. Hay formas sustanciales y accidentales.

El Principio actuante o causa eficiente traduce la materia en acto, es un ens in aotu.

El principio de causa final se fundamenta en la naturaleza de toda actividad. Omne agens agit propter finem.

6.- La transformación es el paso de la potencia en acto.

7.- Se pueden reducir los cuatro principios del ser a sólo dos: la materia y la forma. Todas las cosas obran en realidad por la forma, que les da ser. La forma es lo mismo principio del ser que de la actuación y actividad de la cosa, y la actuación se rige por la modalidad de la forma. La causa eficiente no es más que la forma substancial del compuesto. La forma tiene estrechísima relación con el fin. Término y fin del proceso es la forma.

8.- Sobre la materia prima, base común de todas las cosas corpóreas, se encuentra un sistema de formas que, ascendiendo por grados, concretan y diferencian en orden determinado la materia prima. Las formas elementales son formas inherentes. El grupo superior es de formae subsistentes.

9.- El ser entero aparece comprendido entre dos polos extremos: la materia prima como potencia pura, y la Divinidad como forma pura o pura realidad, como actos puros.

El elemento formal es la parte fundamental de la estructura del ser. La realidad es un sistema de formas o entelequias, de principios cualitativos y dinámicos.

10.- En el Ser hay que distinguir la esencia y la existencia.

En toda criatura hay potencia y acto. Es un ser limitado y restringido; no es ella el ser subsistente, sino el recibido en un sujeto, que lo divide y amengua. Hay que distinguir en ella lo que es y aquello por qué es: lo que es se denomina esencia; aquello por lo que es en sí misma: fuera de su causa, es la existencia.

Las tesis reunidas por Eduardo Hugon son claras y definitivas. Corresponden a las formuladas por Santo Tomás de Aquino en la Suma, la Metafísica; contra Gentiles, De Ente y Esencia, De la Verdad, etc.

Dice Santo Tomás: "Potentia et actus, ita dividunt ens, ut quidquid est, vel set actus purus, vel ex potentia et actu tanquam primis et intrinsecis principiis necesario coelescet." "La potencia y el acto dividen el ser de tal suerte que todo cuanto es, o bien es acto puro, o bien es acto necesariamente compuesto de potencia y acto, como principios primeros e intrínsecos."

Comenta Hugon:

"De todas las cosas que vemos en el mundo, mas pueden ser y no son; otros han pasado, o pasan, del poder al ser. Lo que puede ser está en potencia; lo que ha pasado del poder al ser es, o está en acto." "La potencia es todo aquello que reclama desarrollo y perfección; acto es la perfección que se le da."

Dice Farges:

"La idea de potencia fácilmente nos trae la de móvil, o vehículo, y la de acto sugiere la de motor."

LA FORMA SOBRE LA ESENCIA Y LA EXISTENCIA

"Quapropter in absoluta ipsius esse ratione unus sobsistit Deus, unus est s implicissemus; cetera cuneta quae ipsum esse participant, naturam habent qua esse coarctatur, ao tan-¬quam dist inct is realiter princ ipiis, essent ia et esse coustant."

"Por lo tanto, en la absoluta razón del ser, en sí mismo, sólo subsiste Dios único y simplicísimo y todas las demás cosas que participan del ser tienen una naturaleza donde el ser se halla restringido, y están constituidas o compuestas de esencia y existencia, como de principios realmente distintos."

La esencia es la potencia real; la existencia es su actualidad.

ELABORACIÓN DE MARITAIN

Siguiendo las Siete Lecciones sobre el ser del filósofo francés Maritain encontramos:

Como ya hemos diseñado: frente al misterio y a la situación del problema, el conocimiento es por ahondamiento en el primer caso y por sustitución en el segundo. La ciencia formula problemas y la sed espiritual de conocimiento es insaciable sobre diferentes objetos. La filosofía y la sabiduría creadas contienen la segunda clase de sed espiritual, es siempre sobre el mismo objeto y por lo tanto es por ahondamiento. Por último la beatitud lleva a una profundidad continua sobre la esencia de Dios, es Teología y la sed sacia en el momento en que se llega al descubrimiento.

El ser, objeto de nuestro estudio pertenece fundamentalmente a la filosofía y a la sabiduría creadas. Es el bello espectáculo que abrirá, como en la Divina Comedia, el dominio del Paraíso.

Condigna Maritain una bellísima selección de Coventry Patmoro, en sus "Aphorisms and Extracts" que refiérense a estos conocimientos.

Precisar el problema sobre el ser, la necesidad investigación del ser y de la existencia, las diversas clases de concepción del ser: en las ciencias de la naturaleza como ser particularizado, en el campo del sentido común como ser vago, en la Lógica como ser desrealizado o ens rationis y como ser de la verdadera Metafísica; son objetivos que debemos comprender perfectamente para poder entrar a los campos del análisis de la existencia en la filosofía de Martín Heidegger.

Pero antes sigamos nuestro recorrido buscando a través de la historia la concepción que los grandes filósofos han tenido del ser. Hemos llegado al ocaso de la Edad Media, se abre a nuestra vista el espectáculo del Renacimientto.

PLÁTICA 29

Antecedentes a Heidegger

El Devenir como Primordial en el Renacimiento.
Afirmación Esporádica de lo Estático. La Dialéctica de Hegel.
El Existencialismo Aparece.
El Esencialismo antes de Kierkegaard. Corrientes Cientificistas.

EL DEVENIR COMO PRIMORDIAL EN EL RENACIMIENTO

La ciencia natural florece en el Renacimiento. La experimentación y la inducción son el apoyo de las verdades científicas. El movimiento y el devenir adquieren preponderancia como elementos de nueva naturaleza el que tuvieran en las concepciones cristianas. Sin embargo el movimiento universal es la explicación del reposo de Dios. El devenir jamás termina, así también es eterna la esencia del Ser Divino.

Descartes y Leibniz formulan tesis con las que se inician la filosofía moderna.

Para Descartes el Ser es estático e invariable y se le subordina el devenir y el cambio de las cosas creadas. Explica por la perfección e invariabilidad de la esencia divina todos los procesos; por ellos el movimiento tiene una doble causa: Dios, como causa universal y las leyes naturales que se derivan de la invariabilidad de Dios, como causas particulares.

El sistema de Leibniz considera como unidad primitiva la sustancias simple primaria, o sea, la monas (unidad) primitiva. De ella se derivan las mónadas como fulguraciones. El mundo es una creación continua de Dios, cuya eternidad lo hace independiente del tiempo. Dios es la sustancia necesaria y última de todas las cosas y por lo tanto contiene eminentemente todos los cambios. La sustancia es, en última instancia, acción.

AFIRMACIÓN ESPORÁDICA DE LO ESTÁTICO

Spinoza afirma el panteísmo acósmico y estático, en un ambiente en que el devenir se sostiene con vigor extraordinario. Tal parece la tesis de Heráclito., afirmadora del devenir, en un ambiente que hacia preferencia a lo inmutable e incambiable.

Es Spinoza, con la tesis de la sustancia, el continuador de Parménides en un lapso de dos mil años.

LA DIALÉCTICA DE HEGEL

Pero se presenta el más completo expositor del devenir: Hegel. Afirma el proceso dialéctico. Todo arranca del ser puro. De aquí nace el werden (el devenir). Lo absoluto es la vida y la movilidad de la razón. La unicidad del espíritu absoluto está en la razón. Ser y Pensar con la misma cosa. El ente es el sujeto, en lugar del ente es la sustancia como se vio en la Metafísica antigua.

Vean mi estudio sobre "Los Fundamentos filosóficos de Dialéctica."

El ser es para Hegel el objeto de la Lógica, porque ésta es Ontología y Metafísica. La Lógica que estudia los pensamientos objetivos constituyen la prueba requerida por el Panlogismo para la unidad de Ser y Pensar. "Pensamiento objetivo quiere decir que la razón está en el mundo." Ahora bien, las categorías lógicas no rigen a la historia de las determinaciones intelectuales, sino al propio organismo de las esencia del pensamiento, desarrollándose por sí mismo.

El reino de las categorías seméjase a una serie infinita de círculos concéntricos en donde el perpetuo volcarse y exteriorizarse de un concepto en su opuesto, con el cual después llega a la unidad y de la unidad otra vez en oposición para ir creando síntesis de superación constante. Va desde las formas más abstractas hasta la Idea omnicomprensiva para llegar, al final a la realidad del mundo externo, después de haber pasado por la esfera puramente lógica.

Un maravilloso plan formula Hegel que deriva del ritmo de la Idea, a saber:

En su simple ser-dentro-de-sí, como reino de los conceptos puros
En su ser-fuerza-de-si, como esfera de la naturaleza.
En su retorno de su otro, como mundo del Espíritu.
Lógica, Filosófica de la Naturaleza y Filosofía del Espíritu.

Por esto mismo para estudiar el Ser hay que empezar por la lógica hasta llegar a su máxima elaboración en la Filosofía del Espíritu absoluto. Comienza con el concepto de ser. El ser puro idéntico a la nada vacía, el devenir como determinación concreta. Más tarde se estudia la esencia frente al fenómeno; y por último el concepto absoluto, de completa unidad.

Momento cumbre del racionalismo en la vida, en la naturaleza y en la historia.

EL EXISTENCIALISMO APARECE

Kierkegaard se presenta como el primer existencialista. Por la angustia y la finitud se presenta como el realizador de la existencia plena en el caballero de la fe.

En cambio Heidegger es el buscador del ser, pero analiza de tal manera el existir, y se detiene en esta especulación, que fácilmente se el identifica dentro de la corriente existencialista.

El espíritu para Hegel cae en el tiempo para realizar su proceso dialéctico de realización. En cambio en Heidegger el espíritu existe únicamente como una actualización primaria de la temporalidad. Retrotrae la interrogación por el ser a la raíz de donde brota ella: la temporalidad existencial. Es el alumbramiento del ser en la temporalidad primaria.

EL ESENCIALISMO ANTES DE KIERKEGAARD

Es necesario señalar, en este vasto horizonte de la Filosofía, las diversas tendencias que han prevalecido en la búsqueda de lo esencial. Se pasa del interés absoluto por la esencia al campo sensible y objetivo de las leyes naturales y científicas. El progreso de la filosofía va de la tesis eminentemente ontológica y metafísica, al campo epistemológico de la generalidad particularizada de las ciencias. Es así como:

Platón, ese estupendo pensador de la Grecia antigua, supone la esencia como EIDOI. El anhelo máximo de un filósofo es encontrar este dominio que, como luz esplendorosa, llega a cegar a quien no está acostumbrado sino a la obscuridad. En una magnífica alegoría, llamada de la Caverna, semeja las cosas que se perciben a las sombras de las propias realidades o EIDOI.

San Agustín, la columna más potente de toda la Cristiandad, concibe la Inteligencia Divina como un mundo de esencias y la misión del sabio y del Santo es la búsqueda y el encuentro de esta región.

Santo Tomás de Aquino llega, como Aristóteles, a la máxima naturaleza de la esencia apoyándose en la existencia pero no como un proceso continuando de enlace metafísico, sino como una necesidad del hombre en su raquítica y endeble inteligencia.

CORRIENTES CIENTÍFICAS

Ya cuando encontramos a los filósofos hostiles a la metafísica Comte, Hume, Stuart Mill, señalan también búsqueda de elementos racionales de carácter absolutamente universal. Son las leyes del Ser particularizado que corresponde a las ciencias.

En este último instante el filósofo se enfrenta con el grave problema de la existencia.

PLÁTICA 30

Antecedentes a Heidegger

¿Hay Repulsa de La Metafísica de Kant?
El Elemento: "La Cosa en Si."
¿Qué es El Neokantismo? El Romanticismo.
Neocriticismo. Neokantismo.

¿HAY REPULSA DE LA METAFÍSICA DE KANT?

Un grave problema es el contenido de la "critica de la Razón Pura" de Kant. A pesar de que han pasado tantos años de su elaboración, aun, en la mente de los más grandes, todavía existen las dudas mas graves sobre el contenido de tan celebre lucubración.

La mayor parte de los comentaristas y aun Kantianos como Jacobi y Schulze creyeron ver en esa obra una sola elaboración de tipo gnoseológica, es decir, referida al campo de la teoría del conocimiento. La "cosa en sí", lo noumenal quedo en un segundo y ultimo término y solo adquirió fuerza extraordinaria lo fenomenal.

La "Crítica de la Razón Pura" fue la exposición de las categorías, de las intuiciones a través de las cuales el hombre contempla o racionaliza al mundo. Creaciones del intelecto, que aparecen, sin embargo, con motivo de la experiencia, transforman el mundo en si, y lo convierten en algo distinto que se llama el fenómeno. Tal podríamos imaginar una torre en que se encuentre el hombre, llena de ventanas a través de las cuales se contempla la realidad. Pero estas ventanas provistas de lentes que, por su forma y color, adulteran la realidad y presentan al hombre un mundo distinto de lo real. Lo que queda fuera, la cosa en sí, desconocido del hombre, es lo noumenal; en cambio lo que conoce, adulterado y transformado es lo noumenal. Los cristales son la razón del hombre en sus instituciones y categorías. Elementos formales que jamás dejaran de existir en todo conocimiento ya que son constitutivos de la propia conciencia cognoscente.

La Crítica de la Razón Pura apareció en 1781, su segunda edición fue modificada en el año 1787. Para explicar mejor su contenido hizo kant "Los Prolegómenos" para toda metafísica futura que haya de presentarse como ciencia, obra publicada en 1783.

Su método en el trascendental, es decir distinto de los métodos de entonces que eran el dogmático, el escéptico, el físico, el empírico, el psicológico. Trascendental quiere decir "todo conocimiento que se ocupa no de los objetos sino de nuestro modo de conocer los objetos, en tanto que este debe ser posible a priori. "Es decir análisis de la razón en lugar de estudio de los objetos. Es una verdadera revolución a la manera de Copérnico, volviendo aparentemente a la filosofía idealista de Descartes y Leibinz pero en realidad estableciendo un idealismo formal, trascendental, critico para descubrir el conocimiento que debe ser posible a priori, o en otros términos comprender científicamente la existencia de las cosas.

Pero el a priori ¿Qué es? Es un elemento ultimo irreductible de la conciencia que solo se manifiesta con motivo de la experiencia, además que hace posible el conocimiento de experiencia. Por eso Cohen hace de la filosofía una teoría de la experiencia.

El Criticismo de Kant es crítica del conocimiento existente en la ciencia, en la ética y la Estética. Es diferente del método lógico-formal que solo se ocupa de las formas del pensar; y así sucesivamente.

La pregunta fundamental de Kant fue: ¿Cómo es posible la ciencia?

Tres cuestiones se derivan de dicha interrogación:

¿Cómo es posible la matemática pura? Contesta a ello la Estética trascendental.

¿Cómo es posible la ciencia pura de la naturaleza? Contesta la Analítica trascendental; y por último:

¿Cómo es posible la Metafísica? Por medio de la Dialéctica se descubre su contestación.

EL ELEMENTO: "LA COSA EN SI"

Pues bien, Kant dio una gran extensión a la Analítica trascendental y en ella se ocupo con detenimiento especial a la naturaleza epistemológica de los fenómenos. Los filósofos postkantianos creyeron ver en la "cosa en sí" un elemento irracional, es decir un límite a los dominios de la conciencia.

Se llama a este proceso doctrinal "la disolución idealista del nóumeno" llega a su cumbre en el Idealismo Alemán con Fitchte y Hegel. Sobre todo

Hegel nos entrega una visión de Kant como exclusivamente doctrinario del conocimiento.

En el momento en que aparece la llamada fervorosa de "Zurûchzu Kant", "Volvamos a Kant" y entonces el neokantismo presenta su tesis que aún acentúan más, el Kant deformado y ajeno a su propia naturaleza.

Fuimos los primeros que en México expusimos en los años de 1929 a 1932 la tesis de la Escuela de Marburgo de tendencia neokantiana, así como la misma tendencia de la Escuela de Baden con los insignes Maestros: Rickert y Windelban. Todavía recordamos con beneplácito a nuestros ex-discípulos: el hoy doctor en filosofía Sr. Prof. Francisco Larroyo y el señor Licenciado en Derecho Guillermo Héctor Rodríguez; las Maestras en filosofía Sra. Ana Mass de Serrano y Sta. Paula Gomes Alonso.

Cuando hicimos el análisis del Neokantismo, sobre todo de Rickert, observamos la importancia de esta dirección pero también los graves inconvenientes de una falsa interpretación a la obra del filosofo Emmanuel Kant.

En realidad el neokantismo se convirtió en el más acabado positivismo bajo la apariencia de un logicismo de tipo naturalista.

¿QUE ES EL NEOKANTISMO?

Inmediatamente después de aparecer la obra de Kant los filósofos quedaron suspensos ante semejantes doctrinas. Los Prolegómenos explicaron algo más que la síntesis suprema de la Critica de la Razón Pura, Schultz y Reinhold empezaron la obra del Kantismo. En Kôneisberg, Krauss y Prôchke; en Berlín Erhand, Kieseweter y sobre todo Maimon, en halle, Jakot, Hoffbauer y Tieftrunk; en Marburgo Bering y Tennemann, en Leipzig, Born, Drug y Heydenreich: en Gôtinga, Buhlem en Viena Ben Dand; en Lorena Villers; y sobre todo el gran poeta Federico Schiller son una primera falange que trata de profundizar el pensamiento capital de Kant.

Es así como Schiller toma dos grandes principios del filósofo: El primero, es de aspecto teórico y afirma que la naturaleza se halla bajo leyes del entendimiento; y el segundo, de afirmación práctica es la sentencia "determinante por ti mismo." De esta manera llega a una trilogía. La naturaleza es la ley de la necesidad; la moralidad es la ley de la libertad; y la belleza combina ambas y expresa la libertad en la naturaleza.

El gran genio de la literatura alemana, Goethe, después de haberse amparado bajo la filosofía de Spinoza y de Herder, llega al dominio kantiano gracias a la influencia de Schiler. Y lo propio paso con Guillermo Von Humbolt, sabio e historiador.

Después de un rodeo por varias escuelas y pensadores llegamos al filosofo Juan Teófilo Fichte quien a fines del siglo XVIII y a principios del siglo XIX formula su idealismo absoluto. En lugar de la crítica de la Razón Pura de Kant, establece como principio la apercepción trascendental. Influenciados por él, encontramos a pensadores y filósofos muy conocidos como Encken, Lipps, Münsterberg, Rickert y Windelbrand.

Los grandes sistemas de Schelling y Hegel son un portento en el Idealismo alemán, las corrientes criticas secundarias de Schleiermacher, Herbart y Beneke; Schopenhauer; el positivismo allá por el año de 1840, el materialismo científico del año 1850, los sistemas idealistas sobre la base de las ciencias de la naturaleza han de servir para seguir elaborando la doctrina kantiana cada día mas distante de su creador, hasta que suena el grito: Volvamos a Kant que en el año 60 lo anuncian los llamados neokantianos.

Entre los mas grandes neokantianos podemos mencionar a Federico Albert Lange, Vaihinger y sobre todo a Herman Cohen, Paul Natorp, Rodolfo Stammler, Franz Standinger, Augusto Standler, kart Vorlânder, etc..

Expongamos brevemente sus principales ideas.

EL ROMANTICISMO

El romanticismo invadió, no solo las esferas artísticas, sino el mismo pensamiento filosófico y científico, si en la música encontramos a Robert Schumann, en la poesía a Musset, en la novela a Víctor Hugo, en la filosofía, la tesis de la fe de Herder, la pedagogía racional de Fichte, el idealismo trascendental de Schelling, la vida como la razón dialectizándose de Hegel, la voluntad forjando al mundo de Schopenhauer; son brotes románticos que corresponden a confesiones individuales y subjetivas. Bello espectáculo que hace del siglo XIX una era de profunda afirmación del YO, y de entrega de los sentimientos y de la voluntad a la naturaleza y al Cosmos.

Contra este ambiente aparece., allá por el termino medio del siglo XIX, el materialismos afirmando la materia como elemento de transformación hasta llegar al espíritu del hombre. El evolucionismo que tiene por base la creencia de un proceso continuando en donde el hombre es simplemente un eslabón de la serie animal; el positivismo negando toda posibilidad a la metafísica de existir y llevándonos al campo de la sensualidad y del razonamiento frió y fatalmente causal, y el mismo idealismo sobre base científica como se encuentra en Fchner, Lotze, Hartmann y Wundt.

Acompañado a estas reacciones se encuentra el llamado fervoroso de "Volvamos a Kant", "Zûrick zu Kant". Anhelo de profundizar el pensamiento sobre la base de la crítica kantiana.

NEOCRITICISMO

Es por 1860 cuando este grito hace que no se sigan las rutas del romanticismo, pues los sistemas del Idealismo alemán veíanse con reservas y partidarios como Hegel y Zeller, de Herbart como Drobisch; científico como Helmhotz y Zoller, analistas de la historia de la filosofía como Kuno Fischer, Otto Liebman y Federico Albert Lange; y renovados de las concepciones orientalistas como Schopenhauer; siempre pretendieron llegar a un dominio mas firme como es el analista del pensamiento más severo y eficaz.

"La historia del Materialismo" de Lange Muestra la pobreza de esta tendencia y afirma el ideal de la liberación estética. "La filosofía del como sí" de vaihinger lleva al convencimiento de la importancia de las ficciones en la historia de la cultura.

NEOKANTISMO

Pero las obras capitales de afirmación neokantiana son de Hermann Cohen, Paul Natorp, Rodolfo Stammler, Franz Standinger, Kart Vorlânder, Augusto Stadler, muy cerca Kurd Laszwitz, ALierbert y la llamada Escuela de Marburgo. Cassirer, Gôrland, Nicolás Hartmann, G. Falter, D. Gawronski, H. Heimsveth, B. Kellermann, Joh Paulsen y los no menos notables como el estético Alvis Riehl, el notable historiados de la filosofía Wilhelm Windelband, H. Rickert, J.Cohen, la Escuela de Baden, Emilio Lask, F. Kuntze, Bruno Bauch, H. Lesser, Th. Lipps, Pfaender el lógico, Bona Meyer, Fr. Schultz y tantos más.

PLÁTICA 31

Antecedentes a Heidegger

¿Qué es lo que Argumenta el Neokantismo? Lógica Pura, También Tratado del Ser. ¿Cuál es la Base Fundamental en esta Dirección?

¿QUÉ ES LO QUE ARGUMENTA EL NEOKANTISMO?

El sistema de Hermann Cohen, sin duda nos da la pauta de esta interrogación.

Filósofo que llega a vivir la terminación de la primera guerra mundial, es decir, el año de 1918. En 1871 escribe "La teoría de la experiencia de Kant", en 77 "La fundamentación de la Ética por Kant", más amplia la primera obra aparece en 1885. En 1889 "La fundamentación de la Estética de Kant:", pero en 1902 aparece su "Sistema de Filosofía" con un contenido que no es de comentario al filosofo de Kônisberg, sino de ordenamiento propio y definitivo. Es sobre todo interesante en su capitulo especial "Lógica del conocimiento Puro" entrega elementos de pura concepción critica.

Para este filósofo la lucubración filosófica comprende sólo tres partes: Lógica, Ética y Estética. La Psicología se ocupa de la unidad de la conciencia cultural, es decir es el coronamiento de la Lógica o conocimiento puro, de la Ética o voluntad pura y de la Estética o sentimiento puro para dar "la doctrina del hombre en su unidad de la conciencia cultural."

LOGICA PURA, TAMBIEN TRATADO DEL SER

La Lógica del conocimiento puro es lógica de las matemáticas y de la ciencia matemática de la naturaleza. La filosofía debe iniciarse con el estudio con el pensar puro, es decir la lógica trascendental. Ahora bien la forma fundamental del pensar es también del ser. Es el juicio el elemento básico, se realiza en las categorías del ser. Es el juicio el elemento básico, se realiza en las categorías como direcciones fundamentales; de esta manera el juicio es el que en la unidad del pensar realiza la unidad del objeto. Cuatro clases de juicios existen, que corresponden a objetos determinados:

1.- Juicios de las leyes del pensar: a) del origen, b) de la identidad, c) de la contradicción.
2.- Juicios de las matemáticas: a) de la realidad, b) de la pluralidad, c) de la totalidad.
3.- Juicios de la ciencia matemática de la naturaleza: a) de substancia, b) de la ley, c) del concepto.
4.- Juicios de la metódica: a) de la posibilidad, b) de la realidad, c) de la necesidad.

Sigue en importancia a este sistema el de Paul Natorp. Investiga el conocimiento en su obra aparecida en 1882. "La Teoría del conocimiento de Descartes"; en 1884 da a luz sus "Investigaciones para la historia del problema del conocimiento en la antigüedad", en 1910 "Los fundamentos lógicos de las ciencias sociales"; además de muchas obras de investigación pedagógica escribe "La filosofía, su problema y sus problemas. Introducción al Idealismo Crítico" en 1911, y un estudio amplísimo sobre la obra de Platón.

Así como cohen, pone como juicio de la lógica el estudio de la unidad del conocimiento y sus condiciones, señalando para las leyes lógicas y matemáticas el valor para todo tiempo y lugar. En esta filosofía teórica establece las categorías fundamentales: número, tiempo, lugar, magnitud, cosa, causa, etc. El principio del origen es el último fundamento de la lógica.

A los supuestos lógicos fundamentales sigue la construcción de la Lógica de las ciencias exactas y la Psicología general.

La crítica llevada al dominio de la filosofía social y al Derecho es el contenido de la obra de Rodolfo Stammler; la concepción crítica en el campo social de izquierda es el intento de Franz Standinger y Kart Vorlânder. Otro gran pensador es Kurd Lasswitz, profesor del Instituto de Gotha, muere en 1910 y señala que la cultura es la autodeterminación del hombre por la razón y la razón es la ley fundamental de la conciencia en la que se bada toda actitud cultural. Es la reunión de la crítica Kantina, de la visión poética de Schiller y de la integración cultural y clásica de Goethe.

La Escuela de Marburgo sigue investigando el problema de la inteligencia y del conocimiento. Cassirer escribe su "Problema del conocimiento, Gôrland establece en su "Ética como critica de la Historia Universal", en

1914 un pensamiento fundamental del que ya hicimos hincapié en nuestra conferencia pronunciada en 1930 en la Universidad Imperial de Tokio: la Ética debe ser el compendio, la consecuencia de tres ciencias sociales: la política, la ciencia de los pueblos y la ciencia de la Educación. Nicolás Hartmann escribe sobre Platón con criterio kantiano, Buchanan sobre Malebranche; y Paulsen, Gavoronski, Heimsoet y otros ahondan la senda neocriticista.

Pero a nosotros especialmente nos interesan los siguientes neokantianos, por la profundidad de sus obras:

Alois Richl con una magnífica "Introducción en la filosofía del Presente", en donde las ideas estéticas son interesantísimas. Wilhem Windelban, el creador de los "Preludios" "Historia de la Filosofía, sobre problemas filosóficos".

Rickert en su "Sistema de Filosofía," "Ciencias Cultural y Natural" con ideas para la lógica de las ciencias históricas.

Emilio Lask, notable filósofo del derecho y de la lógica de la Filosofía extendiéndose sobre todo en el dominio de los valores.

Y Otto Liebmann radicalmente opuesto al concepto de la cosa en sí y colocando entre el neokantismo idealista y el realista; Lipps forjador de ideas éticas y estéticas, Bruno Bauch investigador de las ciencias exactas y Edmundo Kôning en el problema de las ciencias físicas.

PLÁTICA 32

Antecedentes a Heidegger

Algunas Palabras más sobre Cohen. La Matemática y la Realidad.
El Concepto de Origen en Cohen. El Concepto de Tiempo.
El Concepto de Sustancia. La Categoría del Movimiento.
La Lógica y la Naturaleza. La Cosa en "Si" para Cohen.
La Tesis de Kant y la Reacción de Scheler y Heidegger.
Lo Trascendental para Kant. La Metafísica en Kant.
La Intuición, el Pensamiento y la Imaginación para Kant.

ALGUNAS PALABRAS MÁS SOBRE COHEN

Hagamos unas cuantas consideraciones mas sobre la tesis neokantiana de Herman Cohen. En su "Lógica del Conocimiento Puro", "Logikder reinen Erkenntniss", 1902 con un excelente Yndex de a Gôrland y en su Introducción a la obra de Lange "Historia del Materialismo", señala la misma orientación de los grandes idealistas: Parménides, Platón, Descartes, Leibniz, Kant, y últimamente Husserl.

Sabemos que platón descubrió, en la concepción de la Idea el origen común de la verdad y del ser. Las Ideas vienen siendo la base de todo conocimiento del ser, con los conceptos fundamentales de la ciencia. Semejantes principios idealistas del ser y del conocimiento se descubren en las ideas innatas de Descartes, los principios de newton, las vérites de raison de Leibniz, las categorías de Kant, las significaciones de Husserl.

Así también Herman Cohen ha establecido la lógica de origen puro. Parménides sostiene que el pensamiento y el ser son idénticos. Platón y kant descubren los elementos del ser en la Lógica que sostiene las matemáticas y las ciencias matemáticas de la naturaleza.

Para diferenciar la matemática moderna de la antigua se debe hacer referencia a la naturaleza del calculo infinitesimal, es decir al calculo diferencial y al integral. Aquí los cuerpos conservan su fluidez, su devenir, su interdependencia, su causalidad u origen; en cambio en la matemática antigua se presenta un sistema inmóvil y se estudia a los cuerpos aisladamente. Es decir, las matemáticas modernas hacen notoria la continuidad del ser, y puede señalarse cómo el pensamiento es el origen de lo real.

Por esto mismo Cohen funda el concepto de la realidad en el número infinitesimal. Por eso mismo, la Lógica moderna se dirige especialmente a fundamentar el cálculo diferencial e integral y su importancia para el estudio de la física.

LA MATEMÁTICA Y LA REALIDAD

¿Qué es el pensamiento matemático? Para Cohen el pensamiento matemático tiene un carácter generador de la realidad. Así como los Pitagóricos dicen que el número es la presuposición del objeto del conocimiento, es decir que sin el número no hay objeto de conocimiento, es en la idea de la lógica y de la matemática donde se encuentra la base de toda realidad.

Para Mill no es esto. Los conceptos matemáticos no son más idealizaciones de las formas y de las apariencias que percibimos objetivamente. De esta manera estos objetos no se ajustan exactamente a los fenómenos estudiados por los físicos.

Siguiendo a Platón y a Kant, Cohen trata de encontrar en su Lógica, las categorías del Ser, investigando las diversas especies de juicios, ya que el juicio es el elemento sustancial del pensamiento.

EL CONCEPTO DE ORIGEN EN COHEN

El concepto básico para Cohen es del origen. Su Lógica, es Lógica del origen. Idea que ya tuvieron en la antigüedad Anaximandro, Demócrito, Sobre todo en Anaximandro, el infinito o apeiron llega a formular que el pensamiento es el origen del ser. Como el pensamiento no se ajusta ni explica suficientemente el espacio y el movimiento, llegaron los aleatos a negarlos como entidades metafísicas y reales.

En Demócrito el origen se refiere al átomo y platón muestra que en el UN OR está el concepto de origen del ser.

La continuidad del ser reposa sobre la continuidad del pensamiento y de los conceptos.

De aquí que el juicio de origen se verifica en el concepto de la realidad. Tal vez por eso Leibniz que inventa el cálculo infinitesimal es el autor del principio de continuidad. En el cálculo encontramos la ley de la producción de los fenómenos. Es en el elemento infinitamente pequeño del cálculo infinitesimal donde puede residir el elemento del ser. La mecánica descubre en lo diferencial el concepto de origen del movimiento, de la aceleración y de la velocidad. Las ecuaciones diferenciales son la base de explicación de los fenómenos acústicos y ópticos. Todas las categorías llegan a la de origen.

EL CONCEPTO DE TIEMPO

¿Y el tiempo? El reside en la anticipación. Por ello es del futuro de donde nace la realidad. De aquí, que pasando al dominio moral, la luz ética toma nacimiento por la anticipación del ideal moral por medio de la voluntad libre.

EL CONCEPTO DE SUSTANCIA

¿Qué es la sustancia para Cohen? La sustancia aparece en el movimiento, hay correlación estrecha entre los conceptos de sustancia y movimiento. La sustancia significa la permanencia del ser en el cambio. Esto implica el origen de la realidad. La realidad supone la permanencia de la luz generatriz del movimiento, es decir, en concepto matemático, hay relación con la función. Ya Newton había distinguido en las leyes del movimiento los principios del ser físico; y la física moderna descubre los movimientos del ser por las leyes de la transformación de la energía. Tal es la opinión de Planck.

LA CATEGORÍA DEL MOVMIENTO

Por ello el movimiento es tomado como una categoría fundamental del pensamiento o una luz esencial del espíritu.

La voluntad significa el origen del movimiento en la razón práctica. Con esta liga de la Lógica Ética se establece básicamente. De la misma manera que Cohen estudia la relación de la Lógica con las matemáticas; establece las relaciones con las ciencias matemáticas de la naturaleza.

LA LÓGICA Y LA NATURALEZA

La finalidad y la casualidad de la naturaleza, de individuo y organismo en la naturaleza viviente, del fin en el organismo son especulados ampliamente.

Los juicios de probabilidad, de realidad y de necesidad. Las categorías de la conciencia, de la hipótesis, llevan a la naturaleza del ser en su aspecto lógico.

La lógica del origen es la lógica del Idealismo. Es la explicación del ser en el pensamiento. Es, en realidad, la negación de la cosa en sí, de ser absoluto para afirmar la realidad del pensamiento puro.

LA COSA EN "SI" PARA COHEN

La "cosa en sí" es para Cohen un objeto sui generis; no es un mero concepto, sino uno que se refiere a la experiencia, cuya contingencia trata de superar. Es decir, la experiencia es lo fundamental, ésta debe ser pensada como totalidad, como cosa. Para Cohen la experiencia es la "cosa en sí", el ser metafísico.

En el concepto de naturaleza elevamos la experiencia a objetos. Como la experiencia es pensada como objeto, la naturaleza llega a ser, en último término la "Cosa en sí". Aun mas, la "cosa en sí" es también trascendental. Representa lo incondicionado, esta más allá de lo accidental y contingente de la experiencia. Textualmente dice: "Al pensar la experiencia misma como objeto, al hacer de ella la "cosa en si" no traspasamos la experiencia, no colocamos algo positivo fuera y mas allá de su dominio. Sino plenamente, al concebir la experiencia como objeto e identificar a ésta con la "cosa en si", erigimos un concepto límite. En la "cosa en si", como concepto límite, están predibujados los limites de los objetos reunidos de la experiencia, de la experiencia concebida como naturaleza. "El concepto limite", la "cosa en si" de la experiencia es, para Cohen un instrumento de que nos valemos para elaborar el concepto sistemático de la naturaleza.

¿Qué ha pasado? Que el noúmeno imaginado y formulado por Kant es ahora un mero concepto al servidor de la sistematización de la experiencia.

Mientras la "Theorie der Erfahrung" o "Teoría de la Experiencia" de Cohen es una verdadera teoría de la experiencia, es una tesis acabada de Epistemología sobre la base del conocimiento de las ciencias naturales. Tal es el espíritu del neokantismo, concepto erróneo de la verdadera tesis de Kant.

DR. ADALBERTO GARCÍA DE MENDOZA

LA TESIS DE KANT Y
LA REACCIÓN DE SCHELER Y HEIDEGGER

Contra estas interpretaciones se encuentran las lucubraciones más serias e interesante de Max Scheler y Martin Heidegger.

La restauración del Kant Metafísico se encuentra en "La concepción Filosófica", "Philossophische Weltanschaung" de Max Scheler y en "Kant und Das Problem der Metaphysik" de Martin Heidegger.

En la primera obra se encuentra el llamado y la claridad del absurdo. En la segunda encontramos los postulados ontológicos fundamentales de la tesis kantiana.

LO TRASCEDENTAL PARA KANT

Lo trascendental significa aquella intuición y aquel conocimiento que fundamenta la posibilidad de un adecuado conocimiento del ente. En otras palabras; conocimiento trascendente es conocimiento del ser, conocimiento ontológico.

Cuando Kant hace la celebre pregunta ¿Cómo son posibles los juicios sintéticos a priori? No es una aseveración que trata de descubrir como es posible el conocimiento, o simplemente la racionalización del Universo; es más: es la posibilidad del conocimiento ontológico, como preámbulo a una fundamentación de la Metafísica general.

Tal es el punto inicial de Heidegger al tratar, Kant y el problema de la Metafísica. Trascendental tiene un doble sentido para este filósofo.

a).- Fundamentación de la posibilidad del conocimiento óntico, y

b).- Conocimiento temático del ser, conocimiento ontológico.

LA METAFÍSICA EN KANT

Kant jamás repudió la metafísica. Sus disertaciones sobre esta rama de la filosofía tuvieron por base las doctrinas de Wolf, Baumgarten y Krusius, Por ello distingue dos clases de Metafísicas:

a).- La general (Metaphysica generalis) que trata de los que en general trata del ser. Viene siendo la Ontología o Filosofía Trascendental.

A esta rama dedica opúsculos especiales y sobre todo las dos partes de su celebre "critica de la Razón Pura": la Estética Trascendental y la Analítica Trascendental. Su problema fundamental es precisar como se llega al conocimiento del ente estableciendo la posibilidad de este conocimiento, precisando, mas tarde las leyes a priori del ente físico que pertenece a la naturaleza.

b).- La Metafísica Especial trata del ente en particular en sus tres campos: la naturaleza, el hombre y Dios. La Metafísica general es un anticipo a esta metafísica especial que también se llama metafísica en objetivo final "Metaphysik in endzweck".

Esta rama, la más profunda de la Metafísica, esta desenvuelta en la Dialéctica trascendental, parte final de la "critica de la Razón Pura."

Se hace mención a una carta de Kant dirigida a su amigo Herz en donde llama a su Crítica, "la metafísica de la metafísica".

Después de Aristóteles, con nueva fundamentación a la Metafísica se presenta Kant. El conocimiento sintético a priori, es cobre la esencia de la naturaleza. A este conocimiento contesta la naturaleza del ente como elemento entregado por anticipado en la propia intuición.

LA INTUICIÓN, EL PENSAMIENTO Y LA IMAGINACIÓN PARA KANT

La institución esta a lado del pensamiento y de la imaginación. La posibilidad de la intuición pura trata la Estética Trascendental. La posibilidad del pensar puro es el objeto de la Lógica Trascendental. La unión del pensar puro y de la intuición pura se realiza mediante un factor intermedio: la imaginación que es receptividad espontánea como el intuir y espontaneidad pura como el pensar.

Tratemos brevemente la intuición, el pensar la imaginación, ésta última como "facultas imaginando" como le llama en su "Antropología", con carácter productivo y con visión de objetividad, es decir señalando la trascendencia.

Pero lo más sorprendente es que Kant liga a esta facultad imaginativa con el tiempo para entregarnos al tiempo primario.

Aprehensión pura, reproducción pura y reconocimiento puro determinan unidos la temporalización del tiempo presente, pasado y futuro.

¿Es que para Kant, la interrogación por el ser, problema central de la metafísica no es otra cosa que "el problema implícito de la relación de Ser y Tiempo; es el sentido profundo de la Crítica de la Razón Pura y la idea básica de la filosofía de Heidegger?

Dejemos este punto unos instantes más.

JEAN PAUL SARTRE
Y EL
EXISTENCIALISMO

Jean Paul Sartre
Fotógrafo: Gisele Freund

PLÁTICA 33

PLÁTICA 34
Direcciones Existencialistas Actuales.
Razón de la Dificultad de Explicación.
Las Direcciones Básicas. Primera Dirección.
Segunda Dirección. Tercera Dirección.

DIRECCIONES EXISTENCIALISTAS ACTUALES

RAZÓN DE LA DIFICULTAD DE EXPLICACIÓN

Es necesario, desde un principio, precisar qué debe entenderse por existencialismo como dirección en el campo de la filosofía. Cuestión ésta, la más difícil por dos razones: en primer lugar, porque el término existencialismo se presta a múltiples interpretaciones; y en segundo lugar, porque la misma tesis que lleva esta denominación ha sufrido variantes enormes en el pequeño lapso, para la historia de un siglo.

LAS DIRECCIONES BÁSICAS

Podemos señalar, con el objeto de resolver la dificultad anterior, tres grandes direcciones actuales en el campo del existencialismo desde la época en que Kierkegaard enunció su doctrina y la actual.

PRIMERA DIRECCIÓN

En primer lugar, para la primera dirección se señalan las concepciones de Kierkegaard y Jaspers. En este campo la existencia implica una negación de la filosofía como sistema, además un análisis de la existencia en lo individual y más concreto cómo es el hombre que, por sí, manifiesta su doctrina y su experiencia.

Rechazar la filosofía como sistema es evadir la hechura de una tesis lógica que tiene axiomas, principios, deducciones, inducciones, y toda una unidad perfectamente coherente y sistemática. En cambio, hacer una tesis sólo descriptiva de estados de ánimo, intuiciones aisladas, conviene a una técnica que en remotas épocas se ha seguido y se ha llamado vital. Si comparamos la obra de Hegel con la elaboración de Nietzsche, nos encontramos que la primera se refiere a un principio universal como es la idea, a un proceso también universal como es la dialéctica, en un acabado sistema de congruencia lógica. En cambio, en el segundo caso, las expresiones que emplea el filósofo son ocasionales, motivadas por la emoción, la intelección del instante y de las circunstancias de la vida individual y social.

En el caso de Hegel podemos reunir sus tratados de metafísica, lógica, epistemología, ética, filosofía del derecho, filosofía de la historia, filosofía de la religión. En el segundo ejemplo, las obras de Nietzsche como *Así habló Zaratrustra; El origen de la tragedia; Demasiado, demasiado humano; La Aurora; La genealogía de la moral*, y otras obras más, son un conjunto enorme de pensamientos, los más dispersos y heterogéneos que pueda imaginarse.

Es indudable que el sistema lleva las ventajas de un ordenamiento mental y de una comprensión de todos los fenómenos de la naturaleza y del espíritu. La unidad aclara las concepciones que el autor tiene del mundo y de la vida, y, por último, es fácil descubrir consecuencias que el mismo autor no expresa o no investiga. De ahí que a estos grandes sistemas se les ha añadido las tesis de continuadores que comúnmente llevan el nombre del autor con un agregado convencional. Así, el neokantismo es la escuela que sigue los pasos de Kant. El neotomismo, viene siendo la continuación de las doctrinas de Tomás de Aquino.

Por lo que se refiere a la filosofía de carácter vital y ocasional ofrece también las más bellas aportaciones. Una idea, una expresión sirve de motivo para una honda lucubración, la que llega a ser una verdadera tesis de importancia para la historia, la política, la ética social y aun el conocimiento teórico de la realidad.

El existencialismo se ha colocado en este campo. Esto es natural, pues va directamente a la existencia del hombre que es transitoria y fugaz.

El análisis de la existencia, antes que cualquier otro problema, es también característico de esta primera dirección existencialista. En otras doctrinas se había comenzado con el estudio de la cosa en sí, del ser, de Dios; en cambio en esta dirección se va directamente a la existencia, olvidando el sustentáculo de la misma.

SEGUNDA DIRECCIÓN

La segunda dirección existencialista puede corresponder a tres grandes pensadores: Heidegger, Sartre, Marcel. Representan el núcleo de la tesis con atisbos filosóficos de enorme interés. Es indudable que hay diferencias entre las tres doctrinas.

Heidegger hace un análisis de la existencia pero con el propósito fundamental de llegar a descubrir los principios de la filosofía del ser. Es decir, trata de llegar a una verdadera Ontología. Su paso por el estudio de la existencia es momentáneo.

Sartre se aproxima también a Heidegger, ya que su ambición es llegar a construir una ontología fenomenológica. Y en cuanto a Gabriel Marcel, tiende a algo parecido en el campo de la filosofía cristiana.

TERCERA DIRECCIÓN

Por último, la tercera dirección existencialista corresponde a Camus y Bataille, llegan a extremos como el de tomar la creencia de la absurdidad como fundamental para explicar la existencia y el mundo.

De todas estas tesis sólo podemos sacar dos elementos comunes:

1º. El hombre debe ser investigado antes que Dios y que el ser.
2º. La existencia precede a la esencia.

Conclusiones estas que vamos a referirlas con mayor detenimiento al exponer la doctrina de Jean Paul Sartre.

PLÁTICA 34

El Existencialismo en Sartre
¿Quién es el filósofo Sartre? Efectos que se Producen con las Guerras

EL EXISTENCIALISMO EN SARTRE

¿QUIÉN ES EL FILÓSOFO SARTRE?

Un joven normalista aparece en la escena de los grandes creadores de los sistemas filosóficos como profesor de la materia en un Colegio Superior en el Havre, más tarde en el Lycée Condorcet de Paris. De viveza extraordinaria. Sutil y penetrante en la argumentación. Posee un bagaje considerable de conocimientos, sobre todo de la Filosofía del Renacimiento hasta la fecha, incluyendo la Fenomenología de Husserl y el Existencialismo de Kierkegaard y Heidegger. Discípulo a larga distancia de Descartes y, sobre todo, con un resentimiento y una pesadumbre que sólo se puede tener después de una derrota más moral que material, como la que tuviera Francia después de la última guerra.

Es Jean Paul Sartre el filósofo del momento, que afín a la extravagancia y al sensacionalismo de Apollinaire en el surrealismo pictórico y al irracionalismo en las letras de Albert Camus, crea un sistema en que la Nada adquiere valor incalculable.

Pero es que la sutileza del pensamiento, el juego de pensamientos, van a mezclarse a la expresión cínica y despreocupada, tal como lo hacen Erich Kaestner en Alemania, Louis Ferdinand Céline en Francia, Faulkner, Steinbech en Norte América, Alberto Moravia en Italia, y tantos más en los que la moralidad desaparece como un adorno cualquiera y la angustia, la desesperación y la nausea vienen destruyendo toda vida superior.

No es difícil encontrar en las novelas de Jean Paul Sartre la imaginación desorbitada de Kaffka, el sentido problemático y rebelde de Malreaux, las huídas de la naturaleza del Cubismo y la reacción nihilista del Dadaísmo en colores y formas.

La sola presentación de esta clase de filósofo con estancia permanente en los Cafés de Paris, rodeados de individuos que se creen superdotados de inteligencia, ven el mundo como un objeto estético en el mejor de los casos y a la humanidad como una turba inconsciente de pequeños burgueses.

Al recordar el surrealismo que según André Breton "es el automatismo psíquico por el cual se trata de expresar por la palabra, la escritura y otros medios, la verdadera función del derecho sin el control de la razón y pena de preocupaciones estéticas", sabemos del Automatismo para encontrar por uno mismo el contenido haciendo trabajar el cerebro sin la fuerza guiadora de la razón, ni menos de las ideas preconcebidas en el campo de la belleza.

Es el enlace de tesis psicoanalítica de Freud con el juego de la fantasía y aún de un delirio poético. Vanamente se trata de recurrir a las tesis dialécticas de Hegel, al idealismo de Platón y al de Kant y a la intuición de Croce. Siempre se tiende, sin ninguna base de profunda intelección, a una subjetividad completa.

Max Ernst, Klee, Miró, Dalí ensayan este nuevo intento de liberación de la razón, como un refugio al fracaso del Dadaísmo. Hay que recorrer el diario de Klee para comprender este procedimiento pictórico en un lecho de completa inconsciencia.

Es la desesperada situación de gran parte de la humanidad actual plasmándose en la novela, en el teatro y en la tesis filosófica, la que aparee con esplendor siniestro. Son las grandes crisis de la mente y del sentimiento las que aparecen después de haber gestado la guerra y realizado la destrucción que la misma ocasiona; aun más, después del peso de las dictaduras sobre las conciencias.

EFECTOS QUE SE PRODUCEN CON LAS GUERRAS

De esta manera recordamos que después una civilización sin trascendencia en el espíritu como preso al mecanicismo y al materialismo de su primera gran consecuencia como fue la primera guerra europea, aparece el Cubismo en que las formas geométricas tratan de alejar del hombre de sus sentimientos más sinceros: el Dadaísmo con el desprecio a la vida y la burla para la existencia; el Expresionismo con su fase demoniaca y el Imaginismo exorbitante, arrastrando los anhelos incontenibles de las juventudes llenas de dolor y de desprecio por haber visto caer por tierra sus más caros ideales y sus más nobles amores.

La técnica de Varèse distorsiona la melodía y el equilibrio de la tonalidad. Primer ejemplo en las demás artes.

Es así como después de la primera guerra aparecerán los movimientos políticos más nefastos: el Nazismo y el Fascismo; exaltación de determinadas razas y aniquilamiento de la personalidad humana para construir Estados poderosísimos y crueles.

Pero no es el simple resultado de una guerra de cuatro o cinco años, en último caso, un simple acontecimiento dentro del ritmo histórico. Es la consecuencia de múltiples fenómenos que desde hace más de cuatro siglos viénense acumulando para desbordar a la humanidad en el abismo de la desesperación, pero a la vez en el anhelo de una salvación fuerte y vigorosa.

Desde el momento que el pensador imaginó que el hombre se trataba a sí mismo como ser que en el instante de pensar afirma su propio yo, dejó de existir un propósito trascendental, una finalidad de transfinitud y de infinito; y a la vez se creyó más en el poder de la razón que en el sentimiento de nobleza y en la voluntad de superación.

Vino a la mente del hombre el fijarse sólo sus propias fuerzas, y el de confiar exclusivamente en su razón. Consecuencia de un falso humanismo del Renacimiento del siglo XV, de esa pintura racionalista que tanto confió en el entendimiento.

En los siglos posteriores aparecieron, después del humanismo y del racionalismo citados, el empirismo sobre los datos de la experiencia, el positivismo sabe los hechos en cuanto se perciben, el materialismo estimando la materia en su evaluación como creadora de todo lo existente; todas formas sobre la base de lo tangible y de lo finito.

Las guerras de 14 y de 29 en Europa no han sido más graves que aquellas que destruyen el imperio romano; en cambio, en aquel entonces la cultura clásica dio impulso en su propia esencia a la cultura de salvación o cristianismo; Cicerón dio la mano a San Agustín, y un mundo que jamás olvidó el clásico centro de la Hélade y de Roma surgió reemplazando las tres virtudes: fides, spes y charitas, en aras de un divino.

Pero esto no sucede en medio siglo. Hay locuras hondas que han lesionado el espíritu de occidente. Demasiado se creyó en el poder de la maquina, en la fuerza de la razón, en la veracidad de los sentidos, en la capacidad del hombre al desprenderse de los sentimientos de la divinidad. Y el mundo vióse loco: encontró la conciencia superflua y alimentó un poquito en el inconsciente y en el poder de las glándulas endócrinas; forjó doctrinas de enorme complicación para explicarse en la razón del porqué del mundo, del hombre y de Dios; desconfió del ser para sustituirlo por lo pasajero, efímero y contingencia de la existencia; despreció al espíritu en todas sus fuerzas de magnificencia y sólo vino a estimarlo como un simple peldaño en el devenir de la mutación; y por último llegó a dudar de la verdad con el escepticismo más cruel, de la belleza misma forjada en el equilibrio.

PLÁTICA 35

La Tesis Existencialista y el Medio Ambiente Contemporáneo.
La Producción Literaria de Sartre. Producción Filosófica.

LA TESIS EXISTENCIALISTA Y
EL AMBIENTE CONTEMPORÁNEO

Inmediatamente después de la segunda guerra mundial, el existencialismo que había sido una tesis filosófica reservada al romanticismo y a la investigación fenomenológica más profunda, si hemos de referirnos a las obras de Kierkegaard y de Heidegger, va a tomar un lugar preferente en la investigación de este filósofo francés, de quienes hemos dado una semblanza, Jean Paul Sartre. Este hecho histórico es sumamente significativo, pues la tesis sufre una variante enorme ya que de ser base de una actitud religiosa en el filósofo danés, y de ser también el principio de una demostración ontológica del ser, va por caminos de irreligiosidad y de negación del propio ser: según esta tesis, no hay necesidad de sostener la existencia de Dios, ni tampoco la realidad del ser. Todo debe conducir a la presentación y estimación de la existencia humana y a la búsqueda del contenido de dicha existencia que es nada menos que la Nada.

Un hecho cultural nos aclara ese ambiente que se promueve después del fracaso para todas las naciones de la guerra mundial que acabamos de pasar en forma activa y que aún permanece en la significativa frase de la guerra fría. Este ambiente, como dijimos en pláticas pasadas, no es únicamente el producto de las dos atroces guerras mundiales que hemos sufrido en este siglo: tiene sus antecedentes muy hondos en la historia que viene desde el Renacimiento hasta la fecha.

Aparecen en el arte las direcciones llamadas súper-realismo y surrealismo en la pintura, así como la llamada plástica pura como una manifestación de la inventiva conceptual. Es decir, la expresión de conceptos alejados de la emoción, la representación simbólica y la afirmación de una estética sin los sentimientos más íntimos que el Romanticismo hizo valer en el siglo pasado. Cosa parecida se encuentra en la música en donde el valor de las sonoridades, los timbres, los tiempos rítmicos, son altamente estimados en formas aisladas de la expresión de pasiones en el hombre. Todas estas manifestaciones nos están presentando el problema que Ortega y Gasset llama de la deshumanización en el arte.

Ciertamente que no todas las manifestaciones del arte contemporáneo pueden catalogarse como deshumanizaciones; hay mucho vital e interesante en las obras de los más exquisitos artistas como Gauguin, Cézanne, Stravinsky, etc. Pero también es indudable que con el tiempo irán desapareciendo del campo artístico muchas pseudocreaciones que no tienen otro fundamento que el libertinaje y la audacia.

Junto con esta excepción podemos mencionar como aportaciones interesantes del siglo pasado y bellamente aprovechadas en estos últimos tiempos, las geometrías no-euclidianas, los fundamentos de ese concepto de transfinitud para los grupos de Cantor en el campo del análisis matemático y aun de la geometría; y en la física el principio de incertidumbre formulado por Heisenberg que rompe el equilibrio que había guardado el universo bajo el principio de la causalidad. Todas estas aportaciones, aparentemente destructoras de los conceptos bases de la ciencia occidental, han llegado a constituir serias (*sic*) para una nueva interpretación del universo.

Además, debemos hacer hincapié en que el problema moral después de la segunda guerra quedó más hondamente lesionado. La falsedad, la mentira, el engaño, no sólo se sufrieron en el campo de la política internacional, de la organización interna de los Estados, sino aun en la misma enseñanza y en las direcciones falsamente espirituales sobre las que camina la juventud. Ambiente propio para que el existencialismo de Sartre apoyara la nausea como emoción en el encuentro de lo sustancial de la existencia humana. Esta misma existencia se le va a llevar al campo insospechado por la filosofía tradicional, de la nada se fundamentará en la contingencia y en el azar. Existir llega a ser, no una coordinación de fuerzas humanas para llegar a sentidos de integración de la personalidad y de hallazgos en lo trascendente, sino simple y sencillamente un estar ahí sin mayor importancia.

También se va a llegar a la exaltación como dato sustancial de la absurdidad. ¿Cómo debía llegarse a este campo ya que Francia caía ante lo absurdo de una línea de defensa que considero indestructible y todas las naciones parecían aniquilarse ante el poder férreo de la fuerza y de la ambición cuando habían creído que el mundo se salvaría por el vigor de la moralidad y de los principios supremos del espíritu.

Esta nueva filosofía del Existencialismo ha sido llamada por Schlumberger la corriente miserabilista. Tesis de la miseria y alguien le ha llamado del excrementismo.

Pero dejando a un lado estas consideraciones es necesario seguir paso a paso la formación de la personalidad de Sartre en su producción literaria y filosófica.

PRODUCCIÓN LITERARIA DE SARTRE

En 1937 publica sus primeras novelas: *Le Mur* (*El Muro*), *Intimité* (*Intimidad*). Contiene pasajes crueles por lo asqueroso y denigrante, vienen siendo un acontecimiento de *La Novelle Revue Françoise* (*La nueva Revista Francesa*).

En 1940 publica su estudio psicológico sobre base fenomenológica *L' Imaginaire* (*La Imaginación*). Debiendo citar por esta fecha sus obras de teatro: *Les Mouches* (*Las Moscas*) vivificación mitológica de Orestes con referencia especial a las sibilinas; *Huis Clos* (*Puerta cerrada*), representación psicológica de un verdadero infierno en un cuarto de hotel.

Agregando a ésta serie una obra dividida en cuatro novelas que aún está por terminarse y que lleva el nombre significativo de *Les Chemins de la Liberté* (*Los Caminos de la Libertad*). Novelas intituladas: *L' Age de Raison* (*La edad de la Razón*); *Le Sursis* (*El Aplazamiento*); *La Morte Dans L' Ame* (*La muerte en el alma*) y *La Derniere Chance* (*El Ultimo Cambio*). Además, podemos referirnos a las obras de teatro: "Morte Sans Sepulture" ("Muertos sin Sepultura") y "La Putain Respectuose" ("La Prostituta Respetuosa") en que se muestra el drama de resistencia y la situación de un carácter moral.

PRODUCCIÓN FILOSÓFICA

Pero es sobre todo en el año de 1943 cuando, habiendo llegado a la madurez de su pensamiento, Sartre publica su obra básica de argumentación y de sutileza: *L' Etre et le Neant* (*El ser y la Nada*). Un verdadero ensayo de ontología fenomenológica. A esta obra debemos dedicarle toda nuestra atención pues contiene los sustanciales de la filosofía existencialista de Sartre.

PLÁTICA 36

CARACTERES FUNDAMENTALES DEL EXISTENCIALISMO DE JEAN PAUL SARTRE

Más puntualizadas las diversas partes de la obra de Sartre intitulada *L'etre et lenéant*. Podemos señalar los caracteres siguientes.

Mientras Heidegger en sus obras *Sein und Zeit* y *Was ist Metaphisik*, *Ser y tiempo* y *Qué es Metafísica*; se propone la actitud interrogativa para fundamentar las notas distintivas de la existencia, es decir, del Dasein y en este desarrollo llega a investigar la naturaleza de la negación y de la verdad; en cambio Sartre estudia el problema de la Nada del principio al fin de su obra y con ello, el origen de las negaciones que tienen por bases diferentes sentimientos y termina afirmando que la naturaleza del hombre es la nada y posee necesariamente una libertad creadora.

La obra de Heidegger tiene como propósito último llegar a fundamentar y a establecer la naturaleza del ser por la vía de la existencia. El primer tomo, único publicado hasta la fecha, se detiene en la investigación de la existencia y falta el segundo en que, indudablemente, será dedicado al objetivo que viene siendo la descripción del ser. En cambio Sartre afirma la Nada, la acción constante de nulificación hasta llegar a la condición primera de la acción constante, la libertad y a un psicoanálisis existencial.

Las cuatro partes de la obra de Sartre corresponden a las soluciones siguientes: En la interrogación se encuentran implícitas negaciones. En el desarrollo normal de la conciencia hay siempre negatividad, nadificación. La nada es una realidad, es el no ser que se entrega de inmediato al hombre. Por esto mismo debe estudiarse la nada en forma dialéctica y fenomenológica.

Al precisar la nada, la relaciona con la interrogación, con la naturaleza del hombre, con la angustia y la conciencia de la libertad.

Sólo por la nación de la nada se puede definir, nada menos que el hombre y la libertad. Tal es el máximo intento de este filósofo.

Para llegar a precisar más la nada, hace el estudio de la mala fe en su valor ontológico y en su poder para dar lugar a la nada y a la negación.

He aquí la primera parte del *Ser y la Nada*. Trátese de precisar la nada, sus relaciones, sus fuentes y sus realizaciones.

La segunda parte de dicha obra es el tratado de la Conciencia. Sigue los mismos pasos. El proceso de la conciencia debilitándose, convirtiéndose en menos ser que el ser mismo. El principio de identidad no toca a la conciencia. Cuando la conciencia reflexiona sobre sí misma llega a una mayor nadificación. En esta parte de la obra se hace el estudio del tiempo en su aspecto ontológico y a las relaciones del ser, la nada y la negación.

Apasionante estudio sobre la conciencia, las relaciones íntimas del tiempo y la existencia, y por último, el concepto de conocimiento como negación; constituyen los temas de esta segunda parte de la obra.

Tanto en la primera parte como en la segunda, se ha llegado a un punto cumbre de las doctrinas sobre la nada, la angustia, el tiempo y la conciencia; tesis que hemos rastreando desde Kierkegaard hasta Sartre a través de Dilthey y Heidegger principalmente.

La tercera parte de la obra está dedicada al estudio del ser para otro. Investigación del solipsismo. Estudio ontológico del amor, el lenguaje y lo existenzialle.

Para finalizar el tratado realiza la especulación del tener, del hacer y del ser. La libertad como condición de acción, facticidad y situación. Un nuevo psicoanálisis existencialista y perspectivas morales y metafísicas.

PLÁTICA 37

La Nada en la Obra de Sartre.
En Donde se Encuentra la Nada.
La Actitud Interrogativa.

LA NADA EN LA OBRA DE SARTRE

¿EN DÓNDE SE ENCUENTRA LA NADA?

Es interesante ver como Sartre inicia su filosofía tratando de descubrir el sentido y la naturaleza de la Nada. Su principal razón de proceder de esta forma es la de llegar a la objetividad de la Nada, tal como los escolásticos y las filosofías tradicionales habían llegado a la naturaleza del ser. Es indudable que aprovecha las últimas aportaciones de la psicología y del análisis fenomenológico de la conciencia; pero muchas de sus ideas son llamativas, débeselas meditar seriamente para no caer en esas intemperancias que siempre llegan o al repudio absoluto de todo el existencialismo, trátese de cualquier filósofo o de Sartre; o a la aceptación también incondicional.

LA ACTITUD INTERROGATIVA

Para Sartre la actitud interrogativa nos descubre el no sé, la Nada. La pregunta es un puente tendido entre dos Nadas: No ser del saber en el hombre, y posibilidad de no ser en lo trascendente.

Ahora tenemos, que cuando negamos hay dos Nadas también presentes.

La Nada que fundamenta el juicio negativo, consecuencia del no Ser del saber en el hombre. Elemento de carácter epistemológico y conciencial.

La segunda Nada se puede referir al Ser que es negado en cuanto es posible.

Es indudable que estas situaciones llegan a la conclusión de que la Nada es algo presente y se impone al hombre como elemento positivo.

Ahora bien, en la actitud interrogativa hemos tenido dos Nadas presentes: la del no-ser en el saber, o nada subjetiva; y la posible Nada del mundo trascendente a la conciencia. Esta última Nada se encuentra en el terreno de la posibilidad mientras no contestamos a la pregunta con los términos: Nada, nadie, nunca.

Nos dice textualmente Sartre: "Nuestras búsquedas siempre han tratado de conducirnos al seno del ser. Pero ellas no han llegado a su objetivo porque nosotros no hemos podido establecer la liga entre las dos regiones del ser que tenemos descubiertas. Es sin duda que hemos escogido una mala perspectiva para conducir nuestra investigación. Descartes se encontró frente a un problema análogo cuando él se ocupó de las relaciones del alma con el cuerpo. Entonces buscó la solución en el terreno de los hechos en donde se opera la unión de la sustancia pensante con la sustancia extensa, es decir, en la imaginación". "Desde este punto de vista, la conciencia es un elemento abstracto, puesto que recela de sí misma un origen ontológico. Lo concreto no llegará a ser más que la totalidad sintética en donde la conciencia como un fenómeno no constituye más que momentos. Lo concreto, es el hombre en el mundo con esta unión específica del hombre al mundo que Heidegger, por ejemplo, denomina ser en el mundo".

Así también critica Sartre no sólo la investigación de Descartes, sino la posición filosófica del mismo Kant, ya que éste interroga la experiencia sobre sus condiciones de posibilidad, y también la reducción fenomenológica de Husserl que reduce el mundo al estado de correlativo noemático de la conciencia. Pues en todos estos casos se comienza deliberadamente por lo extracto. Bien es cierto que el sistema de Spinoza atiende la substancia como el conjunto infinito de dos modos y con ello se trata de restituir lo concreto.

Nacen entonces dos grandes preguntas:

1. ¿Cuál es la relación sintética que nosotros denominamos el ser en el mundo?
2. ¿Qué deben ser el hombre y el mundo para que la relación sea posible entre ellos?

Las dos preguntas deben responderse juntamente, pues conduce a las cuestiones de lo que es el hombre, el mundo y la relación que los une.

Pero antes que formular estas preguntas, encontrar su sentido y descubrir su contestación, hace ver Sartre que debemos tener en cuenta un ser que nos interroga.

Toda cuestión supone un ser que interroga y un ser a quien se interroga. La respuesta será un sí o un no. Es la existencia de estas dos posibilidades igualmente objetivas y contradictorias que distingue por principio la cuestión de la afirmación o de la negación. Existe la posibilidad permanente y objetiva de una respuesta negativa. Así la cuestión llega a ser un puente tendido entre dos no-seres: El no ser del saber en el hombre y la posibilidad de no ser del saber en el hombre, en el ser trascendental.

Sobre estos conceptos cabe hacer algunas consideraciones interesantes para leernos el texto de referencia.

PLÁTICA 38

Una Nueva Concepción del Mundo. El Problema de la Nada.
El Problema en la Filosofía Tradicional del Occidente.
Distinción Actual. El Cristianismo y el Problema de la Nada.

UNA NUEVA CONCEPCIÓN DEL MUNDO

EL PROBLEMA DE LA NADA

Sartre inicia su famosa obra *El Ser y la Nada* con una introducción sobre la búsqueda del ser, en donde llega a un pensamiento pre reflexivo, es decir, a un cogito anterior al establecido e investigado por el mismo Descartes; pero su atención preferente es el del problema de la Nada. Dos capítulos, hemos dicho, dedica a esta cuestión, el primero trata del origen de la negación y el segundo de la mala fe.

Al iniciar el gran problema del origen de la negación, analiza la naturaleza de toda interrogación y descubre que en la actitud interrogativa nosotros encontramos al no-ser. En la actitud dubitativa señalada por Descartes, hubimos de encontrar el ser. Recuérdese el encadenamiento: Yo dudo luego pienso, yo pienso luego soy. *Cogito Ergo Sum.* Y ahora en la actitud interrogativa habremos de encontrar, no el ser, sino el no-ser, la Nada.

Esta primera hipótesis de Sartre nos da una visión completamente nueva que ningún filósofo había señalado con toda precisión.

Al estudiar las relaciones entre las negaciones y la Nada en el primer capítulo de su obra, dedicado a la interrogación, encontramos que toda pregunta admite la posibilidad de una respuesta: Nada. A menos de que no se conteste dicha pregunta. Implica la pregunta dos cosas: un no saber y la posibilidad de una respuesta negativa. El no saber hace que interroguemos, y la posibilidad de contestar hace que digamos: Nada, si se refiere a una pregunta sobre alguna cosa; nadie si la interrogación se refiere a una persona, nunca si el interrogante se basa en un hecho acontecido en el tiempo. Hay dos elementos Nada que debemos distinguir con cuidado: La

Nada subjetiva de nuestra ignorancia y la Nada objetiva del qué, del quién y del cuándo.

Por eso mismo dice Sartre: la pregunta es un puente tendido entre dos no-seres: no-ser del saber en el hombre y posibilidad del no-ser en lo trascendente.

> "Ainsi la question est un pont jeté entre deux non-être: non-être du savoir en l'homme, possibilité de non-être dans l'être transcendât".

Aún más, Sartre señala un tercer no-ser, como determinante de la interrogación: el no-ser de limitación. Éste se presenta cuando la respuesta se tiene en esta forma: "Es así y no de otro modo". Este triple no-ser condiciona toda interrogación, y en particular, la interrogación metafísica, que es la principal.

En esta forma el filósofo concluye que la conducta principal e inicial que puede descubrirnos la Nada es la interrogación. Por esto mismo "el no-ser es una presencia perpetua en nosotros y fuera de nosotros"; "c'est que le non-étre soit une présense perpetúele, en nous et en dehors de nous, c'est que le néant hante l'étre". La nada asedia al ser.

Dos puntos capitales encontramos en esta primera ruta de investigación: En primer lugar el deseo firme de Sartre de presentar a la Nada como algo que está presente y que podemos aprender. Este hecho lo coloca en un estadio más allá del que logró Heidegger en la primera parte de su obra: *Ser y Tiempo*. Pues Heidegger demostró que hay una actitud muy profunda en el hombre que es la angustia, angustia ante la nada que nos hace evidente y presencial el propio ser. Siguiendo las huellas de Kierkegaard sobre la angustia, en donde se encuentra la posibilidad de intuir a la misma Divinidad, el filósofo de Friburgo nos indica que la Nada es la provocadora de esta actitud espiritual y por medio de ella podemos llegar a la visión del ser, tal vez en una forma mejor diríamos: a la realidad de la existencia. En el caso de Sartre la actitud interrogativa nos presenta la Nada, evidente, aprehensible, siempre rodeando, ya no la existencia, sino al mismo ser.

En segundo lugar, existe la posibilidad de una actitud anterior a la presentada por Descartes como la última: el cogito, el pienso, su derivación inmediata, luego, por lo tanto soy; supone una dubitación que lleva empero una afirmación. En el caso de la interrogación hay un cogito pre reflexivo que es la interrogación. Descartes descubre el ser y Sartre descubre el no-ser.

"Nosotros habíamos ido a la búsqueda del ser y tuvimos que ser conducidos al seno del ser por la serie de nuestras interrogaciones. Desde luego podemos notar que la interrogación en sí misma nos revela desde luego a la Nada"

"Nous étions partis á la recherche de l'être et il nous semblait avoir été conduits au sein de l'être par la série de nos interrogations. Or, voilà qu'un coup d'ciel jeté sur l'interrogation elle-même, au moment où nous pensions toucher au but, nous révèle tout á coup que nous sommes environnés de néant".

"Es posibilidad permanente del no-ser, fuera de nosotros y en nosotros, que condiciona nuestras interrogaciones sobre el ser".

"C'est la possibilité permanente du non-être, hors de nous et en nous, qui conditionne nos questions sur l'être". Posibilidad de la Nada, única que condiciona y hace aceptable toda interrogación. Lo que el ser será se construye necesariamente sobre el fondo de lo que no es: "ce que l'être será s'enlévera nécessairement sur le fond de ce qu'il n'est pas".

EL PROBLEMA DE LA FILOSOFÍA TRADICIONAL DEL OCCIDENTE

La nada para la filosofía tradicional simple y sencillamente es impensable. El solo hecho de enunciar la pregunta ¿qué es la Nada?, implica una contradicción: ser la Nada. Toda esta filosofía se fundamenta en el ente y la esencia para llegar a la afirmación de la existencia.

Dice Santo Tomás de Aquino al iniciar su notable "Sermo est Tractatus" de "Ente et Essentia":

"Puesto que un error pequeño al principio grande es al fin, según dice el filósofo en el *Libro Primero del Cielo y del Mundo*, y el ente y la esencia es lo primero que es concebido en el entendimiento –según dice Avicena, en el comienzo de su *Metafísica*– por esto, en primer lugar, para que no ocurra que erremos por ignorancia de ellos y para aclarar la dificultad de ellos, hemos de decir qué significan con el nombre de ente y de esencia,..."

Iniciación de toda filosofía es el aclaramiento del ente, de la esencia, del ser. Por otro lado se llega a las afirmaciones siguientes:

La Nada absoluta no puede ser pensada. El sentido de la misma palabra Nada cambia según sea la negación de una u otra cosa. Por esto Kant señala cuatro clases de Nadas por sus categorías a saber:

1. Por la cantidad: lo contrario de todo, uno, es ninguno. Concepto vacío, sin objeto actualmente dado (*ens rationis*), por ejemplo el noúmeno.
2. La ausencia de una cualidad determinada, negación (*nihil privativum*). Evolución
3. Relación: la negación de la sustancia, la intuición pura sin objeto es el vacío (espacio vacío o tiempo vacío), *ens imaginarium*.
4. Modalidad: un objeto cuyo concepto es imposible, porque es contradictorio, *nihil negativum*.

De esta manera, el ser de razón, la privación, el vacío y lo inconcebible son las cuatro especies de la Nada.

Bergson, por su parte se declara en contra de la idea de la Nada. En su obra *La Evolución Creadora* encontramos:

"La idea de la Nada absoluta, entendida en el sentido de una abolición de todo, es una idea destructiva de sí misma, una seudo idea, una simple palabra".

Al hablarnos Lachelier sobre la Nada expresa un pensamiento que más tarde llegará a tener enorme significación en Sartre "L'idée de néant implique et vérifice celle de la liberté".

DISTINCIÓN ACTUAL

En la obra de Heidegger ya se distingue la Nada de la negación del ser como ausencia o privación del ser. El simple no ser, la negación del ente es diferente de la Nada, que es más bien algo en que se funda toda negación. Que diferente posición de la aceptada en la Metafísica tradicional en donde la Nada o el no ser son afirmados sólo de un modo positivo. Así se encuentra en Georgias y Parménides. De estas nociones no pueden derivarse alguna cosa.

EL CRISTIANISMO Y EL PROBLEMA DE LA NADA

La creación del mundo de la Nada y por el amor de Dios según el Cristianismo, comprende una reacción poderosa contra la filosofía tradicional que es filosofía del ser. Desde San Agustín hasta el dialéctico Hegel se encuentra el ser que es extraído de la Nada o simplemente identificado. Para Hegel "la Nada tiene la misma determinación o, mejor dicho, la misma falta de determinación del ser. La experiencia de la Nada no es negación de un ser absoluto, es en último término, la experiencia que revela a todo ser creado su último origen en el acto de la creación.

Fue una innovación tan grande la del Cristianismo al sostener que Dios creó al mundo de la Nada, que desde entonces se cuarteó el edificio firme y absoluto que sostuvo como elemento único y universal al ser, y las célebres sentencias de que la Nada, nada saldría y de que el ser nunca llegaría a dejar de ser, tal como lo relata *El Mahabharata* en su capítulo bellísimo intitulado "Bhagavad Gita" en tesis teológica y metafísica.

Desde las meditaciones de San Agustín y toda la Patrología, pasando por la llamada Decadencia de la Escolástica de los siglos XIV y XV, hasta llegar al siglo XIX con Hegel, la Nada toma una parte fundamental en las investigaciones filosóficas y se puede hablar de ella, hasta identificándola con el propio ser.

No es nada sorprendente que Heidegger se refiera a ella en todo su discurso sobre la naturaleza de la Metafísica; y menos aún, que Sartre la haga valer para llegar a la conclusión de que la actitud interrogativa conduce al no-ser a la evidencia de la nada, y esto como un anticipo o una pre reflexión al valor de la duda y del pensamiento que conducían a la afirmación del ser, en la tesis de Descartes.

Todo el sistema de Sartre va a girar alrededor de la Nada, va a ser el centro ontológico de donde se derivará una actitud nihilista frente a los grandes problemas de la ética, de los valores en general y de la religión en particular.

Por los caminos de la interrogación de la concepción dialéctica de la Nada, de la intuición fenomenológica de la misma, y por un análisis detenido y específico del origen del ser; Sartre llega a la afirmación objetiva de la Nada. Pero inmediatamente va a proponerse la gran alternativa de la eternidad o de la Nada, inclinándose por esta última y a señalar el viejo problema que podríamos enunciarlo así; ¿Es el juicio negativo el que fundamenta la Nada objetiva, es decir, la Nada que está fuera de nosotros?; o, por lo contrario, ¿Es la Nada objetiva la que fundamenta el juicio negativo?

Problema que en la Filosofía Oriental ha dado lugar a dos grandes soluciones: Una de ellas la del filósofo Kumarila, indica que aprendemos la ausencia, que el no-ser lo captamos y lo intuimos; y esta Nada es la base de nuestro juicio negativo. La segunda solución, dada especialmente por la secta budista, consiste en considerar a la Nada y a la negación como efectos de la imaginación.

Es indudable que Sartre, al afirmar a la Nada como algo objetivo, sostiene la primera tesis, conviene en que la ausencia de un hombre está presente, de que el no-ser es dato evidente y de que la negación aprende el no-ser, así como las intuiciones aprenden el Ser afirmativa y dubitativamente.

Pero no nos adelantemos demasiado. Hagamos el descubrimiento que emplea Sartre para analizar el gran problema de la Nada, empezando por la actitud interrogativa anterior a la actitud dubitatio cartesiana.

PLÁTICA 39

PRINCIPIOS DEL EXISTENCIALISMO PARA SARTRE.

¿EN DÓNDE SE ENCUENTRA LA NADA?

Es interesante ver como Sartre inicia su filosofía tratando de descubrir el sentido y la naturaleza de la Nada. Su principal razón de proceder de esta forma es la de llegar a la objetividad de la Nada, tal como los escolásticos y las filosofías tradicionales habían llegado a la naturaleza del ser. Es indudable que aprovecha las últimas aportaciones de la psicología y del análisis fenomenológico de la conciencia; pero muchas de sus ideas son llamativas y débeselas meditar seriamente para no caer en esas intemperancias que siempre llegan o al repudio absoluto de todo el existencialismo, trátese de cualquier filósofo o de Sartre; o a la aceptación también incondicional.

LA ACTITUD INTERROGATIVA

Para Sartre la actitud interrogativa nos descubre el no-ser, la Nada. La pregunta es un puente tendido entre dos Nadas: no ser del saber en el hombre, y posibilidad de no ser en lo trascendente.

Ahora tenemos, que cuando negamos hay dos Nadas también presentes.

La Nada que fundamenta el juicio negativo, consecuencia del no-ser del saber en el hombre. Elemento de carácter epistemológico y conciencial.

La segunda Nada se puede referir al Ser que es negado en cuanto es posible.

Es indudable que estas situaciones llegan a la conclusión de que la Nada es algo presente y se impone al hombre como elemento positivo.

Ahora bien, en la actitud interrogativa hemos tenido dos Nadas presentes: la del no-ser en el saber, o nada subjetiva; y la posible Nada del mundo trascendente a la conciencia. Esta última Nada se encuentra en el terreno de la posibilidad mientras no contestamos a la pregunta con los términos: Nada, nadie, nunca.

Nos dice textualmente Sartre: "Nuestras búsquedas siempre han tratado de conducirnos al seno del ser. Pero ellas no han llegado a su objetivo porque nosotros no hemos podido establecer la liga entre las dos regiones del ser que tenemos descubiertas. Es sin duda que hemos escogido una mala perspectiva para conducir nuestra investigación. Descartes se encontró frente a un problema análogo cuando él se ocupó de las relaciones del alma con el cuerpo. Entonces buscó la solución en el terreno de los hechos en donde se opera la unión de la substancia pensante con la substancia extensa, es decir, en la imaginación". "Desde este punto de vista, la conciencia es un elemento abstracto, puesto que recela de sí misma un origen ontológico. Lo concreto no llegará a ser más que la totalidad sintética en donde la conciencia, como un fenómeno, no constituye más que momentos. Lo concreto es el hombre en el mundo con esta unión específica del hombre al mundo que Heidegger, por ejemplo, denomina ser en el mundo".

Así también critica Sartre no sólo la investigación de Descartes, sino la posición filosófica del mismo Kant ya que éste interroga la experiencia sobre sus condiciones de posibilidad, y también la reducción fenomenológica de Husserl que reduce el mundo al estado de correlativo noemático de la conciencia. Pues en todos estos casos se comienza deliberadamente por lo extracto. Bien es cierto que el sistema de Spinoza atiende la substancia como el conjunto infinito de sus modos y con ello se trata de restituir lo concreto.

Nacen entonces dos grandes preguntas:

1. ¿Cuál es la relación sintética que nosotros denominamos el ser en el mundo?
2. ¿Qué deben ser el hombre y el mundo para que la relación sea posible entre ellos?

Las dos preguntas deben responderse juntamente, pues conduce a las cuestiones de lo que es el hombre, el mundo y la relación que los une.

Pero antes que formular estas preguntas, encontrar su sentido y descubrir su contestación hace ver Sartre que debemos tener en cuenta un ser que nos interroga.

Toda cuestión supone un ser que interroga y un ser a quien se interroga. La respuesta será un sí o un no. Es la existencia de estas dos posibilidades igualmente objetivas y contradictorias que distingue por principio la cuestión de la afirmación o de la negación. Existe la posibilidad permanente y objetiva de una respuesta negativa. Así la cuestión llega a ser un puente tendido entre dos no-seres: El no-ser del saber en el hombre y la posibilidad de no-ser en el ser trascendental.

Sobre estos conceptos cabe hacer algunas consideraciones interesantes.

PLÁTICA 40

La Obra Literaria de Sartre. La Infancia de un Jefe.

LA OBRA LITERARIA DE SARTRE

La novela de Sartre corresponde a esta época en que dicha forma tiene importancia y primacía en el arte literario. Es interesante estudiar la evolución de la novela y cómo ha llegado hasta los máximos desarrollos de Joyce, Proust, Koestler, Camus, Kafka, Max Aub, y tantos novelistas que ya unas veces se internan en los dominios del inconsciente y otras en las formas rígidas de una concepción racional, simbólica de la vida.

La novela de Sartre ofrece como particularidad que reproduce momentos de la vida real, de existencias que corresponden a seres de los más bajos fondos, y siempre descubriéndose en las expresiones aisladas, en los motivos, confirmaciones de su propia doctrina. Es decir, la primacía de la existencia sobre la esencia, la náusea como elemento último de la propia existencia y el desarrollo hacia la nada en todas las manifestaciones del hombre. Se habla mucho de la tesis de Sartre, casi nunca se e analiza en su doctrina pura con la suficiente capacidad y preparación que esta labor exige; y en cuanto a su obra literaria en novelas y en representaciones teatrales aún menos se ha analizado. Sobre todo las novelas vienen siendo algo más que simples ensayos de interpretación sobre situaciones anímicas, son en su totalidad presentaciones existencialistas en que se trata de confirmar lo que hay en lo más profundo de la miseria humana en donde el hombre siente náusea para la vida y una profunda conciencia de la nada.

Se trata, por ejemplo, de la descripción de una infancia de un pretendido jefe de factorías. Se le describe desde los primeros momentos en que es apenas un niño mimado hasta el instante en que Luciano (que es el nombre del personaje) va a querer representar en una forma artificial, el papel que el ambiente y él mismo se han propuesto.

La novela se llama *La infancia de un jefe*. La ironía envuelve toda una vida artificiosa pero en sus reflexiones hay un contenido de gran satisfacción.

Así expresa: "Existo, porque tengo el derecho de existir". Es decir, primer intento de afirmación un poco artificial de la vida.

Inmensidad de soluciones recordaremos frente a esta conclusión. Soy porque obro, porque pienso, porque dudo, porque amo, porque tengo ilusión y esperanza; y en cada una de ellas se ve aparecer las tesis afirmativas de la existencia en una forma fundada de construcción filosófica. Ya es la duda y la afirmación del pensamiento Cartesiano, de la vida integral en San Agustín, de la voluntad forjadora de la existencia en Marco Aurelio, del sentimiento íntimo de Dios en San Francisco de Asís; todo un mundo de afirmaciones de la existencia que se desecha frente a la sola razón vanidosa del derecho sin fundamento ni principio legal ni ontológico.

Ya –mucho antes del matrimonio de su padre– se le esperaba, si había de venir al mundo era para ocupar ese puesto. En esta creencia tanto los padres como en el hijo fue forjándose un ambiente vanidoso que va a llegar a presentarnos la superficialidad de un individuo sin responsabilidad y sin conciencia.

Empecemos con esta escena:

"Estoy adorable con mi vestidito de ángel". La Sra. Portier había dicho varias veces a la mamá del niño: "Su chiquito es delicioso. Está adorable con su vestidito de ángel". Un señor atrajo a Luciano a sus rodillas y después de acariciarlo le dijo: "Es una verdadera niñita, ¿cómo te llamas? ¿Jacobita, Lucianita, Margarita? Luciano se puso rojo y dijo: "Me llamo Luciano". El autor agrega a estas expresiones, que ya forman ambiente: "No estaba completamente seguro Luciano de no ser una niñita. Muchas personas le besaban llamándole señorita, todo el mundo encontraba que estaba tan encantador con sus alas de gasa, su largo traje azul, sus brazos desnudos y sus bucles rubios…"

La fuerza de esta prosa irónica nos hace imaginar el ambiente en que se desarrollan muchos niños bajo el imperio de lo falso y lo artificial. Pero lo interesante es describir ese proceso que se elabora en la mente del niño como en el caso presente. Para intimidarlo se le hacía notar que el buen Dios sabía más sobre él que él mismo. Luciano tenía la idea salvadora de que el buen Jesús no podía acordarse de todo porque había demasiados niños en el mundo. Sin embargo se le ocurrió practicar una especie de magia para producir encantamiento y milagros. Cuando se golpeaba la frente diciendo "picotín" el buen Jesús debía olvidar de pronto todo lo que había visto.

Así también se le ocurrió pronunciar las palabras rápidamente para que el buen Jesús quedara burlado. Pero Luciano se cansó de este juego porque en último término, no sabía a ciencia cierta si el buen Dios había ganado o perdido. Y dice Sartre: "Luciano no se ocupó más de Dios".

Esta posición existencialista, cuando no se siente el poder de la razón que afirma la existencia de Dios, ni menos aún la fe indispensable para este dominio de lo suprasensible y de lo eterno, entonces se deja a un lado el problema de la Divinidad. Es un juego como el de Luciano que experimenta el existencialismo. Por esta especie de magia que fracasa, y fracasa porque no tiene ninguna fundamentación metafísica ni lógica, es por lo que jamás podrá llegarse a esa cumbre del conocimiento de salvación que se resuelve en el amparo Supremo de lo Divino.

Ya jovencito y cuando en sus clases le llamaban por su nombre completo Luciano Fleurier, empezó a reflexionar sobre su propia conducta: "Soy un buen alumno. No. Es una farsa: a un buen alumno le gusta trabajar, a mí no. Tengo buenas notas, pero no me gusta trabajar. Tampoco lo detesto, me importa un bledo. Me burlo de todo. Nunca seré jefe". Pero inmediatamente pensó con angustia: ¿Pero, qué llegaré a ser? Pasó un momento; se rascó la mejilla y guiñó un ojo porque el Sol lo deslumbraba: "¿Qué soy yo?" Y había esa bruma enroscada sobre sí mismo indefinida: "¡Yo!" Miró a lo lejos. La palabra sonaba en su cabeza y luego tal vez podía adivinarse algo como la punta sombría de una pirámide cuyos lados se hundían a lo lejos en la bruma. Luciano se estremeció y sus manos temblaron "¡Ahí está!", pensaba. "¡Ahí está! estoy seguro de ello: yo no existo".

La conclusión de no existo es la resultante de ver al mundo en la neblina de la imaginación, de la fantasía y de lo caprichoso. Punta de una pirámide entre las brumas, insólita postura de la existencia y del hombre cuando no tiene la cimentación que exige todo ser, y sobre todo, la vida, la existencia y el espíritu del hombre.

Se notan en este pasaje la meditación angustiada, lo artificioso de un destino forjado en la imaginación, luego lo nebuloso ante la vida real y la conclusión inconsistente de la no existencia.

En el desarrollo de dicha novela se hace ver cómo Luciano constantemente pensaba que tenía madera para jefe de factoría. Entonces se sentía romántico y deseaba caminar horas y horas a la luz de la luna para fortalecer su personalidad.

Fortalecer su personalidad en un ambiente de superficialidad y de vana apariencia, de donde debe llegarse al pensamiento inicuo del aniquilamiento. Si se profundiza esta postura de Luciano que viene siendo la de Sartre, en último término, se descubre porque toda su filosofía tiende a la nada, su existencia es un simple está ahí, y desaparece el poder de su fe y aun de sus virtudes.

Como sus padres no le permitían salir de noche se tiraba sobre la cama y se tomaba la temperatura. El termómetro marcaba el calor natural y pensaba entonces que sus padres le encontrarían buena cara. Sin embargo, como no existía, llegaba a la idea de que tampoco existía su padre, el señor Fleurier, ni nadie en el mundo y comentaba para sí mismo: "La existencia es una ilusión; puesto que sé que no existo, no tengo más que taparme las orejas, no pensar en nada y me aniquilaré".

Ciertamente Luciano había obtenido la nota 15 por su disertación sobre "La moral y la ciencia", soñó en escribir un "Tratado de aniquilamiento" "e imaginó que leyéndolo, las gentes se reabsorberían unos después de otros como los vampiros al canto del gallo".

Para tener mejor seguridad de su tesis recurrió a su profesor de filosofía y éste le dijo: *Cogito ergo sum*. Usted existe puesto que duda de su existencia. Luciano no quedó muy convencido pero renunció a escribir su obra. Había terminado su bachillerato. Constantemente salía con su padre de paseo y los obreros les saludaban con indiferencia. "Un día Luciano encontró al hijo de un obrero que no pareció reconocerle. Luciano se excitó un poco: Era el momento de probarse que era su jefe. Hizo pesar sobre él una mirada de águila y avanzó hacia él con las manos detrás de la espalda. Pero el hijo del obrero no pareció intimidado: Volvió hacia Luciano los ojos vacíos y cruzó a su lado silbando. "No me ha reconocido", se dijo Luciano, pero estaba profundamente desilusionado y los días que siguieron pensó más que nunca que el mundo no existía".

En algunas ocasiones llegó hasta pensar en lo bueno que sería suicidarse, pero desistió a buen término. Su pensamiento sobre la existencia creyó que se hizo más claro cuando leyó a Freud.

Más tarde, sin amistades y aislado fue presentándosele el mundo bajo aspectos novedosos. Así Sartre continúa "Ahora estaba de pie un telón de nubes grises, era como si existiera en el vacío "Este silencio"... Pensó. Era más que el silencio, era la nada. Alrededor de Luciano el campo estaba extraordinariamente tranquilo y húmedo; inhumano: "Parecía que se hacía pequeño y retenía el aliento para no molestarlo". Bajo esa impresión "Le pareció que el verdadero Luciano estaba perdido y había más que una larva blanca y perpleja". "¿Qué es lo que soy?" Kilómetros y kilómetros de andar en el Sol pesado y rajante, sin yerbas, sin olor, y, luego, de pronto, sabiendo de hecho, de esa corteza gris el espárrago de tal modo insólito que no tenía ni sombra detrás de él. "¿Qué es lo que soy?". La pregunta no había cambiado desde las vacaciones precedentes. Hubiérase dicho que esperaba a Luciano en el mismo lugar en que lo había dejado; o mejor aún que no era una pregunta, era un estado, Luciano se encogió de hombros: "Soy demasiado escrupuloso, pensó, me analizo demasiado.

> "Los días siguientes se esforzó en no analizarse: Hubiera querido fascinarse con las cosas, contemplaba largamente las hueveras, los aros de servilleta, los árboles, las fachadas; halagó mucho a su madre pidiéndole que le mostrara su platería. Pero mientras miraba la platería pensaba que miraba la platería, y detrás de su mirada palpitaba una pequeña niebla viviente…Esta niebla abundante y tenue, cuya opaca inconsistencia se parecía falsamente a la luz, se deslizaba detrás de la atención que prestaba a las palabras de su padre: Esa niebla era él mismo. Irritado trataba de atrapar la niebla y mirarla de frente: no encontraba más que el vacío, la niebla siempre quedaba detrás".

Situaciones estas en que la existencia es niebla y en donde se descubre a través del silencio, la idea de la nada. Niebla, aspecto desolador de lo inconsistente y fugaz.

Aparece en su mente otra pregunta, ya no aquella de sí existo, sino esta otra: ¿Para qué existo? "Estaba ahí, continúa la novela, digería, bostezaba, escuchaba la lluvia y golpeaba contra los vidrios y estaba esa bruma blanca que se deshilachaba en su cabeza ¿y después? Su existencia era un escándalo y las responsabilidades que asumiría más tarde bastaban apenas para justificarlo. "Después de todo, yo no he pedido nacer", se dijo. Y tuvo un impulso de piedad para sí mismo. Se acordó de sus inquietudes de niño, de su larga somnolencia y se le aparecieron bajo una luz nueva: en el fondo no había dejado de estar embarazado por su vida, por ese "regalo" voluminoso e inútil y la había llevado en su brazo sin saber qué hacer de ella ni dónde depositarla".

Yo no he pedido nacer. He aquí el secreto de la incomprensión. Es que no se pide nada antes de toda existencia, y cuando la existencia aparece, es que desde ese momento se puede y se debe pedir el destino de esa existencia. Por qué la vida se da su razón de un devenir de la vida misma, y la existencia se tiene en razón de una dádiva ferviente y piadosa de la Divinidad. Cuando se comprende la existencia así, entonces nace el sentimiento de responsabilidad del hombre frente a Dios por ese don inapreciable que ha otorgado. Que existe responsabilidad intensa y facilidad para llevar una existencia por el sendero del mal o un sacrificio por conducirla por el camino de la bondad, es porque en esto estriba la nobleza de la virtud y el verdadero orgullo del hombre. El hombre es un ser que él mismo debe modelar sobre la materia entregada por lo Eterno. Por eso he dicho siempre: el hombre no es una plaza abierta a la nada como lo afirma Heidegger, es una plaza abierta a la inmortalidad.

Es también indudable que el hombre que no siente el poder de su espíritu, la belleza de sus propios valores, el sentimiento de felicidad por el tiempo sobre sus pasiones y sus desvaríos en la ruta del bien, éste hombre siente la existencia como un fardo, un regalo voluminoso que no encuentra donde depositarlo, y en último término, donde ahogarlo y nulificarlo. Inicua actitud a que llega el existencialismo, porque es una tesis que reproduce el desprecio para la vida en todas sus manifestaciones.

Empezó Luciano a vivir la vida corriente, buscar amores de calidad inferior pero sin dejar de pensar en que sería jefe. Para finalizar la novela escribe Sartre: "Un reloj dio las doce de la mañana; Luciano se levantó, la metamorfosis estaba terminada: una hora antes, en ese café, había entrado un adolescente gracioso e incierto; el que salía era un hombre, un jefe entre los franceses, Luciano dio algunos pasos en la gloriosa luz de una mañana de Francia. En la esquina de la calle de las escuelas y del boulevard de San Miguel, se aproximó a una papelería y se miró en el espejo; hubiera querido encontrar en su rostro el aire impermeable que admiraba en el de Lemordant. Pero el espejo no le devolvió más que una linda carita obstinada, que no tenía todavía nada de muy terrible: "Me dejaré crecer el bigote", decidió Luciano.

Tal es el bosquejo de la citada novela en que lo artificial se une a las inquietudes más hondas del hombre y se resuelve en el camino de una negación constante. Es indudable que una existencia que es simulación, artificio, locura, incertidumbre, nube, debe conducir indudablemente a ese límite que se llama: nada.

En esa postura los hombres, no sólo los que tienen la obsesión de llegar a ser jefes de una factoría, creados en ambiente de tanta insustancialidad, con una vida hecha a base de ilusiones que muchas veces ni siquiera viene siendo de ellos mismos, llegan a la conclusión de que su existencia es una simple comedia, un simple "estar ahí", sin trascendencia y sin mayor importancia.

La tesis de Sartre sobre la existencia aflora en este ejemplo de la vida burguesa.

¿Es Sartre el Aristófanes de la época? ¿Es el Voltaire presentando a Cándido como una ironía constante frente a la tesis optimista de Leibniz? Es la vida, preguntamos después de leer esta novela, ¿un artificio de simulación y, en esencia, la manifestación de la nada?

PLÁTICA 41

LA OBRA LITERARIA DE SARTRE. "ERÓSTRATO"

De la obra literaria de Sartre queremos sacar el contenido ideológico y filosófico del Existencialismo. Nada señala más la tesis de una época o de un genio que esa labor, aparentemente dispersa y heterogénea, que es la creación artística, en donde se encuentran las formas iniciales del pensar, del actuar y de la emoción.

De la obra *La infancia de un jefe* concluimos que es el tipo de la novela irónica para una época superficial en donde las apariencias conducen a situaciones en que la nada es evidente y la náusea es una consecuencia de ese asco por la vida no comprendida.

Ahora se nos presenta la novela intitulada *Eróstrato* en que descubrimos otros aspectos del existencialismo: el ansia de notoriedad a base de hechos innobles, posturas inmorales y el recuerdo de acontecimientos nefastos para la humanidad.

Eróstrato es el personaje de la novela con el ansia más grande de asombrar al mundo. Se presenta como un actor cómico, sádico, salaz y trágico.

Es la reproducción de esas existencias ávidas de notoriedad, que se recrean en sus pequeños dominios y creen poder producir un espectáculo grandioso por lo atrevido y harto cómico de sus acciones. Lo más interesante es cómo, en ciertos seres, obran fuertemente aquellos recuerdos de hombres nefastos que, no pudiendo realizar una obra de altura, se internan en la superficialidad de lo fácil y espectacular.

Quieren a cada instante estar sobre los hombres y es por ello que sienten placer en contemplarlos aunque sea desde el sexto piso de un edificio. Ridícula concepción de lo que es la vida humana, visión que tiene el existencialista cuando cree que todo se resuelve en la nada y que lo trascendente y fundamental del mundo y de la vida provoca la náusea asquerosa y deprimente.

No pudiendo internarse en lo más profundo de lo que es el hombre, el personaje que presenta Sartre en su pequeña novela *Eróstrato* exclama:

"A los hombres hay que mirarlos desde arriba" (parece que va a venir una visión hondamente espiritual, pero a continuación la ironía se presenta cuando expresa: "Yo apagaba la luz y me ponía a la ventana; ni siquiera sospechaban los hombres que se les pudiera observar por encima. Cuidan la fachada, algunas veces la espalda, pero todos sus efectos están calculados para espectadores de un metro setenta. ¿Quién ha reflexionado nunca en la forma de un sombrero hongo visto desde un sexto piso? No se cuidan de defender sus hombros y sus cráneos con colores vivos y con géneros chillones, no saben combatir ese gran enemigo de lo humano: la perspectiva de arriba abajo. Yo me asomaba y me echaba a reír: ¿Dónde estaba pues, su famosa "estación de pie" de la que están tan orgullosos?, se aplastaban contra la acera y dos largas piernas semi-rampantes salían debajo de sus hombros". Tal es la visión de lo superficial, aunque también aparezcan observaciones psicológicas interesantes.

"En el balcón de un sexto piso: allí hubiera debido yo pasar toda mi vida. Es necesario apuntalar las superioridades morales con símbolos materiales, sin los cuales se desplomarían". Sentencia ésta que ya implica el contenido de la filosofía existencialista en sus fundamentaciones éticas. Y es natural que en este estado psicológico aparezca la siguiente dubitación:

"Pero, precisamente ¿cuál es mi superioridad sobre los hombres? Una superioridad de posición; ninguna otra: me he colocado por encima de la humanidad que está en mí y la contemplo. He aquí porque me gustan las torres de Notre Dame, las plataformas de la torre Eiffel, el Sacré-Coeur, mi sexto piso de la calle Delambre. Son excelentes símbolos".

"Algunas veces me era necesario volver a bajar a las calles. Para ir a la oficina, por ejemplo, yo me ahogaba. Cuando está al mismo nivel de los hombres, es mucho más difícil considerarlos como hormigas: tocan".

Encontraremos en este pasaje la famosa "situación" desde la cual se puede contemplar la existencia. Una "situación" de acomodo material pero nunca espiritual, un contemplar la vida en relación con unos cuantos metros de altura en lugar de llegar a los elementos esenciales de la naturaleza humana. Situación que no se quiere dejar porque entonces los hombres tocan, es decir se aproximan y la comparación puede surgir desventajosa para el observador. El personaje de marras ha oído hablar de un tal Eróstrato que allá en lejana época, hace más de 2,000 años quiso ser célebre y no encontró medio mejor que el de ir a incendiar una de las siete maravillas del mundo de aquel entonces, el templo de Éfeso. Sartre refiere este hecho con una expresión magnífica: "Este acto brillaba para nuestro personaje como un diamante negro". Diamante negro significa algo que no puede perderse porque su brillo concentra la atención de todas las miradas, pero no es el cúmulo de luminosidad, de exquisiteces en el orden material o espiritual, es todo lo contrario, la negrura de un acto horrendo como fuera este y aquel otro que también en incendio consumiera la famosa biblioteca de Alejandría. Y una reflexión: ¿No podemos suponer que Sartre es el Eróstrato de la época contemporánea y el templo de Éfeso viene a ser la existencia humana? Es indudable que más tarde brillará su filosofía como un bello diamante negro.

Ante esta visión legendaria el personaje de la novela expresa:

"Comencé a creer que mi destino sería corto y trágico. Aquello me dio miedo al principio y después me acostumbré. Si se mira desde cierto punto de vista, es atroz; pero desde otro, otorga al instante que pasa, una belleza y una fuerza considerables. Cuando bajaba a la calle sentía en el cuerpo un extraño poder. Llevaba encima mi revólver, esa cosa que estalla y que hace ruido. Pero no sacaba de él mi seguridad, sino de mí mismo: yo era un ser perteneciente a la especie de los revólveres, de los petardos y de las bombas. También yo, un día, al terminar mi sombría vida, estallaría e iluminaría el mundo con una llama violenta y breve como el estallido del magnesio. En esa época me ocurrió tener muchas noches el mismo sueño. Yo era un anarquista, me había colocado al paso del Zar y llevaba conmigo una máquina infernal. A la hora precisa pasaba el cortejo, estallaba la bomba y saltábamos en el aire, yo, el Zar y tres oficiales adornados de oro, bajo los ojos de la multitud".

En este ambiente, ya de perturbación mental, da los primeros pasos de soberbia y empieza por actos de villanía a la dignidad de una mujer y toma la determinación de asesinar a un hombre para causar sorpresa a la sociedad. Escribe cartas a las personas más connotadas de la población. Algunos pasajes de estas misivas nos hablan elocuentemente de éste empobrecimiento de la personalidad.

"Señor, usted es célebre y de sus obras se imprimen treinta mil ejemplares. Voy a decirle por qué: porque ama a los hombres. Tiene usted el humanitarismo en la sangre; es una suerte"... "A usted le es fácil, pues encontrar el acento que conviene para hablar al hombre de sí mismo, un acento púdico, pero entusiasta"... "Pero le digo que yo no puedo querer a los hombres. Comprendo muy bien su manera de sentir. El hombre no puede hacer nada con su cara sin que ello se convierta en una escena de fisonomía. Cuando mastica, conservando la boca cerrada, los ángulos de su boca suben y bajan y parecen pasar sin descanso de la serenidad a la sorpresa llorosa. A usted eso le agrada, lo sé. Es lo que llama la <u>Vigilancia del Espíritu</u>. Pero a mí me da no sé por qué: así he nacido". Vigilancia del espíritu, una cruel ironía para esas falsas posturas de simulación, pero también una afirmación de la tesis de la náusea para la vida.

"A mí no me gustan los hombres, soy un miserable y no puedo encontrar mi sitio en el mundo. Ellos han acaparado el sentido de la vida. Espero que comprenda lo que quiero decir. Hace treinta y tres años que tropiezo contra puertas cerradas sobre las cuales han escrito: "nadie entra aquí si no es humanitario". Son dos expresiones que tienen una profunda significación. La primera no es aquella, muy semejante de Rilke cuando ironiza a quienes pretenden haber acaparado el sentido de la vida y haberlo traducido en simples palabras. Es así como Rilke en sus "Sextinas y Bendiciones" canta:

"Ich fuerchte mich so vor der Menshen Wort.
Sie sprechen alles so deutlich aus":
"Yo temo la palabra de los hombres.
Hablan todos con tanta claridad".
"Kein Berg ist ihnen mehr wunderbar;
Ihr Garten und Gut grenzt grade an Gott".

"Ninguna montaña les es ya maravillosa;
Sus jardines y bienes casi rozan a Dios"

"Die Dinge singen hoer ich so gern.
A mí me gusta oír cantar las cosas".

Y aquella otra expresión que tantos novelistas y escritores han ironizado de los famosos letreros que tienen recetas de moralidad y de honestidad.

Después de estas frases, de una vida que no es existencia plena, sino simple desprecio anegado en el odio, es natural que se llega a la náusea, por el camino de la ironía y, de esta manera, se afirma la tesis existencialista de un desprecio para los valores más nobles y dignos de la humanidad.

PLÁTICA 42

LA OBRA LITERARIO DE JEAN PAUL SARTRE.
"LA CÁMARA"

"Hubiera sido mejor que ella reconociera valientemente la verdad", se dijo para sus adentros el padre de Eva, el Sr. Darbedat. Expresión ésta que nos hace reflexionar sobre la actitud que deberíamos de tener ante la realidad cruel y nefasta que actualmente vive la humanidad. Tal es el propósito que muchos expositores de filosofía se proponen, pero que lo llevan a cabo no comprendiendo la verdadera existencia y sólo interpretándola en sus aspectos denigrantes y nefastos.

"Uno se pregunta, pensó el Sr. Darbedat, dónde comienza la responsabilidad o, mejor aún, dónde termina". Afirmación que directamente va a una actitud de la vida frente al mundo y a los hombres. Dónde comienza la responsabilidad si hemos de investigar y comprender el origen de la existencia; dónde termina si hemos de situarnos en la conducta y en la limitación de la propia existencia.

El motivo de esta pequeña novela es el martirio de dos seres. Uno en estado de pre locura, el otro en la situación de honda pasión amorosa. En un ambiente de dolor y miseria, las dos conciencias. Cuartos viejos y mal iluminados, olor sofocante a incienso en donde la luz se ausenta ante el impedimento de gruesas cortinas. Pedro, el enfermo, en un sillón, siempre acongojado por las fantasías más escalofriantes. Ella conociendo el terrible drama de la locura. En medio de este ambiente se encuentran las siguientes expresiones:

"Un cambio profundo se efectuó alrededor de Eva. La luz que envejecía, encanecía, se ponía pesada como el agua de un florero que no se ha renovado desde la víspera. Sobre los objetos, entre esta luz envejecida, Eva volvía a encontrar una melancolía hacía mucho tiempo olvidada: la de un medio día de fines de otoño. Miraba a su alrededor, mirando, casi tímida; todo estaba tan lejos; que del aposento no existía ni día ni noche, ni estaciones, ni melancolía. Recordó vagamente otoños anteriores, otoños de su infancia, y luego, de pronto resistió: tenía miedo a los recuerdos.

Tal parece el horizonte que casi siempre se encuentra en esos cuentos de Edgar Poe, en los recuerdos de Proust o en las nostalgias de Rilke. Pero el momento dramático aparece cuando Pedro, en sus delirios, imagina las estatuas volar sobre su cabeza. En esos instantes se atormenta hasta lo indecible, pónese pálido, rígido y despreciativo. Descripción que hace Sartre en la forma siguiente:

"Pedro hizo "han" y se hundió en el sillón cruzando las piernas debajo; volvía la cabeza, reía de tiempo en tiempo pero algunas gotas de sudor perlaban su frente"

Pero Eva se contagia y viene el drama perfilado a la manera de Shakespeare o Andreiev:

"Eva no pudo soportar la visión de esa mejilla pálida, de esa boca deformada por una mueca temblorosa; cerró los ojos. Hilos dorados se pusieron a bailar sobre el fondo rojo de sus párpados; se sentía vieja y pesada. No lejos de ella Pedro resoplaba ruidosamente: "Vuelan, zumban, se inclinan sobre él... "Sintió un ligero cosquilleo, una molestia en el hombro y en el costado derecho. Instintivamente su cuerpo se inclinó hacia la izquierda como para evitar un contacto desagradable, como para dejar pasar un objeto pesado y torpe. De pronto las tablas crujieron y sintió un deseo loco de abrir los ojos, de mirar a su derecha barriendo el aire con la mano".

"No hizo nada; conservó: conservó los ojos cerrados y una acre alegría la hizo estremecer: "Yo también tengo miedo", pensó. Toda su vida sería refugiada en su costado derecho. Se inclinó sin abrir los ojos hacia Pedro. Le bastaría un pequeñísimo esfuerzo y por primera vez entraría en un mundo trágico. "Tengo miedo de las estatuas" –pensó. Era una afirmación violenta y ciega, un sortilegio; con todas sus fuerzas quería creer es su presencia; ensayaba en convertir en un sentido nuevo, en un contacto, la angustia que paralizaba su costado derecho. En el brazo, en el flanco y en el hombro, sentía el peso de las estatuas".

"Las estatuas volaban bajo y dulcemente: zumbaban. Eva sabía que tenían aire malicioso y que las pestañas salían de la piedra alrededor de sus ojos: pero se las representaba mal. Sabía también que no eran totalmente vivientes pero que algunas placas de carne, algunas escamas tiernas aparecían sobre sus grandes cuerpos; la piedra se pelaba al borde de sus dedos y le ardían las palmas, Eva no podía ver todo esto: pensaba simplemente que enormes mujeres se deslizaban contra ella solemnes y grotescas con aire humano y con la obstinación compacta de la piedra. "Se inclinan sobre Pedro. –Eva hizo un esfuerzo tan violento que se puso a temblar, se inclinan sobre mí..." De pronto la heló un grito horrible. "Lo han tocado". Abrió los ojos: Pedro tenía la cabeza entre las manos, jadeaba. Eva se sintió agotada "Un juego, pensó con remordimiento; no era más que un juego, ni un instante he creído sinceramente en ello. Y durante ese tiempo él sufría verdaderamente".

"Pedro se aflojó y respiró con fuerza. Pero sus pupilas quedaron extrañamente dilatadas; transpiraba.

- ¿Las has visto? – Preguntó.
- No puedo verlas.
- Es mejor para ti, te darían miedo. Yo ya estoy acostumbrado – dijo.

Las manos de Eva seguían temblando: tenía la sangre en la cabeza. Pedro tomó un cigarrillo del bolsillo y se lo llevó a la boca, pero no lo encendió:

- Verlas me es indiferente –dijo– pero quiero que me toquen: tengo miedo de que me contagien granos.

Reflexionó un instante y prosiguió:

- ¿Las oíste acaso?
- Sí –dijo Eva– es como el motor de un avión. (Pedro le había dicho estas mismas palabras el domingo anterior).

Pedro sonrió con algo de condescendencia.

- Exageras –dijo– pero se quedó pálido. Miró las manos de Eva –tus manos tiemblan. Te has impresionado mi pobre Ágata. Pero no precisas hacerte mala sangre: no volverán antes de pasado mañana.

Eva no podía hablar; le castañeaban los dientes y temía que Pedro lo notara. Pedro la miró largamente:

- Eres bárbaramente bella. Es lástima.

Avanzó rápidamente una mano y le rozó la oreja.

- Mi bello demonio. Me molestas un poco, eres demasiado bella.

Se detuvo y miró a Eva con sorpresa:

— Vamos, me voy a dormir, sabes Ágata, estoy fatigado. No encuentro mis ideas.

Arrojó el cigarrillo y miró a la alfombra con aire inquieto. Eva deslizó una almohada bajo la cabeza.

— Puedes dormir también –le dijo cerrando los ojos– ellas no volverán".

Novela de carácter patológico en que se encuentra la creación del poeta. ¿Y el Existencialismo? Es indudable que en estos dos seres se presenta la angustia con algunos caracteres definidos, la preocupación más intensa y el sentido de la conciencia nulificándose. Ni un momento de conciencia límpida aparece. Es la existencia que se inclina en la pendiente de la nada.

La reflexión que viene a nosotros es la de que Sartre sólo presenta un mundo de depresión lleno de enfermedad, en donde las fantasías más locas están destruyendo la conciencia humana; no se sabe hasta dónde llega la responsabilidad y no se tiene valor suficiente de encontrar la verdad. Pero la verdad que presenta Sartre no es, a pesar de ser un mundo de flaquezas y villanías, ese ambiente de tristeza, de sombras, de pesadumbre y de enfermedad; hay notas que el hombre debe descubrir para llevar una existencia sobre una esperanza y una fe. Mundo nuevo que tendrá que aparecer cuando el concepto que el hombre tenga sobre el mundo y sobre la vida, descubra algo estable y permanente y encuentre una finalidad que explique la razón de su existencia y de su ser.

PLÁTICA 43

Marx frente a Sartre. Naturaleza del Marxismo.
Naturaleza de la Filosofía.
La Conciencia. El pensar Cartesiano. La Historia y el Compromiso.
Toda Filosofía es Idealista. La Acción y la Filosofía.
Lo que Falta al Marxismo.
La Realidad Condiciona el Saber. Lo Subjetivo
¿En qué Consiste la Subjetividad de la Filosofía Existencialista?
¿Cómo Pueden Adunarse estas Doctrinas?

MARX FRENTE A SARTRE

En un interesante artículo de Maurice Merleau-Ponty se estudia: el rechazo que el Marxismo ha tenido para el Existencialismo; la falsa idea de que el Existencialismo es un círculo cerrado de carácter subjetivista apoyado en la nada y, la necesidad de crear "una concepción de la conciencia que funde a su vez la autonomía y la dependencia describiéndola como una nada que viene al mundo y no podría mantenerse en su libertad sin comprometerse a cada momento".

Se refiere Merleau-Ponty a la obra de H. Lefebre *Existentialisme et Marxisme* en que reprocha a la tesis de Sartre al conservar un resto todavía del Idealismo filosófico.

Para señalar con método la defensa del Existencialismo que hace el filósofo francés, la exposición sobre la naturaleza del Marxismo, y por último, el pedimento de esa nueva concepción de la conciencia podemos señalar el siguiente programa de estudio:

1. ¿Cuál es la naturaleza del Marxismo?
2. ¿En qué consiste la subjetividad en la filosofía Existencialista?
3. ¿Cómo pueden adunarse estas doctrinas?

Empecemos con el primer capítulo.

NATURALEZA DE MARXISMO

NATURALEZA DE LA FILOSOFÍA

Es indudable que el Marxismo no se detiene ni a describir al ser ni a fundamentar la existencia del semejante. El Marxismo no es una filosofía de tipo metafísico, su base es económica e histórica. Describe el proceso del hombre fundándose especialmente en elementos materiales, biológicos y económicos. Por eso mismo Engels ha dicho: "la cuestión fundamental de toda filosofía, y en especial de la filosofía moderna, es la de las relaciones entre el pensamiento y la realidad".

LA CONCIENCIA

Ponty afirma que en esta tesis marxista hay principios básicos, uno de ellos es que la conciencia es parte del mundo, reflejo del objeto, un subproducto del ser, un verdadero epifenómeno. Es así como Engels afirma que las ideas son reflejos intelectuales de las cosas y de los movimientos del mundo real. Ideas producidas por el cerebro humano que, a su vez, es un producto de este mundo real.

EL PENSAR CARTESIANO

De ninguna manera se ajusta este pensamiento al cogito cartesiano, en donde la conciencia pensante es un elemento aislado y evidente en una primerísima realidad.

LA HISTORIA Y EL COMPROMISO

Pero hay, en la relación del sujeto y del objeto un tercer elemento fundamental: la historia. Tres factores, el sujeto, el objeto y la historia explican la naturaleza del hombre. Por eso mismo, cualquiera referencia exclusiva a la conciencia es una manera de vivir las tareas concretas que el mundo exterior requiere de nosotros. En otras palabras, eludir el "Compromiso" que tenemos frente a la humanidad y la historia.

TODA FILOSOFÍA ES IDEALISTA

El Marxismo puede atacar muy bien a toda la Filosofía señalándola como idealista, ya que siempre supone reflexión, elude a un más allá, rehúsa y desprecia el existir, se entrega a la angustia ante la revolución, en una palabra, es una expresión de la actitud plenamente burguesa. La idea de la filosofía como búsqueda de la esencia eterna del hombre y del mundo nos hace ver que todo filósofo es un ser angustiado inútilmente frente a la verdadera humanidad que se hace por el trabajo y por la praxis.

LA ACCIÓN Y LA FILOSOFÍA

Para afirmar una verdadera filosofía debe el hombre unirse a la historia en vez de contemplarla. Ya Marx ha dicho: "Los filósofos no se han preocupado más que de interpretar al mundo, pero de lo que se trata es de transformarlo".

LO QUE FALTA AL MARXISMO

Es indudable que el Marxismo hace un llamado a la acción como medio de superar las oposiciones dialécticas, pero hasta la fecha no ha definido cuáles son sus fines y sus medios. Naturalmente que hay la conveniencia de unirnos al movimiento de la historia en la cual estamos "comprometidos", pero falta saber cuál es ese movimiento de la historia.

Estas opiniones de Ponty son básicas porque están señalando la necesidad de un hecho positivo para toda la humanidad y no sólo para un sector determinado entre los hombres sino para todos es un intento de superación integral.

Gabriel Marcel, también ataca a Sartre por encerrarse en un círculo interno del Ser y la Nada.

LA REALIDAD CONDICIONA EL SABER

Es indudable, dice Ponty, que todo hombre está obligado a convenir con Descartes en que, si conocemos alguna realidad exterior, es bajo la condición de captar en nosotros mismos esta operación del conocimiento. Porque ningún ente en sí nos sería accesible sino fuera a la vez un ente para nosotros. Idea que pertenece más bien a la Escolástica y que la *Summa Teológica* consigna en la siguiente forma:

LO SUBJETIVO

Los escritores marxistas no niegan las condiciones subjetivas de la historia, no eliminan el sujeto como factor de la historia. Hay un valor para el individuo. La clase depende de la actitud de cada hombre para con ella, por eso es necesario que ellos tomen conciencia de su responsabilidad.

Cuando Marx renuncia a la teoría del espíritu absoluto como motor de la historia, ya por eso deja de tener la posibilidad de postular una síntesis del hombre integral. Lo peculiar del marxismo es que prevalezca sin garantía metafísica, la lógica de la historia sobre su contingencia.

¿EN QUÉ CONSISTE LA SUBJETIVIDAD DE LA FILOSOFÍA EXISTENCIALISTA?

El compromiso aceptado por el Existencialismo supone condiciones subjetivas y objetivas de la historia. Más tarde planteará el problema de las relaciones recíprocas entre la conciencia y el mundo social. Admitirá una libertad con situación y hará del sujeto no un reflejo, como lo quiere el epifenomenismo, sino un reflejo-reflejante como lo acepta el Marxismo.

Para los marxistas el Existencialismo toma conciencia de sí misma como nada y como libertad, traduce en conceptos esta fase de la historia en que el hombre está encadenado en las contradicciones del capitalismo y en que se está luchando entre la esencia y la existencia del hombre.

Hace, especialmente el análisis de la conciencia que la reduce a la nada y afirma la libertad comprometida. Es un desarrollo constante de descripción de la conciencia humana en los más bajos fondos sociales en donde la náusea aparece cuando la conciencia descubre el ser o más bien la nada.

¿CÓMO PUEDEN ADUNARSE ESTAS DOCTRINAS?

Según Merleau-Ponty tanto el Marxismo como el Existencialismo pueden protegerse y ayudarse ya que ésta última doctrina da sentido a la finalidad de la historia y señala las bases de una filosofía social, lo que no ha logrado el Marxismo.

Sobre todo, ambas doctrinas tienen que coincidir en los siguientes puntos:

a). Formularán una nueva concepción de la conciencia. Por un lado como reflejo-reflejante del mundo objetivo en el caso del Marxismo, y por el otro, como una realización de la nada en el Existencialismo. ¿Es posible semejante compaginación?

b). Sostendrán la autonomía y la dependencia de la conciencia. No es la conciencia aislada del mundo, ni tampoco el solo producto de los hechos materiales de la materia. Es el compendio de independencia y de acatamiento. ¿Cómo síntesis dialéctica?

c). Describirán la conciencia como la nada que viene al mundo. Tesis jamás aceptada por el Marxismo, por su objetividad y materialismo.

d). Tomando en cuenta que la conciencia sólo puede mantenerse en su libertad cuando se compromete a cada instante. Pero la libertad para el Marxismo es la conciencia gradual de la necesidad y en cambio para el existencialismo es (texto incompleto).

Términos irreconciliables en cuanto a sus contenidos doctrinales, aunque sí se llegan a semejar en sus tendencias aniquiladoras de la dignidad del hombre.

PLÁTICA 44

Existencialismo y Neokantismo

EXISTENCIALISMO Y NEOKANTISMO

Existen en la actualidad dos doctrinas que como actitudes filosóficas suponen puntos de vista sobre la naturaleza de la vida y del universo

Una de ellas es la afirmación de la filosofía especulativa. La verdad es la conquista de la razón y todo se explica tomando en cuenta a la Lógica y a la Ciencia.

Esta investigación especulativa tiene raíces antiquísimas, pero bien podemos referirla a la tesis kantiana que empieza toda investigación filosófica por el problema de la crítica del conocimiento.

Contrariando esta tesis cientificista, nos encontramos con el Existencialismo. Se basa en una interpretación de la vida y acepta como fundamentos aquellos de la conciencia que la tesis anterior había rechazado. A la postura intelectualista de Spinoza: "*Non ridere, non lugere, non destetari; sed intelegere*". Es decir, no tener como base las emociones, sino afirmar la compresión para todas las actividades del hombre en su deseo de captación de la verdad hasta llegar a la esencia de Dios.

La lucha de estas dos tesis se origina en el siglo XIX de una manera tangible. No debe olvidarse de la llamada decadencia de la Escolástica que tuvo también un llamado a los más profundos poderes de la emoción.

Las dos tesis se combaten acremente. Por el tamiz de la inteligencia debe descubrirse el sendero del hombre, tal es el propósito del Neokantismo, sin diferenciarlo en este momento de otras tesis especulativas como pueden ser la de Hegel. Por el camino de la emoción y más aún, de la angustia y de la preocupación al descubrimiento de la existencia humana; tal es la tesis del existencialismo.

La filosofía especulativa rechaza enérgicamente como vaga, insubstancial toda afirmación de carácter emocional. La tesis existencialista afirma esta actitud y rechaza de plano la intelección.

Es indudable que tanto una doctrina como la otra, extremando sus principios, habrían de llegar a las posiciones más alejadas de una vida correcta y equilibrada.

El Neokantismo es la posición más radical del logicismo. Llega a pensar tan racionalmente de la vida, que pierde un profundo sentido que guarda, no sólo la religiosidad y la belleza, sino aun la verdad.

Es la razón que invade todos los campos y a base de ella se construyen seres mecánicos, señalándolos dentro del marco del intelecto.

En cambio, el existencialismo empieza por una justa rebeldía, afirma la desesperación, la preocupación y la angustia, pero llega en la última obra de los filósofos existencialistas a la completa identificación con la Nada y la asquerosa función fisiológica de la náusea.

Esta última tesis trata de afirmarse después de la guerra que hemos sufrido y no es más que manifestación del asco por los hechos más innobles, más denigrantes que jamás época alguna pudo haber tenido.

El neokantismo olvida que la vida es algo que la razón y que la fe se asientan en la esperanza de lo imposible. El existencialista olvida que hay la verdad especulativa al lado de la verdad revelada. Olvida también que el descubrimiento de las esencialidades no sólo se logra por el campo lleno de incertidumbres y de dolor que entrega a la desesperación, la preocupación y la angustia ante la nada; sino que hay además estados de fe que tienen un placer espiritual profundo y verdadero; que existen actitudes beatíficas y de plena lozanía espiritual para llegar a la meta de una valiosa comprensión de la vida y más aun, de Dios.

Cuando el neokantismo rechaza enérgicamente toda palabra que se intuye sentimentalmente y cuando el existencialista va contra la razón, aboga porque en el asqueroso momento del asco y de la náusea, se descubre el sentido de la existencia; nosotros hemos pensado si estas tesis no vienen siendo el azote a lo espiritual y de la humanidad y únicamente son factibles después de tantos hechos bochornosos en contra del arte, de la ciencia, de la filosofía y del espíritu.

La inteligencia no es todo sino una pequeña región espiritual que llega a tomar apenas el vuelo cuando ya la fe, el amor y otros nobles sentimientos están por los aires en el vuelo más espléndido. Pero sí, la inteligencia es noble y no abarca la vida entera del hombre; la náusea sólo se produce ante espectáculo asqueroso de lo más bajo en el orden biológico del organismo humano.

Cuando se hizo el análisis magnífico de la existencia humana en 1927, en una obra que lleva por título el de *Ser y el tiempo*, entonces se hizo alusión a una de las más profundas y severas actitudes del hombre: la angustia. En cambio, cuando se rebajó este sentimiento que el espectáculo de la Nada produce en el hombre y se buscó el fundamento de la conciencia existencialista por medio del asco, es indudable que el hombre había sido azotado por las más nefastas maldades de los hombres sin conciencia y sólo llenos de ambición.

Desgraciadamente los jóvenes dedicados a profundizar los problemas de la filosofía se dejan llevar, los unos, por el sendero de la razón que trata de destruir toda actividad distinta a su naturaleza, y que por cierto, las hay en abundancia en el espíritu humano; y los otros se dejan arrastrar por la novela fácil y un realismo que con apariencia de la verdad desnuda, no hace más que presentar a la vida en sus más despreciables momentos y en el olvido absoluto de más caros ideales.

Existencialismo y Neokantismo son tan nefastos en el momento actual que parecen dos nubarrones que en el horizonte están amenazando la conciencia de los hombres de buena fe.

El Neokantismo no deja de tener bellezas y sublimes momentos de interpretación en el campo de la verdad científica. En el Existencialismo no deja de ser un interesante análisis en la obra de un Heidegger y o de un Jaspers. Pero no tengamos el aliento de los extremos para convertir la vida actual en páramos desiertos de ilusiones, de voliciones y de emotividades que están más allá de la razón fría y despiadada y de los actos más denigrantes de la fisiología y de la psicología humana.

Fuimos los primeros expositores de ambas tesis hace más de veinte años, cátedras de Metafísica y de Epistemología Analítica en la Facultad de Filosofía y Letras de la Universidad Nacional Autónoma de México; y entonces como hoy establecimos una crítica severa a dichas tesis, y esto que no se había llegado a los términos exagerados y profundamente despreciables de quienes creen que por medio de su razón han descubierto toda la vida o por medio de sus asquerosas y repugnantes náuseas, han llegado a descifrar la existencia.

En alguna ocasión tendremos que hacer un balance de actitudes mentales y del exhibicionismo y pedantería que en la mayoría de sus expositores se encuentran como una muestra más de la decadencia espiritual de nuestro tiempo.

EL SER Y LA NADA DE JEAN PAUL SARTRE

Traducción del
Sr. Dr. ADALBERTO GARCÍA DE MENDOZA
de la Universidad Nacional Autónoma de México.

EL ORIGEN DE LA NEGACIÓN

CAPÍTULO PRIMERO
1) LA INTERROGACION

Nuestros estudios e investigaciones nos han conducido a descubrir el sentido del ser. [1] Pero así mismo ellos nos han llevado a un instante de detención o estancamiento puesto que no hemos podido establecer la liga entre las dos regiones del ser que hemos descubierto. [2]

Es, sin duda, que hemos encontrado una mala perspectiva para conducir nuestra encuesta. Descartes encontró la base de un problema análogo cuando él debió de ocuparse de las relaciones del alma y el cuerpo. Esto le condujo a buscar la solución sobre el terreno de hecho donde se opera la unión de la sustancia pensante con la sustancia extensa, es decir, en la imaginación.

El consejo es precioso, pero ciertamente nuestras inquietudes no son las de Descartes y no concebimos la imaginación como él. Lo que se puede retener, es aquello que conviene separar desde el principio: los dos términos de una relación para ensayar unirlos enseguida: la relación es la síntesis. Por consiguiente, los resultados del análisis nos sirven para descubrir los momentos de esta síntesis. Laponte dice que abstrae cuando se piensa un estado aislado lo que no se puede hacer para lo que existe aisladamente. Lo concreto, por oposición, es una totalidad que puede existir por sí sola. Husserl es de la misma opinión: para él lo rojo es un abstracto, pues el color no puede existir sin la figura. Por el contrario, la cosa tempo-espacial, con todas sus determinaciones, es un concreto. Desde este punto de vista, la conciencia es un abstracto, puesto que ella guarda en sí misma, un origen ontológico hacia sí misma y, recíprocamente, el fenómeno es un abstracto puesto que debe parecerse a la conciencia. El concreto no llegará a ser más que la totalidad concreta en la conciencia como el fenómeno que está

---

[1]   Investigación de Heidegger, *Sein und Zeit*.
[2]   Regiones señaladas en la introducción de la obra.

constituido de momentos. El concreto es el hombre en el mundo. Con esta unión específica del hombre y el mundo, Heidegger llega a la noción del ser en el mundo.

Interrogar la experiencia, como Kant, sobre sus condiciones de posibilidad, efectuar una reducción fenomenológica como Husserl, que reduce el mundo al estado de correlatado neumático de la conciencia, es comenzar deliberadamente por lo abstracto. Por otra parte no podremos restituir lo concreto por la simple adicción u organización de elementos que se tienen como abstractos, como no se puede, en el sistema de Spinoza, restituir la sustancia por la suma infinita de sus modos o atributos. La relación de las regiones del ser es un peldaño inicial y que forma parte de la estructura misma de estos seres. Aquí describimos nuestra primera búsqueda. Es suficiente abrir los ojos e interrogar con toda simplicidad esta totalidad que es el hombre en el mundo. Es por la descripción de esta totalidad que podemos responder a estas dos cuestiones:

Primero. ¿Cuál es la relación sintética que nosotros designamos con el nombre de ser en el mundo?

Segundo. ¿Qué deben ser el mundo y el hombre para que la relación sea posible entre ellos?

A decir verdad, las interrogaciones desembocan una sobre otra, no pueden separarse ni responder aisladamente. Pues cada una de las conductas humanas, son conductas del hombre en el mundo; podemos separar al hombre, al mundo, y a la relación entre ambos a condición de que unamos sus conductas como realidades objetivamente tomadas y no como las afecciones subjetivas que no se descubren más que por la reflexión.

No empezaremos con el estudio de una sola conducta. Ensayaremos, por el contrario, en la descripción de varias, penetrando de conducta en conducta, hasta llegar al sentido profundo de la relación hombre mundo. Ciertamente es conveniente, antes que todo, buscar una conducta primera que nos pueda servir de hilo conductor en nuestra búsqueda.

Esta misma búsqueda nos entregará la explicación de la conducta deseada: este hombre que yo soy, si yo lo afirmo tal cual, es en este momento en el mundo, entonces yo puedo afirmar que estamos ante el ser en una actitud interrogativa. En el mismo momento que yo pido: ¿Es esto una conducta que me puede revelar la relación del hombre con el mundo? Yo ya poseo una interrogación. Esta pregunta yo la puedo considerar de una manera objetiva, pues importa poco que la pregunta sea mía o del lector que me lee. Por otra parte ello no es un simple conjunto objetivo de palabras trazadas sobre una hoja: ella es indiferente a los signos que experimenta.

En una palabra, es una actitud humana provista de significación. ¿Qué nos revela esta actitud?

En toda pregunta nosotros estamos frente de un ser que nos interroga. Toda pregunta supone entonces un ser que interroga y un ser que contesta. Ella no es la relación primitiva del hombre al ser en sí, por el contrario, ella se encuentra en los límites de esta relación y ello lo supone. Por parte de nosotros interrogamos el ser interrogado sobre cualquier cosa. Esto sobre lo que yo interrogo el ser participa de la trascendencia del ser: yo interrogo el ser sobre sus maneras de ser o sobre su ser. Desde este punto de vista la cuestión es una variedad de atender: yo atiendo una respuesta del ser interrogado. Es decir que, sobre el fondo de una familiaridad pre interrogativa con el ser, yo atiendo de este ser un desenvolvimiento de su ser o de su manera de ser. La respuesta será un sí o un no. Es la existencia de estas dos posibilidades igualmente objetivas y contradictorias que distinguen por principio, la cuestión de la afirmación o de la negación. Existen cuestiones que no llevan, en apariencia, respuestas negativas, como por ejemplo, aquella que nosotros pusimos antes: "¿qué nos revela esta actitud?" Pero de hecho, se ve que siempre hay la posibilidad de responder "nada", o "persona", o "jamás" a la cuestión de ese tipo.

Así, en el momento de que yo pregunto: "¿es esto una conducta que puede revelarme la relación del hombre con el mundo?". Yo admito por principio la posibilidad de una respuesta negativa tal: "No, una parecida conducta no existe". Esto significa que aceptemos del ser puesto en frente del hecho trascendente de la no existencia de una tal conducta. Se puede suponer la creencia de la existencia objetiva del no ser; se dirá simplemente que el hecho, en este caso, no llega a mi subjetividad: yo aprenderé que el ser trascendente, la conducta buscada, que es una pura ficción.

Pero desde el principio, llamar a esta conducta una pura ficción es ocultar la negación sin afrontarla. Es pura ficción, equivale aquí a: no es más que una pura ficción. Además destruir la realidad de la negación, es hacer perder el sentido sobre la realidad de la respuesta. Esa respuesta, en efecto, es el ser mismo que se me da, es entonces él que me entrega la negación. Existe, para la interrogación, la posibilidad permanente y objetiva de una respuesta negativa con relación a esta posibilidad del interrogante, desde el momento que él interroga, se coloca en estado de no determinación: él no sabe si la respuesta será negativa o afirmativa. Así la interrogación es un puente trazado entre dos no-seres: no-ser del saber en el hombre, y posibilidad de no-ser en el ser trascendente. En fin, la interrogación implica la existencia de una verdad. Por la pregunta misma, el interrogante afirma que él espera una respuesta objetiva tal que se puede decir: "Es así y no de otro modo". En una palabra, la verdad a título de diferenciación del ser, introduce un tercer no-ser como determinante de la interrogación: el no-ser de limitación. Este triple no-ser condiciona toda interrogación y en particular, la interrogación metafísica que es nuestra interrogación.

Nosotros habíamos salido a la búsqueda del ser y tuvimos que ser conducidos al seno del ser por la serie de nuestras interrogaciones. Desde luego podemos notar que la interrogación en sí misma, revela desde luego la nada. Es la posibilidad permanente del no-ser, fuera de nosotros y en nosotros, que condiciona nuestras interrogaciones sobre el ser. Y es más aun, el no ser que circunscribe la respuesta: lo que el ser será se construye necesariamente sobre el fondo de lo que no es. Cualquiera que sea esta respuesta, ella puede formularse así: "el ser es aquello y, fuera de aquellos, nada".

Así una nueva fuente de lo real viene a parecernos: el no-ser. Nuestro problema se complica entonces, pues nosotros no sólo trataremos de las relaciones del ser humano con el ser un sí, sino además las relaciones del ser con el no-ser y del no-ser humano con el no-ser trascendente, pero miremos mejor.

2) LAS NEGACIONES

Se nos va a objetar que el ser en sí no podrá deducirse de respuestas negativas. ¿No diremos nosotros que hay validez en la afirmación como en la negación? Por otra parte, la experiencia Banal reducida a ella misma nos puede entregar el no-ser. La negación propiamente dicha me es imputable, ella parece solamente al nivel de un acto judicatorio por el cual establezco una comparación entre el resultado deseado y el resultado obtenido. Así la negación será simplemente una cualidad del juicio y atendiendo a la interrogación será una espera del juicio respuesta. En cuanto a la nada, ella sacaría su origen de los juicios negativos, sería un concepto estableciendo la unidad trascendente de todos estos juicios, una función proposicional del tipo: "X no es". Se ve donde conduce esta teoría: se hace remarcar que el ser en sí es plena positividad y no contiene él mismo ninguna negación. Este juicio negativo por otra parte a título de acto subjetivo, es asimilado rigurosamente al juicio afirmativo: se ve que Kant, por ejemplo, ha distinguido en su textura interna el acto del juicio negativo del acto afirmativo: en los dos casos se opera una síntesis de conceptos: simplemente esta síntesis, que es un acontecimiento concreto pleno de la vida psíquica, se opera aquí por medio de la cópula "es" y allá por medio de la cópula "no es": de la misma manera, la operación manual de separación y la separación manual de unión son conductas objetivas que poseen la misma realidad de hacer. Así la negación será "au beout" del acto del juicio sin ser, para así, "dans" el ser.

Ella es común campo cerrado y real entre dos planos realizados donde cada uno no la reivindica: el ser en sí interrogado sobre la negación envuelve al juicio, puesto que no es más lo que es y el juicio, entidad positiva psíquica regresa al ser puesto que formula una negación concerniente al ser y, por consiguiente, trascendente.

La negación, resultado de operaciones psicológicas concretas, sostenida en la existencia por estas operaciones mismas, incapaz de existir por sí, tiene la existencia de un correlativo noemático, su *esse* reside justamente en su *per cipe*. Y la Nada, unidad de conceptual de juicios negativos no podrá tener la menor realidad si no es aquella que los estoicos conferían a su *"lecton"*. ¿Podemos aceptar esta concepción?

La cuestión puede ponerse en estos términos: la negación como estructura de la proposición de un juicio, ¿es ella el origen de la Nada? O, al contrario, ¿es la Nada, como estructura de lo real, que es origen y el fundamento de la negación? Así, el problema del ser nos lleva al de la cuestión como actitud humana y el problema de la interrogación nos conduce al del ser de la negación.

Es evidente que el no-ser aparece siempre en los límites de una espera humana.

BIOGRAFÍA DEL DR. ADALBERTO GARCÍA DE MENDOZA

El Dr. Adalberto García de Mendoza, reconocido como "El Padre del Neokantismo Mexicano". Fue profesor erudito de filosofía y Música en la Universidad Nacional Autónoma de México por mas de treinta y cinco años. Escribió aproximadamente setenta y cinco obras de filosofía (existencialismo, lógica, fenomenología, epistemología) y música. También escribió obras de teatro, obras literarias e innumerables ensayos, artículos y conferencias.

Nació en Pachuca, Hidalgo el 27 de marzo de 1900. En 1918 recibe una beca del Gobierno Mexicano para estudiar en Leipzig, Alemania donde toma cursos lectivos de piano y composición triunfando en un concurso internacional de improvisación.

Regresó a México en el año 1926 después de haber vivido en Alemania siete años estudiando en las Universidades de Berlin, Hiedelberg, Baden, Tubinga y Stuttgart. Ahí siguió cursos con Rickert Windelband, Cassires, Natorp, Husserl, Scheler, Hartmann y Heidegger, de modo que su formación filosófica se hizo en contacto con la fenomenología, el neokantismo, el existencialismo y la axiología, doctrinas que por entonces no eran conocidas en México.

Al año siguiente de su llegada en 1927, inició un curso de lógica en la Escuela Nacional Preparatoria y otros de metafísica, epistemología analítica y fenomenología en la Facultad de Filosofía y Letras. En estos cursos se introdujeron en la Universidad Nacional Autónoma de México las nuevas direcciones de la filosofía alemana, siendo el primero en enseñar en México el neokantismo de Baden y Marburgo, la fenomenología de Husserl y el existencialismo de Heidegger.

En 1929 recibió el título de Maestro en Filosofía y más tarde en 1936 obtuvo el título de Doctor en Filosofía. También terminó su carrera de ingeniero y mas tarde terminó su carrera de Licenciado en Derecho en la Universidad Nacional Autónoma de México. Ingresó al Conservatorio Nacional de Música de México donde rivalizó sus estudios hechos en Alemania y recibe en 1940 el título de Maestro de Música Pianista.

En 1929 el Dr. García de Mendoza hizo una gira cultural al Japón, representando a la Universidad Nacional Autónoma de México. Dio una serie de conferencias en la Universidad Imperial de Tokio y las Universidades de Kioto, Osaka, Nagoya, Yamada, Nikko, Nara Meiji y Keio. En 1933 la Universidad de Nuevo León lo invita para impartir 30 conferencias sobre fenomenología.

De 1938 a 1943 fue Director del Conservatorio Nacional de Música en México. Aquí mismo impartió clases de Estética Musical y Pedagogía Musicales.

En 1940 la Kokusai Bunka Shinkokai, en conmemoración a la Vigésima Sexta Centuria del Imperio Nipón, convocó un concurso Internacional de Filosofía, donde el Dr. García de Mendoza obtuvo el primer premio internacional con su libro "Visiones de Oriente." Es una obra inspirada en conceptos filosóficos Orientales. Recibió dicho premio personalmente en Japón en el año de 1954 por el Príncipe Takamatzu, hermano del Emperador del Japón.

Desde 1946 hasta 1963 fue catedrático de la Escuela Nacional Preparatoria (No 1, 2 y 6) dando clases de filosofía, lógica y cultura musical. También desde 1950 hasta 1963 fue catedrático en la Facultad de Filosofía y Letras y la Facultad de Ciencias Políticas de la UNAM dando clases de metafísica, didáctica de la filosofía, metafísica y epistemología analítica. También dio las clases de filosofía de la música y filosofía de la religión, siendo el fundador e iniciador de estas clases.

Desde 1945 a 1953 fue comentarista musicólogo por la Radio KELA en su programa "Horizontes Musicales." En estos mismos años dio una serie de conferencias sobre temas filosóficos y culturales intituladas: "Por el Mundo de la Filosofía." y "Por el Mundo de la Cultura" en la Radio Universidad, Radio Gobernación y la XELA.

Desde 1948 a 1963 fue inspector de los programas de matemáticas en las secundarias particulares incorporadas a la Secretaría de Educación Pública. En estos mismos años también fue inspector de los programas de cultura musical, filosofía, lógica, ética y filología en las preparatorias particulares incorporadas a la Universidad Nacional Autónoma de México.

Además fue Presidente de la Sección de Filosofía y Matemáticas del Ateneo de Ciencias y Artes de México. Fue miembro del Colegio de Doctores de la UNAM; de la Comisión Nacional de Cooperación Intelectual Mexicana; de la Asociación de Artistas y Escritores Latinoamericanos; del Ateneo Musical Mexicano; de la Tribuna de México; del Consejo Técnico de la Escuela Nacional Preparatoria de la UNAM y de la Liga de Escritores y Artistas Revolucionarios (LEAR).

Fue un ágil traductor del alemán, inglés y francés. Conocía además el latín y el griego. Hizo varias traducciones filosóficas del inglés, francés y alemán al español.

En 1962 recibió un diploma otorgado por la UNAM al cumplir 35 años como catedrático.

Falleció el 27 de septiembre de 1963 en la Ciudad de México.

TRATADO DE LÓGICA: SIGNIFICACIONES (PRIMERA PARTE)
Obra que sirvió de texto en la UNAM donde se introdujo el
Neokantismo, la Fenomenología, y el Existencialismo. 1932.
Edición agotada.

TRATADO DE LÓGICA: ESENCIAS-JUICIO-CONCEPTO (SEGUNDA PARTE)
Texto en la UNAM. 1932.
Edición agotada.

ANALES DEL CONSERVATORIO NACIONAL DE MÚSICA (VOLUMEN 1)
Clases y programas del Conservatorio
Nacional de Música de México. 1941.
Edición agotada.

LIBROS A LA VENTA

FILOSOFÍA MODERNA HUSSERL, SCHELLER, HEIDEGER
Conferencias en la Universidad Autónoma de Nuevo Leon.
Se expone la filosofía alemana contemporánea a través de estos tres
fenomenólogos alemanes. 1933.
Editorial Jitanjáfora 2004.
redutac@hotmail.com

VISIONES DE ORIENTE
Obra inspirada en conceptos filosóficos Orientales. En 1930
este libro recibe el Primer Premio Internacional de Filosofía.
Editorial Jitanjáfora 2007.
redutac@hotmail.com

CONFERENCIAS DE JAPÓN
Confencias sustentadas en la Universidad Imperial de Tokio
y diferentes Universidades de México y Japón. 1931-1934.
Editorial Jitanjáforea 2009.
redutac@hotmail.com

EL SENTIDO HUMANISTA EN LA OBRA DE JUAN SEBASTIAN BACH
Reflexiones Filosoficas sobre la vida y la obra
de Juan Sebastian Bach. 1938.
Editorial García de Mendoza 2008.
www.adalbertogarciademendoza.com

JUAN SEBASTIAN BACH
UN EJEMPLO DE VIRTUD
Escrito en el segundo centenario de la muerte de Juan Sebastian Bach
inpirado en "La pequeña cronica de Ana Magdalena Bach." 1950.
Editorial García de Mendoza 2008.
www.adalbertogarciademendoza.com

EL EXCOLEGIO NOVICIADO DE TEPOTZOTLÁN
ACTUAL MUSEO NACIONAL DEL VIRREINATO
Disertación filosófica sobre las capillas, retablos
y cuadros del templo de San Francisco Javier en 1936.
Editorial García de Mendoza 2010.
www.adalbertogarciademendoza.com

LAS SIETE ULTIMAS PALABRAS DE JESÚS
COMENTARIOS A LA OBRA DE JOSEF HAYDN
Disertación filosófica sobre la musíca, la pintura,
la literatura y la escúltura. 1945.
Editorial García de Mendoza 2011.
www.adalbertogarciademendoza.com

LA TEORÍA DE LA RELATIVIDAD DE EINSTEIN
Einstein unifica en una sola formula todas las fuerzas de la Física.
Y afirma que el mundo necesita la paz y con ella se conseguirá la
prósperida de la cultura y de su bienestar. 1936.
Editorial Palibrio 2012.
Ventas @palibrio.com

LA FILOSOFÍA JUDAICA DE MAIMÓNIDES
Bosquejo de la ética de Maimónides sobre el problema de la libertad
humana y la afirmación del humanismo, las dos más fuertes argumen-
taciones sobre la existencia. 1938.
Editorial Palibrio 2012.
Ventas @palibrio.com

JOHANN WOLFGANG VON GOETHE
Obra escrita en el Segundo centenario del nacimiento de Johann
Wolfgang Goethe, genio múltiple que supo llegar a las profundidades
de la Filosofía, de la Poesía y de las Ciencia. 1949.
Editorial Palibrio 2012.
Ventas @Palibrio.com

LAS SIETE ULTIMAS PALABRAS DE JESÚS
COMENTARIOS A LA OBRA DE JOSEF HAYDN. SEGUNDA EDICIÓN
Disertación filosófica sobre la música, la pintura,
la literatura y la escúltura. 1945.
Editorial Palibrio 2012.
Ventas @Palibrio.com

BOOZ O LA LIBERACIÓN DE LA HUMANIDAD
Novela filosófica inspirada en "La Divina Comedia" de Dante. 1947.
Editorial Palibrio 2012.
Ventas @Palibrio.com

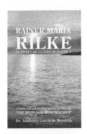

RAINER MARIA RILKE EL POETA DE LA VIDA MONÁSTICA
Semblanza e interpretación de la primera parte del "Libro de las Horas"
"Das Buch von Mönchischen Leben" de Rilke
llamado "Libro de la Vida Monástica." 1951.
Editorial Palibrio 2012.
Ventas @Palibrio.com

HORIZONTES MUSICALES
Comentarios de las más bellas obras musicales. 1943.
Editorial Palibrio 2012.
Ventas @Palibrio.com

JUAN SEBASTIAN BACH
UN EJEMPLO DE VIRTUD. 3RA EDICIÓN.
Incluye El Sentido Humanista en la Obra de Juan Sebastian Bach. 1950.
Editorial Palibrio 2012.
Ventas @Palibrio.com

ACUARELAS MUSICALES
Incluye: El Anillo del Nibelungo de Ricardo Wagner. 1938.
Editorial Palibrio 2012.
Ventas @Palibrio.com

LA DIRECCIÓN RACIONALISTA ONTOLÓGICA EN LA EPISTEMOLOGÍA
Tesis profesional para el Doctorado en Filosofía presentada en el año 1928.
Facultad de Filosofía y Letras de la Universidad Nacional Autónoma de
México. Presenta las tres clases de conocimientos en cada época cultural. El
empírico, que corresponde al saber del dominio, el especulativo que tiene por
base el pensamiento, y el intuitivo ,que sirve para dar bases sólidas de verdades
absolutas a todos los campos del saber. 1928.
Editorial Palibrio 2012.
Ventas @Palibrio.com

El Existencialismo
En Kierkegaard, Dilthey, Heidegger y Sartre.
Programa: "Por el mundo de la cultura."
Serie de pláticas transmitidas por la Estación Radio México
sobre el Existencialismo. 1948.
Editorial Palibrio 2012.
Ventas @Palibrio.com

Lightning Source UK Ltd.
Milton Keynes UK
UKHW011840040521
383143UK00004B/180/J